Marilyn vos Savant

BRAINPOWER

Die Kraft des logischen Denkens

Deutsch von Hainer Kober

Rowohlt

Die Originalausgabe erschien 1996
unter dem Titel «The Power of Logical Thinking.
Easy Lessons in the Art of Reasoning ...
and Hard Facts About Its Absence in Our Lives»
im Verlag St. Martin's Press, New York

Der Verlag dankt Herrn H. Joachim Bretz,
Psychologisches Institut der Technischen Universität Berlin,
für seine sachverständige Durchsicht.

1. Auflage Juli 2000

Umschlaggestaltung Cordula Schmidt
(Foto: ZEFA-Kohler)
Gesetzt aus der Sabon PostScript, PageOne
Gesamtherstellung Clausen & Bosse, Leck
Printed in Germany
ISBN 3 498 06334 0

Dieses Buch ist Martin Gardner gewidmet, Amerikas – und meinem – Lieblingsmathematiker

INHALT

2. Teil
IRREFÜHRENDE ZAHLEN UND STATISTIKEN

3. Teil
WIE SICH POLITIKER UNSERE NAIVITÄT ZUNUTZE MACHEN

Danksagung

Mein Dank gilt Thomas McCormack, dem Verlagsleiter von St. Martins's Press, den sein ausgeprägtes Interesse für Zahlen veranlasste, dringendere Probleme ruhen zu lassen und sich die Zeit für eine gründliche mathematische Überprüfung der ersten beiden Abschnitte zu nehmen.

Für die unverzichtbaren Beiträge zum dritten Abschnitt des Buches danke ich Brian Doherty, einem ehemaligen Mitglied des Cato Institute, der sich höchst professionell um die Recherchen gekümmert hat, wobei ihm Dean Stansel und Stephen Moore, auch Mitarbeiter des Cato Institute, wertvolle Hilfe leisteten, außerdem Bruce Bartlett vom Alexis de Tocqueville Institute und Christopher Frenze vom Joint Economic Committee of the United States Congress.

Einleitung

Ich telefoniere mit einer Freundin. «Wenn ein Drogentest eine Genauigkeit von 95 Prozent besitzt, müssen nur Drogenkonsumenten Angst vor ihm haben, und zu denen gehöre ich nicht», sagt sie.

«Was ist mit falschen positiven Ergebnissen?», frage ich.

«Du meinst Laborfehler? Dann mache ich den Test eben nochmal.»

«Nein, kein Laborfehler. Ein falsches positives Ergebnis resultiert aus der Unzulänglichkeit des Tests selbst und kann sich jederzeit wiederholen.»

«Na ja, wir wissen, dass der Test nicht vollkommen ist, aber 95 Prozent ist genau genug.»

«Nehmen wir an, die Häufigkeit des Drogenkonsums betrüge 5 Prozent», erkläre ich. «Wir greifen uns zufällig jemand heraus, testen ihn, und er ist positiv. Wie groß ist dann deiner Meinung nach die Wahrscheinlichkeit, dass er ein Konsument ist?»

«Natürlich 95 Prozent», erwidert sie.

«Nicht ganz. Die Chancen stehen nur fünfzig zu fünfzig.»

Stille. «Könntest du das noch einmal wiederholen?» *(Vgl. Teil zwei.)*

▼

Ich telefoniere mit einem Freund. «Sie bieten mir nur 50 000 Dollar Vorschuss und die üblichen Tantiemen für das neue Buch, weil ich das letzte Mal 60 000 Dollar bekommen habe und das Buch nicht so viel gebracht hat», sagt er.

«Wie viel hat es denn gebracht?», frage ich ihn.

«50 000, insofern leuchtet das neue Angebot ein.»

«Hast du das letzte Mal die üblichen Tantiemen bekommen?»

«Nein. Es war schließlich mein erstes Buch.»

«Wie viel hätte es denn mit Tantiemen gebracht?»

«Vielleicht 60 000 Dollar», erwiderte er.

«Nun, wenn sie selbst beim letzten Buch ein schlechteres Geschäft gemacht hätten, hätten sie dir jetzt ein besseres angeboten.»

Stille. «Könntest du das nochmal wiederholen?» *(Vgl. Teil eins.)*

▼

Unlogisches Denken, besonders wenn es um Zahlen geht, ist ein Bildungsproblem, von dem fast jeder Amerikaner betroffen ist. Sogar gebildeten Leuten fehlt eine gründliche Schulung in der Kunst des Schlussfolgerns, des kritischen Denkens und der Problemlösung. Das ist eine ernst zu nehmende Situation. Zahlen sind von außerordentlicher Bedeutung in unserem Leben. Heute mehr als jemals zuvor. Sind wir dieser Anforderung gewachsen? «Die Zahlen sagen Nein.» Laut der Commission on Professionals in Science and Technology haben im Jahr 1973 774 Amerikaner in Mathematik promoviert. Obwohl in den folgenden zwanzig Jahren die Bevölkerungszahlen zugenommen haben, ist diese Zahl bis zum Jahr 1993 auf 475 zurückgegangen.

Das ist noch nicht alles: Je größer die Fortschritte in den Naturwissenschaften sind, desto weiter sind sie unserem Alltagsverständnis entrückt. Selbst hochintelligente Leute brauchen die höhere Mathematik, um mit diesen hochkomplexen Konzepten zu arbeiten. Kurzum, wenn sich irgendwo in die mathematischen Verfahren Fehler einschleichen, kommen Ergebnisse zustande, die bestenfalls unwahrscheinlich und schlimmstenfalls töricht sind – und wir würden es noch nicht einmal merken. Zwar genießen Kosmologen, Astronomen, Physiker, Chemiker und Mathematiker einen verdienten Vertrauensvorschuss, doch was ist, wenn auch nur *einer* der scheinbar zahllosen Schritte auf dem Weg zu einer Schlussfolgerung «kontraintuitiv» ist? Kontraintuitive Probleme, deren Lösungen unsere intuitiven Vorstellungen Lügen strafen, gibt es überall, doch der Grund, warum wir sie nicht bemerken, liegt darin, dass sie ... eben kontraintuitiv sind. Falls wir unser logisches Denken nicht trainieren, ziehen wir täglich falsche Schlussfolgerungen, und wenn wir nicht mit der Nase drauf gestoßen werden, merken wir es nicht. (Manchmal sogar noch nicht einmal dann.) Es folgen einige Beispiele. Kommt Ihnen irgendeine dieser Statistiken spanisch vor?

▼

• 1991 besuchten mehr Menschen Paul Simons Konzert im New Yorker Central Park (über 750 000), als die gesamte Streitmacht aus Amerikanern, Saudis, Engländern, Ägyptern und Franzosen im Golfkrieg umfasste (740 000). Die Personenmenge, die wir für ein großes militärisches Aufgebot hielten, hätte also nebst Hunden, Liegestühlen und Weinkühlern bequem auf dem Rasen des Central Park Platz gefunden. (Und hat es schon.)

▼

• Wenn man die augenblickliche Erdbevölkerung von etwa 5½ Milliarden Menschen vorübergehend versammelte und jedem einzelnen großzügig einen Standplatz von 60 mal 60 Zentimetern gewährte, kämen wir mit einer Fläche von zweitausend Quadratkilometern aus, was ungefähr der Größe von Jacksonville in Florida entspricht.

▼

• In den Vereinigten Staaten gibt es ein Straßennetz von gut sechs Millionen Kilometern Länge. Wenn wir willkürlich eine durchschnittliche Breite von fünfzehn Metern annehmen – einschließlich Bankett –, so kommen wir auf knapp 100 000 Quadratkilometer, die dem Autoverkehr vorbehalten sind. Diese Fläche ist größer als der Bundesstaat Indiana. (Und in ihr sind noch nicht einmal Auffahrten, Garagen und Parkplätze enthalten.)

▼

Der 1. Teil dieses Buches beginnt mit einer Analyse vieler provozierend kontraintuitiver Probleme, auf die ich in den letzten Jahren gestoßen bin. Sie belegen, wie unser Verstand gegen uns arbeiten kann. Alle Probleme sind verwirrend, doch keines ist komplex und keines verlangt für Lösung und Verständnis komplizierte mathematische Verfahren.

Ein gutes Beispiel ist das Monty-Hall-Dilemma (es ist kein Paradoxon). Als es zum ersten Mal in der Zeitschrift *Parade* erschien, war die Reaktion so überwältigend, dass die Redaktion dem Thema gegen alle Gewohnheiten vier Spalten einräumte. Damit hatte sie der Angelegenheit insgesamt zwei Seiten gewidmet. Anschließend wurde die erstaunliche Aufregung in einem Artikel auf der ersten Seite der *New York Times* kommentiert, und als die Geschichte über die Ticker ging, kam sie landesweit auf die Titelseiten der Zeitungen, was zur Folge hatte, dass der Auftragsdienst, der für mich einschlägige Zeitungsnotizen sammelt, in den Zeichnungen kleiner Ziegen ertrank, die zur Illustration der Geschichte benutzt wurden.

▼▼

Liebe Marilyn,
nehmen wir an, ich bin in einer Gameshow und kann zwischen drei Toren wählen. Hinter einem Tor ist ein Auto, hinter den anderen Ziegen, also Nieten. Ich wähle ein Tor, sagen wir Nummer eins, und der Moderator, der weiß, was hinter den Toren ist, öffnet ein anderes Tor, sagen wir Nummer drei, das eine Ziege enthält. Er fragt mich: «Möchten Sie nun Tor Nummer zwei öffnen?» Ist es für mich von Vorteil, meine Entscheidung für Nummer eins zu revidieren?

Craig F. Whitaker
Columbia, Maryland

Lieber Craig,
ja, Sie sollten Ihre Entscheidung unbedingt revidieren. Das erste Tor hat eine Gewinnwahrscheinlichkeit von ⅓, das zweite Tor von ⅔. Das Ganze ist einleuchtender, wenn Sie es sich folgendermaßen vorstellen: Nehmen wir an, es gäbe eine *Million* Tore und Sie wählen Tor Nummer eins. Der Moderator, der weiß, was hinter den Toren ist, vermeidet natürlich dasjenige mit dem Preis und öffnet sie alle mit Ausnahme von Tor Nummer 777 777. Würden Sie sich nicht sofort für dieses Tor entscheiden?

Nicht lange danach veröffentlichte eine Londoner Zeitung einen Artikel über das Problem und rief mich anschließend an. Die Redaktion hatte eine ungeheure Zahl von Zuschriften erhalten und fragte nun an, ob ich bereit sei, eine wöchentliche Kolumne für sie zu schreiben. (Das ging zwar nicht, aber ich schickte ihnen doch einige Aufgaben. Einen Monat lang beschäftigten sie die Leser der Sonntagsausgaben und veröffentlichten einmal eine ganze Seite voll Antworten.) Einige Zeit später besuchte ich eine Tagung in Wien und befand mich in einem österreichischen Bierkeller mit etwa hundert weiteren Besuchern. Mein Name wurde genannt, und ein Teilnehmer aus München drehte sich zu mir um und sagte: «Oh, sind Sie *die* Marilyn?» Wie er berichtete, hatten drei große deutsche Tageszeitungen längere Artikel über das Gameshow-Problem veröffentlicht. Es war sogar im Fernsehen nachgestellt worden – mit lebenden Ziegen. Und als ich in meine Pariser Wohnung zurückkehrte, fand ich auf dem Anrufbeantworter Nachrichten aus einem halben Dutzend weiteren Ländern.

Und dort hatte die ganze Geschichte auch begonnen. Vor einigen Jahren hatte ich am Esstisch dieser kleinen Mietwohnung im vierten Stock eines Hauses in einer ruhigen Seitenstraße gesessen, mir den Kopf darüber zerbrochen, wie ich die scheinbar zahllosen Schwächen meines Romans beseitigen könnte, und versucht, den Chor der Kirche nebenan zu überhören, als das Faxgerät klingelte. Es war ein Brief von Sara Brzowsky, der Redakteurin meiner Kolumne in der Zeitschrift *Parade*. «Ich fürchte, wir haben ein Problem», schrieb sie. «Wir bekommen Briefe von Mathematikprofessoren aus allen Teilen des Landes – und sie meinen, deine Lösung in der letzten Sonntagskolumne sei falsch gewesen.»

Unter Bezugnahme auf einige dieser Briefe schickte ich noch eine kurze Kolumne hinterher, in der Annahme, damit seien alle offenen Fragen beantwortet. Ich täuschte mich. Damit trat ich die Lawine erst richtig los. Unter den Absendern der vielen tausend Leserbriefe waren Eliteuniversitäten, das Justizministerium, CIA und FBI, das Center for Defense Information und viele andere, sogar Piloten, die am Persischen Golf stationiert waren. Als im März 1991 die dritte Kolumne erschien und eine ganze Seite der *Parade* mit Briefen voller fachlich hoch qualifizierter Empörung füllte, hielt ich es für angebracht, eine möglichst detaillierte Erklärung nachzuschieben und ein öffentliches mathematisches Experiment zu ihrer Überprüfung vorzuschlagen. Der Sturm hatte sich in einen Blizzard verwandelt. Hören wir, was der *Skeptical Inquirer* (Jahrgang 15, Sommer 1991) dazu meinte:

▼

«Wenn E. F. Hutton spricht, hören die Menschen zu.» Wer kann sie vergessen, diese unerreichten Fernsehspots, in der die Welt praktisch zum Stillstand kam und nur noch Augen und Ohren hatte für dieses Orakel finanzieller Weisheit? ... In der Regel gilt dieser Satz auch für Marilyn vos Savant: Wenn sie in ihrer wöchentlichen Kolumne «Ask Marilyn ...» der Zeitschrift *Parade* spricht ... hören die Menschen zu. Doch in dem unten erörterten Fall haben sie ihr vielleicht zugehört, aber nicht geglaubt – dabei hätten sie es tun sollen.

Ein Journalist berichtete mir von einem Mittagessen mit dem Leiter des mathematischen Fachbereichs einer großen Universität. Zwei Stunden lang ereiferte sich der Professor über meine «himmelschreiende Dummheit» und «sture Uneinsichtigkeit». Der Journalist war einigermaßen verwirrt – dieser Mathematiker war die größte Autorität, die er hatte auftreiben können. Am folgenden Tag erhielt er einen verzweifelten Anruf von dem verstörten Professor, der ihn anflehte, die Geschichte nicht zu bringen. Der Professor hatte entdeckt, dass er Unrecht hatte, und befürchtete nun, dass seine Studenten ihm nie wieder ein Wort glauben würden. (Der Journalist veröffentlichte die Geschichte natürlich doch, war aber so anständig, die Identität des Wissenschaftlers nicht preiszugeben.) Dann erfolgten die Widerrufe – die liebenswürdigen und die zähneknirschenden und diejenigen eines Professors, dessen Brief wir veröffentlicht hatten. Er hatte zuvor ein Schreiben mit dem Briefkopf seiner Universität geschickt. Nun schrieb er auf einem schlichten weißen Bogen, auf dem noch nicht einmal ein Absender stand. Von dem Leser, dem wir die ursprüngliche Frage verdankten, hörten wir, dass Unbekannte, die seine Nummer herausgefunden hatten, ihn anriefen und behaupteten, sie seien Ziegen.

Als wir im Juli 1991 die letzte Kolumne veröffentlichten, lagen uns die Ergebnisse von etwa tausend empirischen Wahrscheinlichkeitsexperimenten aus verschiedenen Teilen der Vereinigten Staaten vor, an denen etwa fünfzigtausend Studenten aller Semester teilgenommen hatten. Natürlich wurden die Ergebnisse des Experiments durch die Parameter des Problems bestimmt. Die persönliche Befriedigung über diese geistige Entdeckung hatte eine öffentliche Resonanz gefunden, die alle unsere Erwartungen übertraf, und erwies sich darüber hinaus als eine nachhaltige Lernerfahrung.

Wenn wir das Ganze noch einmal Revue passieren lassen, stellt sich die Frage: Was ist da eigentlich geschehen? Wie gehen Menschen mit kontraintuitiven Problemen um? Warum wehren sie sich so hartnäckig dagegen, ihre Meinung zu ändern? Vor kurzem hat Donald Granberg vom Center for Research in Social Behavior der University of Missouri eine wissenschaftliche Untersuchung von zehntausend Zuschriften zum Monty-Hall-Dilemma abgeschlossen. Sein Forschungsbericht mit dem Titel *The Monty Hall Dilemma: To Switch or Not to Switch* («Das Monty-Hall-Dilemma – revidieren oder nicht revidieren») ist in den Anhang des vorliegenden Buchs aufgenommen worden.

Die zweite Hälfte von Teil eins zeigt an einigen Beispielen, wie sich unlogisches Denken in finanziellen Angelegenheiten manifestiert. Was für einen Gehaltstarif sollen wir wählen? Was für eine Preisliste? Welches Mauthäuschen? Von einem Leser habe ich das folgende Zitat aus der Anzeige eines Juweliergeschäfts erhalten: «Bis zu den achtziger Jahren haben wir 70 Prozent unseres Geschäftes mit 30 Prozent unserer Kunden abgewickelt», erklärte der Besitzer. «Heute ist es genau umgekehrt. Die Zeiten haben sich geändert.» Haben sie das wirklich?! Für *mich* hört sich das ganz nach den alten Zeiten an! Und wenn schon dieses kleine Beispiel so tückisch ist, wie wird es sich dann erst mit den großen verhalten, die höchst folgenreich für unser Leben sind?

Teil zwei erläutert Missverständnisse, die bei Zahlen und Statistiken gang und gäbe sind und die dazu benutzt werden, die Menschen zu führen und zu verführen. Ist jemand, der einen IQ von 200 hat, «doppelt so klug» wie jemand mit einem IQ von 100? Natürlich nicht. Und wir werden beweisen, warum. Wir werden uns mit Fakten über Fehlschlüsse beschäftigen, mit Fehlschlüssen über Fakten und mit Strategien, die unser Verstand anwendet, um gegen uns zu arbeiten. Außerdem werden wir sehen, dass zu den folgenreichsten Formen statistischen Missbrauchs der Umgang mit den immer beliebter werdenden Tests auf Drogenkonsum und auf Antikörper des Immundefizienzvirus Typ 1 (HIV-1) gehört. Sie dürfen fest damit rechnen, dass Sie irgendwann in Ihrem Leben einem solchen Test unterzogen werden, vielleicht auch mehrmals, was von Ihrer beruflichen Position und Ihrem Versicherungsschutz abhängt. Können Sie die folgenden Fragen beantworten?

Laut dem Center for Disease Control in Atlanta, Georgia, haben die beiden bekanntesten Aidstests zusammen eine Zuverlässigkeit von über 99 Prozent, doch nur wenn sie wiederholt, über längere Zeit und unter wechselnden Bedingungen vorgenommen werden. Ferner sind nach Aussage der Gesundheitsbehörde 0,4 Prozent der Amerikaner «HIV-positiv». Um das Beispiel einfacher zu machen, wollen wir annehmen, die Zuverlässigkeit betrage «nur» 99 Prozent und die falschen positiven Ergebnisse würden nur $^2/_{10}$ der 1 Prozent falschen Resultate ausmachen. Sie werden getestet und das Ergebnis ist positiv; Sie unterziehen sich einem erneuten Test, und das Ergebnis ist abermals positiv. Wie groß ist die Wahrscheinlichkeit, dass Sie tatsächlich infiziert sind? Verblüffenderweise lautet die Antwort, dass Ihre Chancen *fünfzig zu fünfzig* stehen.

Teil drei zeigt, wie sich Politiker unsere Naivität zunutze machen, um unser Wahlverhalten zu beeinflussen, wobei der Präsidentschaftswahlkampf von 1992 ein vortreffliches Beispiel abgibt. Nie zuvor sind Zahlenprobleme so viel diskutiert worden und selten sind Zahlen so offenkundig gebraucht (und missbraucht) worden, um den politischen Gegner zu treffen. Die Mathematik pflegt einen rein logischen Umgang mit Zahlen, und wenn unsere Fähigkeit, numerisch zu denken, gefördert wird, dann kommt das auch unseren logischen Fähigkeiten in anderen Bereichen zugute. Logisches Denken bedeutet Macht. Zum Schluss nennen wir Beispiele für selektive Logik, Scheinargumente und krasse Spitzfindigkeiten in den Wahlkämpfen von Bill Clinton, George Bush und Ross Perot. Wenn wir besser im Umgang mit Zahlen geschult wären, könnten wir in künftigen Wahlen nicht so leicht manipuliert werden. Eine unvoreingenommene Lektüre von Teil drei kann dazu dienen, dieses kritische Bewusstsein zu schärfen.

Logisches Denken trainiert unsere Verstandeskräfte wie keine andere Denkweise. Es befreit den Gebildeten von der schlechten Angewohnheit, jede Behauptung für wahr zu halten, bis ihr Gegenteil bewiesen ist. Es ermöglicht dem Normalbürger, sich gegen die Kräfte der Political Correctness zu wehren, Schikanen zu durchschauen und unabhängige Entscheidungen zu treffen. Und es schützt den Unterprivilegierten vor geistiger Unmündigkeit.

Am besten lernen wir, wenn wir unsere Selbstgefälligkeit durchbrechen. Das ist das eigentliche Ziel dieses Buchs. Jenen Lesern, die jegliche Form von Mathematik als Generalangriff auf ihr seelisches Gleichgewicht empfinden, sei versichert, dass wir uns grundsätzlich weit mehr an die Logik als an die Mathematik halten, sodass Sie für dieses Buch nicht mehr benötigen als gesunden Menschenverstand und einige neuere Rechenverfahren. Nur auf ein gerüttelt Maß an Überraschungen müssen Sie sich gefasst machen. Egal, ob unsere Probleme in lebenspraktischen

Situationen oder in Rätseln verpackt sind, viele von ihnen werden jeden scheitern lassen, der allein auf seine Intuition vertraut.

Wenn Sie davon überzeugt sind, dass ich mit irgendeiner Lösung völlig falsch liege, dass ich in diesem Fall ein Brett vor dem Kopf gehabt haben muss und dass Sie die (auf der Hand liegende) richtige Antwort wissen, dann schreiben Sie mir bitte unter der am Ende des Buchs genannten Adresse. (Den Hörer habe ich neben das Telefon gelegt.) Wir schicken uns an, höchst strittige Fragen zu untersuchen, und laden Sie ein, sich an dem Streit zu beteiligen.

1. Teil

WIE UNSER VERSTAND GEGEN UNS ARBEITEN KANN

1
Alltagslektionen

> Wir begannen den Krieg auf der Grundlage irreführender intuitiver «Berechnungen», die über die Grenzen der Mathematik hinausgingen. Mit blindem Fanatismus glauben wir, dass wir mit der bloßen Kraft unseres mystischen Willens über wissenschaftliche Waffen und Strategien triumphieren könnten ... Das für sie typische Vertrauen auf die Intuition hatte den Japanern den Blick auf die objektiven Verhältnisse der modernen Welt verstellt.
> Nyozekan Hasegawa, *The Lost Japan*, 1952

Obwohl man den Schaden, den das Vertrauen auf Intuition anrichten kann, nicht unterschätzen soll, sind unsere persönlichen Erfahrungen mit ihr meist banaler. Unlängst bat mich eine Anwältin aus New Jersey, ein Gutachten in einer Wahrscheinlichkeitsfrage abzugeben. (In einem Prozess hatte der Richter vorgeschlagen, die Anwältin solle sich mit mir in Verbindung setzen und in Erfahrung bringen, wie groß die Wahrscheinlichkeit sei, zu den Gewinnern einer Lotterie zu gehören – was für ihre Klientin von Bedeutung war.) Das Problem sah folgendermaßen aus:

▼

Wie groß ist die Wahrscheinlichkeit für einen Teilnehmer, einen Preis zu gewinnen, wenn es in einer Lotterie zwanzig Preise von gleichem Wert gibt, die an zwanzig verschiedene Gewinner von insgesamt dreiunddreißig Teilnehmern gehen, von denen jeder in der Ziehung nur einmal (durch einen Namen, eine Zahl, einen Zettel oder dergleichen) vertreten ist? (Alle Preise werden verlost, keiner geteilt und alle Lose ausgegeben.) Wie verhalten sich diese Gewinnchancen bei gleichen Bedingungen zu einer Ziehung, bei der unter dreizehn Teilnehmern ein Preis vergeben wird?

Anschließend stellte mir die Anwältin noch eine Zusatzfrage: «Welche Vorkehrungen müssten getroffen werden, damit die Aussichten eines Teilnehmers an der zweiten Lotterie mit denen eines Teilnehmers an der ersten Lotterie vergleichbar wären?»

Das Problem hatte folgenden Hintergrund: Die Stadt Elizabeth war vom Superior Court angewiesen worden, eine Lotterie zur Vergabe von Taxilizenzen durchzuführen. An der ersten Lotterie nahmen (aufgrund bestimmter Kriterien) zweiunddreißig Bewerber teil, während einem die Teilnahme verweigert wurde. Doch später wurde eine zweite Lotterie durchgeführt, um diesem Bewerber doch noch die gleiche Chance einzuräumen. An dieser «Minilotterie» nahmen dreizehn Bewerber teil – die erfolglosen zwölf aus der ersten Ziehung nebst dem ausgeschlossenen Bewerber. Bei dieser Gelegenheit wurde eine zusätzliche Taxilizenz verliehen.

War das Verfahren gerecht?

Unsere Intuition sagt Ja, doch die objektive Antwort lautet Nein. Hören wir, warum: In der ersten Lotterie wurden zwanzig Preise an zwanzig Teilnehmer aus einer Gesamtzahl von zweiunddreißig Bewerbern verteilt. Das heißt, die Wahrscheinlichkeit eines Teilnehmers, einen Preis zu gewinnen, betrug $^{20}/_{32}$ (oder 0,625). (Mit anderen Worten, die Gewinnchancen – Odds – stehen 20 : 12 – zwanzig gewinnen, zwölf verlieren.)*

In der zweiten Auslosung wurde *ein* Preis vergeben an einen Teilnehmer aus einer Gesamtzahl von dreizehn Bewerbern. Das heißt, die Wahrscheinlichkeit jedes einzelnen Teilnehmers, diesen einen Preis zu gewinnen, betrug $^{1}/_{13}$ (oder 0,76923). (Mit anderen Worten, die Gewinnchancen – Odds – stehen 1:12 – einer gewinnt, zwölf verlieren.)

Die Aussichten jedes Teilnehmers, in der ersten Lotterie einen

* Die Unterscheidung von Wahrscheinlichkeit ($^{20}/_{32}$ = 0,625) und Gewinnchance 20:12 «Odds» ist bedeutsam. Im Folgenden werden überwiegend Wahrscheinlichkeiten angegeben. Wahrscheinlichkeiten haben einen Wertebereich von 0 bis 1. Hiervon abweichend werden Wahrscheinlichkeiten in diesem Buch teilweise als Prozentwerte angegeben (Prozentwert = p.100 %). *Anm. d. Übersetzers.*

Preis zu gewinnen, waren also gut achtmal so groß wie die der Teilnehmer an der zweiten Lotterie. (Und wenn es in der ersten Lotterie dreiunddreißig Teilnehmer gegeben hätte, dann wären die Chancen jedes Einzelnen etwas weniger als achtmal so groß wie in der zweiten Lotterie gewesen.) Kurzum, in der ersten Lotterie war es etwa achtmal so leicht zu gewinnen wie in der zweiten. Die Ausgangssituationen in beiden Lotterien waren in hohem Maße ungleich.

Doch gab es nach der Durchführung der ersten Lotterie noch eine leichte Lösung für das Problem?

Ja. Wenn wir davon ausgehen, dass ein dreiunddreißigster Bewerber an der ersten Lotterie nicht teilnehmen durfte und dass eine zweite Lotterie durchgeführt wurde, um ihm eine gleiche Chance auf einen weiteren Preis einzuräumen, dann brauchten wir den Namen des neuen Bewerbers nur auf zwanzig Zettel zu schreiben und zwölf weitere leer zu lassen. (Damit hätte er haargenau die gleichen Aussichten wie die anderen Bewerber: $^{20}/_{32}$.) Ein Zettel wird gezogen. Wenn sein Name darauf steht, gewinnt er den Preis. Wenn nicht, wird kein Preis ausgegeben. (Letzteres Szenario zeigt, in welchem Maße der dreiunddreißigste Bewerber durch die tatsächlich durchgeführte zweite Lotterie benachteiligt worden ist.)

Der Richter bat um weitere Erklärungen, was nicht überraschen kann. Selbst äußerst faire und vorsichtige Menschen haben Schwierigkeiten, sich über ihre Intuition hinwegzusetzen. Beispielsweise könnte man zu dem Schluss gelangen, dass nach Ziehung der ersten neunzehn Preise (von zwanzig) für die verbleibenden dreizehn Bewerber eine Wahrscheinlichkeit von $^{1}/_{13}$ bestanden hätte, den letzten Preis zu gewinnen.

Isoliert betrachtet, stimmt das. Doch nur, wenn die Lotterie erst in diesem Augenblick begonnen hätte. Denn diese Bewerber hatten (was ihre Wahrscheinlichkeiten betraf) mit einem «Wert» von $^{20}/_{32}$ (0, 625) begonnen und im Laufe der Lotterie (während der neunzehn Ziehungen) ihre Aussichten «verbraucht», sodass sie jetzt nur noch $^{1}/_{13}$ (0,076923) betrugen. Das ist ein hoher Verbrauch.

Der letzte Preis wird vergeben, und es bleiben zwölf Bewerber übrig. Nun kommt ein neuer Preis und ein neuer Bewerber hinzu. Das ist eine neue Lotterie, in der der neue Bewerber tatsächlich eine Gewinnwahrscheinlichkeit von $^1/_{13}$ (0,076923) besitzt – wie die anderen auch. Aber er hat nicht die Möglichkeit gehabt, wie die anderen eine weit größere Gewinnchance in der ersten Lotterie zu «verbrauchen».

Nehmen wir an, Sie könnten zwischen den beiden folgenden Möglichkeiten wählen.

1. Sie nehmen an einer Lotterie teil, in der Ihre Gewinnwahrscheinlichkeit $^{20}/_{32}$ beträgt, *und* Ihnen wird, sollten Sie beim ersten Mal Pech gehabt haben, in einer neuen Lotterie eine zusätzliche Gewinnwahrscheinlichkeit von $^1/_{13}$ gewährt.

Oder:

2. Sie können nur an einer Lotterie teilnehmen, in der Sie eine Gewinnchance von $^1/_{13}$ haben.

Natürlich wird sich jeder für die erste Möglichkeit entscheiden, denn sie bietet weit bessere Aussichten auf Gewinn als die zweite. (Von der ersten Möglichkeit konnten zweiunddreißig Bewerber Gebrauch machen, während dem «neuen» Bewerber nur die zweite Möglichkeit zugestanden wurde. Daher war er stark benachteiligt.)

Das Monty-Hall-Dilemma

Eines der schönsten Beispiele für kontraintuitive Probleme, und inzwischen auch das bekannteste, ist das Monty-Hall-Paradoxon, das ich lieber als Monty-Hall-Dilemma bezeichne, weil es keineswegs ein Paradoxon ist. Das Problem an sich ist nicht schwer zu begreifen, doch da die intuitive Lösung so selbstverständlich erscheint – und diese «selbstverständliche» Antwort vollkommen falsch ist –, führt es viele Menschen hinters Licht. Wenn ein Problem kompliziert erscheint – oder auch nur ein bisschen ungewöhnlich, wie das Taxilizenz-Problem –, zweifeln die meisten Menschen nicht sonderlich an der gegebenen Antwort. Sie legen sich nicht frühzeitig fest. Meist legen sie sich überhaupt nicht fest. Doch wenn ein Problem einfach erscheint, geschieht etwas ganz anderes. So zum Beispiel, als in *Parade* die folgende Anfrage in der «*Ask-Marilyn*»-Kolumne erschien.

▾▾

Liebe Marilyn,
nehmen wir an, ich bin in einer Gameshow und kann zwischen drei Toren wählen. Hinter einem Tor ist ein Auto, hinter den anderen Ziegen, also Nieten. Ich wähle ein Tor, sagen wir Nummer eins, und der Moderator, der weiß, was hinter den Toren ist, öffnet ein anderes Tor, sagen wir Nummer drei, das eine Ziege enthält. Er fragt mich: «Möchten Sie nun Tor Nummer zwei öffnen?» Ist es für mich von Vorteil, meine Entscheidung für Nummer eins zu revidieren?

Craig F. Whitaker
Columbia, Maryland

Lieber Craig,
ja, Sie sollten Ihre Entscheidung unbedingt revidieren. Das erste Tor hat eine Gewinnwahrscheinlichkeit von ⅓, das zweite Tor von ⅔. Das Ganze ist einleuchtender, wenn Sie es sich folgendermaßen vorstellen: Nehmen wir an, es gäbe eine *Million* Tore und Sie wählen Tor Nummer eins. Der Moderator, der weiß, was hinter den Toren ist, vermeidet natürlich dasjenige mit dem Preis und öffnet sie alle mit Ausnahme von Tor Nummer 777777. Würden Sie sich nicht sofort für dieses Tor entscheiden?

Ich hielt die Erklärung für ausreichend und einleuchtend und kam gar nicht auf den Gedanken, dass irgendjemand an ihr Anstoß nehmen könnte. Daher war ich sehr überrascht, als ich mich gezwungen sah, die folgende Kolumne zu veröffentlichen.

▾▾

Liebe Marilyn,
da Sie offenbar gerne sofort auf den Punkt kommen, will ich es genauso halten. Bei der folgenden Frage und Antwort haben Sie Mist gebaut! Lassen Sie mich erklären. Wenn eine Tür als Niete ausgewiesen wird, verändert diese Information die Wahrscheinlichkeit der beiden verbleibenden Wahlmöglichkeiten, *von denen*

keine durch irgendeinen Umstand eine höhere Wahrscheinlichkeit erhält, auf ½. Als gelernter Mathematiker macht mir der allgemeine Mangel an mathematischen Fertigkeiten in der Öffentlichkeit große Sorge. Leisten Sie also bitte Ihren Beitrag, indem Sie Ihren Irrtum zugeben und in Zukunft etwas vorsichtiger zu Werke gehen.

Robert Sachs, Ph. D.
George Mason University

Sie haben Mist gebaut, und zwar gründlich! Da Sie offenbar Schwierigkeiten haben, das Grundprinzip zu verstehen, das hier greift, will ich es Ihnen erklären. Nachdem der Moderator eine Ziege gezeigt hat, bleibt Ihnen eine Wahrscheinlichkeit von eins zu zwei, die richtige Wahl zu treffen. Egal, ob Sie Ihre Entscheidung revidieren oder nicht, die Aussichten bleiben die gleichen. Es gibt schon genug mathematische Unwissenheit in diesem Lande, da ist es höchst überflüssig, dass die Trägerin des höchsten IQs der Welt noch zur Verschlimmerung dieses Missstandes beiträgt. Es ist eine Schande!

S. S., Ph. D.
University of Florida

Ihre Antwort auf die Frage ist falsch. Aber wenn es Sie tröstet, viele meiner Kollegen an der Universität haben sich von diesem Problem ebenfalls ins Bockshorn jagen lassen.

Barry Pasternack, Ph. D.
California Faculty Association

Liebe Leser,
gütiger Himmel! Bei so viel gelehrtem Widerspruch möchte ich wetten, dass sich am Montag die Mathekurse im ganzen Land mit dieser Frage beschäftigen werden.

Meine ursprüngliche Antwort ist richtig. Lassen Sie mich zunächst erklären, warum Ihre Antwort falsch ist. Die Gewinnaussicht von ⅓ bei der ersten Wahl kann nicht auf ½ klettern, weil der Moderator ein Tor mit einer Niete öffnet. Nehmen wir zur Verdeutlichung an, wir spielen das Hütchenspiel. Sie blicken weg, und ich lege eine Erbse unter eines von drei Hütchen. Dann bitte ich Sie, den Finger auf ein Hütchen zu legen. Die Wahrscheinlichkeit, dass Sie das Hütchen mit der Erbse erwischen, beträgt ⅓, richtig? Von den verbleibenden zwei Hütchen hebe ich nun ein leeres hoch. Da ich dies unabhängig von Ihrer Entscheidung tun kann (und werde), haben Sie nichts in Erfahrung gebracht, was die Erfolgsaussichten des Hütchens unter Ihrem Finger verändern könnte.

Die Vorteile einer Entscheidungsrevision lassen sich leicht zeigen, indem wir die sechs Möglichkeiten durchspielen, die es gibt. Bei den ersten drei Spielen wählen Sie Tor Nummer eins und «revidieren» Ihre Entscheidung jeweils. Bei den nächsten drei Spielen wählen Sie Tor Nummer eins und «beharren» jeweils auf Ihrer Entscheidung. Der Moderator öffnet stets ein Tor mit einer Ziege. Es folgen die Ergebnisse.

	TOR 1	TOR 2	TOR 3	
SPIEL 1	AUTO	ZIEGE	ZIEGE	Sie *revidieren* und verlieren
SPIEL 2	ZIEGE	AUTO	ZIEGE	Sie *revidieren* und gewinnen
SPIEL 3	ZIEGE	ZIEGE	AUTO	Sie *revidieren* und gewinnen
SPIEL 4	AUTO	ZIEGE	ZIEGE	Sie *beharren* und gewinnen
SPIEL 5	ZIEGE	AUTO	ZIEGE	Sie *beharren* und verlieren
SPIEL 6	ZIEGE	ZIEGE	AUTO	Sie *beharren* und verlieren

Wenn Sie Ihre Entscheidung revidieren, gewinnen Sie in ⅔ und verlieren in ⅓ der Fälle. Bleiben Sie hingegen bei Ihrer Entscheidung, gewinnen Sie nur in ⅓ und verlieren in ⅔ der Fälle. Sie können es selbst ausprobieren.

Sie können die Möglichkeiten auch mit drei Spielkarten durchspielen – zwei Joker als Ziegen und ein Ass als Preis –, wobei eine andere Person als Moderator fungieren kann. Sie brauchen allerdings einige Hundert Durchgänge, um statistisch zuverlässige Ergebnisse zu erhalten. Das kann ein bisschen mühselig werden, daher sollten Sie die Spiele als besondere Vergünstigungen ausgeben – oder als Strafe! (Denn die Leute werden ihre Ziegen schon bekommen!)

Ich war überzeugt, dass die Angelegenheit damit erledigt wäre. Doch merkwürdigerweise schien ich damit erst richtig Öl ins Feuer gegossen zu haben, obwohl meine Erklärung einfach war – keineswegs irreführend oder verwirrend – und obwohl zu meinen Kritikern ganz ausgezeichnete Wissenschaftler gehörten. Ich beschloss jedenfalls, in meinem Bemühen, mich verständlich zu machen, nicht nachzulassen, denn es widerstrebte mir, so viele Menschen in dem Glauben zu lassen, ich hätte mich getäuscht und wolle es jetzt nur nicht zugeben. (Ich weiß nicht, ob das ein negativer oder positiver Aspekt meiner Persönlichkeit ist: Es macht mir nicht viel aus, Unrecht zu haben, aber ich habe ganz entschieden etwas dagegen, dass man glaubt, ich hätte Unrecht, wenn ich Recht habe.) Glücklicherweise ließ ich mir diesmal eine Erklärung einfallen, die wirklich jeden von der Richtigkeit meiner Antwort überzeugte.

▼▼

Liebe Marilyn,
Sie haben Unrecht, doch Albert Einstein stieg noch in der Wertschätzung der Menschen, nachdem er seine Fehler zugegeben hatte.

Frank Rose, Ph. D.
University of Michigan

Ich bin ein treuer Leser Ihrer Kolumne und hatte, bis heute, noch keinen Anlass, an Ihren Worten zu zweifeln. Doch in diesem Fall (und in dem halte ich mich für kompetent) geht Ihre Antwort unzweifelhaft an der Wahrheit vorbei.

James Rauff, Ph. D.
Millikin University

Darf ich Ihnen vorschlagen, sich ein Standardlehrbuch über Wahrscheinlichkeitsrechnung zu besorgen und zu benutzen, bevor Sie das nächste Mal versuchen, eine Frage dieser Art zu beantworten?

Charles Reid, Ph. D.
University of Florida

Zu diesem Thema werden Sie viele Briefe von Schülern und Studenten erhalten. Am besten, Sie notieren sich die Adressen, damit Sie sich bei künftigen Kolumnen vorher erkundigen können.

W. Robert Smith, Ph. D.
Georgia State University

In der Gameshow-Frage irren Sie sich gründlich, und ich hoffe, diese Kontroverse wird der Öffentlichkeit die Misere der mathematischen Bildung zu Bewusstsein bringen. Wenn Sie Ihren Fehler zugeben, leisten Sie unter Umständen einen wichtigen Beitrag zur Behebung dieses beklagenswerten Zustands. Wie viele aufgebrachte Mathematiker sind eigentlich erforderlich, um Sie umzustimmen?

E. Ray Bobo, Ph. D.
Georgetown University

Ich bin schockiert, dass Sie trotz der Einwände von mindestens drei Mathematikern Ihren Fehler immer noch nicht einsehen.

Ken Ford
Dickinson State University

Vielleicht haben Frauen einen anderen Zugang zu mathematischen Problemen als Männer.

Don Edwards
Sunriver, Oregon

Die Niete sind Sie!

Glenn Calkins
Western State College

Sie haben einen Fehler gemacht, aber betrachten Sie die Sache positiv: Wenn sich alle diese gelehrten Doktoren und Professoren geirrt hätten, wäre dieses Land in ernsten Schwierigkeiten.

Everett Harman, Ph. D.
U. S. Army Research Institute

Liebe Leser,
alles, was recht ist! Wenn diese Kontroverse andauert, hat nicht einmal mehr der Briefträger Platz in unserem Postzimmer. Ich bekomme Tausende von Briefen, die mir fast alle attestieren, dass ich Unrecht habe. Darunter sind so illustre Absender wie der stellvertretende Direktor des Center for Defense Information und ein Forschungsstatistiker der National Institutes of Health! 92 Prozent der Briefe aus der breiten Öffentlichkeit und 65 Prozent der Briefe von Universitäten erklären meine Lösung für falsch. Alles in allem sprechen sich neun von zehn Lesern entschieden gegen meine Antwort aus. Doch mathematische Lösungen werden nicht durch Mehrheitsverhältnisse entschieden.

Wir bekommen jetzt sogar *noch mehr* Post, und selbst Zeitungskolumnisten mischen sich jetzt ein! An dem Tag, als die zweite Kolumne erschien, begannen hier in der Redaktion überall die Lichter aufzublitzen. Unzählige Telefonanrufe verstopften die Vermittlung, Faxgeräte spuckten Nachrichten aus und das Postzimmer platzte aus allen Nähten. Ungläubig lasen wir wilde Anschuldigungen, die uns intellektuelle Unverantwortlichkeit vorwarfen, und als ein paar Tage ins Land gegangen waren, lasen wir mit noch größerer Ungläubigkeit verlegene Widerrufe von einigen derselben Leute!

Führen wir uns die Situation also noch einmal vor Augen und rufen wir uns ins Gedächtnis, dass die ursprüngliche Antwort von bestimmten Bedingungen ausgeht. Und die wichtigste Bedingung ist: *Immer öffnet der Moderator absichtlich ein Tor mit einer Niete*. (Durch Zufall immer ein Tor mit einer Niete zu öffnen wäre völlig unmöglich!) Der Rest steht auf einem anderen Blatt. Die ursprüngliche Antwort ist noch immer richtig, und entscheidend ist die Frage: «*Soll ich meine Entscheidung revidieren?*» Nehmen wir an, wir halten hier inne und ein Ufo landet auf der Bühne, heraus klettert eine kleine grüne Frau, und der Moderator bittet sie, sich für eines der beiden ungeöffneten Tore zu entscheiden. Die Wahrscheinlichkeit, dass sie zufällig dasjenige mit dem Preis wählt, beträgt ½, zugegeben. Aber das liegt nur daran, dass sie nicht den Vorteil des *ursprünglichen* Kandidaten hatte – die Hilfe des Moderators. (Versuchen Sie, die Erinnerung an irgendeine bestimmte Fernsehshow aus Ihrem Gedächtnis zu streichen.)

Wenn Sie sich anfangs für Tor Nummer eins von drei Toren entscheiden, beträgt die Wahrscheinlichkeit ⅓, dass sich der Preis hinter dem von Ihnen gewählten Tor befindet, und ⅔, dass er hinter einem der anderen Tore ist. *Doch dann greift der Moderator ein und gibt Ihnen einen Hinweis.* Wenn sich der Preis hinter Tür Nummer zwei befindet, zeigt der Moderator Ihnen Tür Nummer drei, und wenn der Preis hinter Tür Nummer drei ist, zeigt er Ihnen Tür Nummer zwei. Wenn Sie Ihre Entscheidung revidieren, gewinnen Sie also den Preis hinter Nummer zwei *oder* Nummer drei. *Sie gewinnen in beiden Fällen!* Doch wenn Sie Ihre Entscheidung *nicht* revidieren, gewinnen Sie nur, wenn der Preis hinter Tor Nummer eins ist. Da dieses Problem auf ein so lebhaftes Interesse stößt, möchte ich meine Überlegungen in einem landesweiten Experiment überprüfen lassen. Dazu seien alle Mathematikkurse im Lande aufgerufen. Führt ein Wahrscheinlichkeitsexperiment genau so durch, wie es unten beschrieben ist, und schickt mir eine Tabelle mit allen Spielen. In einem Begleitbrief solltet ihr beschreiben, wie das Experiment abgelaufen ist, damit wir feststellen können, ob die Methoden vergleichbar waren.

Ein Schüler spielt den Kandidaten und ein anderer den Moderator. Drei Pappbecher werden mit den Zahlen 1, 2 und 3 gekennzeichnet. Während der Kandidat wegschaut, versteckt der Moderator zufällig eine Geldmünze unter dem Becher, indem er einen Würfel so lange wirft, bis dieser eine Eins, Zwei oder Drei zeigt. Anschließend zeigt der Kandidat zufällig auf einen Becher, indem er den Würfel auf die gleiche Weise entscheiden lässt. Von den beiden verbleibenden Bechern dreht der Moderator absichtlich einen um, unter dem sich die Münze nicht befindet. Schließlich «beharrt» der Kandidat auf seiner Entscheidung und hebt den ursprünglich gewählten Becher hoch, um zu sehen, ob sich die Münze darunter befindet. Spielt die Version «nicht revidieren» zweihundertmal und notiert, wie oft der Kandidat gewinnt.

Probiert dann die andere Strategie aus. Führt das Spiel auf die gleiche Weise durch, mit Ausnahme der letzten Anweisung, denn hier soll der Kandidat seine Entscheidung «revidieren» und den Becher hochheben, der von keinem gewählt wurde, um zu sehen, ob sich die Münze unter ihm befindet. Spielt auch die Version «revidieren» zweihundertmal durch.

Und hier folgt noch ein letzter Brief.

Liebe Marilyn,
Sie haben tatsächlich Recht. Meine Kollegen haben sich lange mit dem Problem herumgeschlagen, und ich darf sagen, dass die meisten von ihnen, mich eingeschlossen, zunächst der Überzeugung waren, Sie hätten sich getäuscht!

Seth Kalson, Ph. D.
Massachusetts Institute of Technology

Lieber Dr. Kalson,
vielen Dank, liebes MIT. Das hat mir gut getan!

Für mich war dieser Wahrscheinlichkeitsversuch eher eine Beweisführung als ein Experiment, und er funktionierte wie erwartet. Es folgt die vierte (und letzte!) Kolumne, die *Parade* zu diesem Thema brachte. (Beachten Sie, dass die akademischen Meriten meiner Befürworter etwas anders aussehen als die meiner Kritiker!)

▼▼

Liebe Marilyn,
unlängst haben Sie in einer Ihrer Kolumnen Mathekurse im ganzen Land dazu aufgerufen, ein Experiment durchzuführen, das Ihre Antwort auf ein Gameshow-Problem bestätigen sollte.

Meine achte Klasse hat es versucht, und obwohl ich, ehrlich gestanden, nicht in der Lage bin, eine Gleichung für Ihre Theorie zu entwickeln, hat sie sich unzweifelhaft als richtig erwiesen! Sie haben dazu beigetragen, dass die Lehrbuchkapitel über Wahrscheinlichkeit umgeschrieben werden müssen.

Pat Gross, Ascension School
Chesterfield, Missouri

Unser Kurs kann mit großem Enthusiasmus und Stolz vermelden, dass unsere Daten Ihre Auffassung bestätigen. Haben Sie Dank, dass Sie den amerikanischen Pädagogen die Lösung dieser strittigen Frage zugetraut haben.

Jackie Charles, Henry Grady Elementary
Tampa, Florida

Mein Kurs hat mit großer Begeisterung beobachtet, wie Ihre Theorie langsam zum Leben erwacht ist. Ich wollte, Sie wären hier gewesen und hätten es miterlebt.

Pat Pascoli, Park View School
Wheeling, West Virginia

Sieben Gruppen haben an dem Wahrscheinlichkeitsproblem gearbeitet. Die Zahlen waren toll und die Schüler verblüfft.

R. Burrichter, Webster Elementary School
St. Paul, Minnesota

Immer wieder hörte man einen Schüler ausrufen: «Teufel nochmal, sie hatte Recht!»

Jane Griffith, Magnolia School
Oakdale, California

Ich muss zugeben, ich habe gezweifelt, bis meine fünfte Klasse den Beweis erbracht hatte, dass Sie Recht haben. Alles, was ich sagen kann, ist WOW!

John Witt, Westside Elementary
River Falls, Wisconsin

Vielen Dank für diese spannende Mathematikaufgabe. Sie hat mir wirklich Spaß gemacht. Zwei Tage lang hat sie mich von der Bruchrechnung befreit! Haben Sie noch mehr von der Sorte?

Andrew Malinowski,
Mabelle Avery School
Somers, Connecticut

Sie haben unsere Fachbereiche Mathematik und Naturwissenschaften erobert! Wir haben Stiftungsgelder für die Einrichtung eines Multimedia-Demonstrationsprojekts mit modernster Technik bekommen. Damit haben wir ein Medienlabor eingerichtet, das über ein Computernetz, CD-ROM-Laufwerke, CD-Player, Monitore und Videorekorder verfügt. Ihre Aufgabe haben wir 240 Schülern gestellt. Die Physiklehrer haben die Versuchsanordnung besprochen, während die Mathematiklehrer die Schüler mit der Wahrscheinlichkeitsrechnung vertraut gemacht haben. Die meisten Schüler und Lehrer waren ursprünglich anderer Meinung als Sie, doch im Verlauf der Experimente begannen alle zu erkennen, dass die Gruppe, die ihre Entscheidung revidierte, häufiger gewann. Wir wollen dieses Problem zu einem festen Bestandteil unseres Lehrplans machen.

Anthony Tamalonis, Arthur S.
Somers
Intermediate School 252
Brooklyn, New York

Ich habe meine Lösung des Problems ans schwarze Brett des Physikfachbereichs in der Naval Academy geheftet und dazu erklärt, dass Sie Recht hätten. Morgens musste ich viel Kritik und Spott von meinen Kollegen einstecken, doch nachmittags hatten sich die meisten eines Besseren besonnen. Von einem allzu selbstgewissen Professor gewann ich sogar ein kostenloses Dinner.

Eugene Mosca, U. S. Naval
Academy
Annapolis, Maryland

Nach heftigen Diskussionen und großer Unentschiedenheit hier am Los Alamos National Laboratory haben zwei meiner Kollegen das Problem unabhängig voneinander programmiert und eine Million Versuche durchführen lassen. Dabei ergab sich für die Revision der Entscheidung eine Erfolgsquote von 66,7 Prozent. Insgesamt hat der Computer dafür noch nicht einmal eine Sekunde gebraucht.

G. P. DeVault, Ph. D.
Los Alamos National Laboratory
Los Alamos, New Mexico

Raus mit der Sprache! Haben Sie das wirklich alles allein herausgefunden, oder hat Ihnen ein Mathematiker geholfen?

Lawrence Bryan
San Jose, Kalifornien

Liebe Leser,
wow! Was haben wir für eine Resonanz gehabt! Die Untersuchungsdaten gehen immer noch ein, aber viele von Ihnen warten so ungeduldig auf das Resultat, dass wir die Auswertung jetzt unterbrechen und einen Zwischenbericht liefern. Wir haben Tausende von Briefen bekommen. Die Leute, die das Experiment in der beschriebenen Art durchgeführt haben, berichten von fast identischen Ergebnissen: Man gewinnt zweimal so häufig, wenn man das Tor wechselt. Fast 100 Prozent dieser Leser ist jetzt der Überzeugung, dass es sich lohnt, die Entscheidung zu revidieren.

Doch viele Leser haben auch versucht, ähnliche Experimente auf dem Computer durchzuführen, indem sie frohgemut Hunderte von verschiedenen Programmen schrieben. Wie nicht anders zu erwarten, fielen diese Ergebnisse nicht ganz so eindeutig aus. Doch auch hier glauben jetzt 97 Prozent an die Vorteile einer Entscheidungsrevision.

Ferner haben uns viele Menschen geschrieben, die das Experiment *nicht* durchgeführt haben. Die Nichtfachleute sind heute zu 56 Prozent der Meinung, man solle die Entscheidung revidieren, während es vorher nur acht Prozent waren. Von den Fachleuten an den Colleges und Universitäten sind jetzt 71 Prozent für die

Revision der Entscheidung – gegenüber 35 Prozent zu Beginn der Kontroverse. (Viele von ihnen haben in ihren Briefen höchstes Erstaunen über die ganze Angelegenheit zum Ausdruck gebracht und festgestellt, dass sie ihre Einstellung erheblich verändert haben, insbesondere, was den Stand der mathematischen Bildung in den Vereinigten Staaten angehe.) Ein sehr kleiner Prozentsatz von Lesern ist davon überzeugt, die Leute hätten sich deshalb so erregt, weil ihnen nicht klar geworden ist, dass der Moderator absichtlich ein Tor mit einer Niete geöffnet habe. (Sie haben die Zuschriften nicht gelesen! Die große Mehrheit der Leute hat die Bedingungen sehr wohl verstanden.)

Alles in allem haben wir erfreuliche Fortschritte erzielt! Die Hälfte der Leser, deren Post in den vorangegangenen Kolumnen veröffentlicht wurde, haben uns mitgeteilt, dass sie ihre Auffassung geändert haben. Allein der Leser, dessen Brief jetzt folgt, erklärt, dass er keinen Zentimeter von seiner bisherigen Position abgewichen ist.

Liebe Marilyn,
ich denke immer noch, dass Sie Unrecht haben. Es gibt wohl doch so etwas wie weibliche Logik.

Don Edwards
Sunriver, Oregon

Lieber Don,
jetzt kuschen Sie sich doch endlich.

Massimo Piattelli-Palmarini erklärte in der Zeitschrift *Bostonia* (Juli/August 1991), dass «... kein anderes statistisches Rätsel bisher in der Lage gewesen ist, so viele Menschen so lange an der Nase herumzuführen ... Diese Faszination verdankt das Phänomen seiner Besonderheit, seiner Wiederholbarkeit und seiner Fähigkeit, Menschen jeglichen Bildungsstands zu düpieren.»

Weiter heißt es: «Denken Sie darüber nach. Fragen Sie Ihre intelligentesten Freunde. Erzählen Sie Ihnen aber nicht (zumindest nicht gleich), dass selbst nobelpreisgeschmückte Physiker in der

Regel die falschen Antworten geben, auf ihr *beharren* und so weit gehen, die Leute, die die richtige Antwort geben, öffentlich zu beschimpfen.»

In einer Antwort an die Leser des *Skeptical Inquirer* (Jahrgang 16, Winter 1992) schrieb ich: «... praktisch alle meine Kritiker haben das beabsichtigte Szenario begriffen. Ich habe persönlich fast dreitausend Briefe gelesen (von vielen tausend, die eingetroffen sind) und dabei festgestellt, dass fast jeder Schreiber aus der einfachen Tatsache, dass noch zwei Wahlmöglichkeiten bleiben (oder einer entsprechenden Überlegung), den Schluss zog, die Chancen seien gleich.

Doch für die Leser, die sich jetzt mehr für das Problem interessieren, ob die Frage möglicherweise mehrdeutig war, möchte ich noch ein paar Anmerkungen anfügen. Als ich die ursprüngliche Frage las, wie sie der Leser eingeschickt hatte, fand ich, er mache nicht deutlich genug, dass der Moderator stets ein Tor öffnet, hinter dem sich eine Ziege befindet. Daher erwähnte ich diesen Umstand ausdrücklich in meiner Antwort, damit ihn jeder verstand. Was die Frage angeht, ob der Moderator jedes Mal die Entscheidungsrevision anbietet, so ergibt sich daraus für mich kein stichhaltiger Einwand. Dieser Aspekt wird als Einflussfaktor überhaupt nicht erwähnt, daher muss die Originalfassung als Paradigma gelten. Der Kandidat wählt jedes Mal ein Tor; der Gastgeber öffnet jedes Mal ein Tor. (Der Kandidat wählt beim nächsten Mal nicht ein Tor und *öffnet* es; der Moderator öffnet beim nächsten Mal nicht das Tor *des Kandidaten*; und der Moderator bietet dem Kandidaten beim nächsten Mal auch kein *Geld* an.)

Nur weil es eine ähnliche Gameshow im Fernsehen gibt, dürfen wir uns nicht zu der Annahme verleiten lassen, so subjektive Aspekte wie die Spannung des Publikums oder die Sorge um das Geld des Sponsors seien Teil des Problems!» Wie sich Annahmen, die als Bedingungen in der ursprünglichen Fragestellung genannt werden, nicht im Nachhinein(!) verändern lassen, so können auch keine neuen hinzugefügt werden.

Das oben beschriebene Problem scheint nur Gameshow-Kandidaten oder Hütchenspieler zu betreffen, doch das liegt daran, dass solche Probleme gewöhnlich in vertraute Verhältnisse gekleidet werden. Vermutlich weil es den meisten Menschen leichter fällt, unter solchen Bedingungen zu lernen. Doch das Vorkommen dieser Probleme ist viel allgemeiner, als wir glauben. Tatsächlich wenden wir die mathematischen Methoden, die wir mit siebzehn (in einem Klassenzimmer) gelernt haben, noch an, wenn wir einundvierzig sind (und in einer Kommandozentrale der Streitkräfte sitzen). Die komplizierten Folgen dieses Umstands unterschätzen wir auf höchst gefährliche Weise. Überlegen Sie beispielsweise, welche unabsehbaren Konsequenzen Fehlentscheidungen auf dem Schlachtfeld, in der Luft oder zur See haben können. Logisches Denken kann über Leben und Tod entscheiden – für Sie und für viele andere Menschen.

Die psychologische Komponente

Ein Problem, in dem es um Leben und Tod geht, stellen Amos Tversky und Daniel Kahneman in ihrem Buch *Judgement Under Uncertainty* vor. Der folgende Leser hat es mir in leicht abgeänderter Form zugeschickt.

▾▾

Liebe Marilyn,
in einem Psychologiekurs haben wir die folgende Aufgabe bekommen: Der General sieht sich einer überlegenen Streitmacht des Feindes gegenüber und steht vor einem Dilemma. Die Nachrichtenoffiziere melden ihm, seine Soldaten würden in einen Hinterhalt geraten, in dem alle sechshundert Männer den Tod finden würden, wenn er sie nicht auf einem von zwei zur Verfügung stehenden Wegen in Sicherheit brächte. Wenn er den ersten nähme, würden vierhundert sterben. Nähme er den zweiten, bestehe eine Wahrscheinlichkeit von ⅓, dass keiner, und eine Wahrscheinlichkeit von ⅔, dass alle sechshundert den Tod fänden. Welchen Weg soll er nehmen?

Die Antwort, die man uns gegeben hat, lautete, es spiele keine Rolle, weil die Chancen in beiden Fällen gleich seien. Der Wortlaut solle den Leser nur zu der Annahme verführen, dass es einen Unterschied gibt. Allerdings mochten viele Mitglieder unseres Kurses dieser Argumentation nicht folgen. Gibt es eine mathematische Lösung dafür?

J. Cooke
Honolulu, Hawaii

John Allen Paulos meint zu dem gleichen Problem in seinem Buch *Innumeracy*: «Die meisten Menschen (vier von fünf), denen man diese Aufgabe stellt, wählen den zweiten Weg, mit der Begründung, dass der erste Weg vierhundert Tote bedeutet, während bei dem zweiten wenigstens eine Wahrscheinlichkeit von ⅓ besteht, dass alle mit dem Leben davonkommen.»

Es folgt meine eigene Analyse:

Lieber Leser,
sprächen wir über Zivilisten und hätte der General einfach die Absicht, so viele Leben wie möglich zu retten, und würde die Entscheidung ständig wiederholt, dann gäbe es in der Tat keinen mathematischen Unterschied. Doch Sie haben diese Frage im Psychologiekurs und nicht im Mathematikkurs gestellt bekommen, und Armeen werden nicht aufgestellt, damit die Soldaten ihr Leben retten. Sie haben andere Ziele, die oft nur durch erhebliche Opfer an Menschenleben zu erreichen sind. Wenn beispielsweise nur das Überleben von zweihundert Soldaten erforderlich ist, um eine bestimmte Stellung zu sichern und den Krieg zu gewinnen, dann müsste der General den ersten Weg nehmen. Sind hingegen dreihundert erforderlich, muss er den zweiten riskieren.

Nehmen wir nun an, Sie wären derselbe General und vom selben Feind umgeben, doch diesmal hätten die Nachrichtenoffiziere Ihnen mitgeteilt, dass bei der Wahl des ersten Weges zweihundert Soldaten am Leben bleiben würden und beim zweiten Weg eine Wahrscheinlichkeit von ⅓ bestehe, dass sechshundert am Leben bleiben, und eine Chance von ⅔, dass alle sechshundert den Tod finden. Für welchen Weg entscheiden Sie sich jetzt?

Dazu Paulos: «Die meisten Menschen (75 Prozent) wählen den ersten Weg, weil auf diese Weise zweihundert Menschen mit Gewissheit das Leben gerettet werden kann, während die Wahrscheinlichkeit ⅔ beträgt, dass der zweite Weg mit noch mehr Toten endet.» Doch die beiden Fragen sind nur zwei unterschiedliche Arten, das gleiche Problem zu stellen. Dass die meisten Menschen ihre Entscheidung davon abhängig machen, in was für Worte die Frage gekleidet ist, zeigt deutlich, wie unzulänglich unsere Intuition ist.

Wahrscheinlichkeitsprobleme

Das folgende Problem, das mit dem Monty-Hall-Dilemma verwandt ist, löste ähnliche Kontroversen aus. Selbst Leute, die sich schließlich zu meiner Gameshow-Antwort bekehrt hatten, beharrten hier darauf, dass ich Unrecht hätte.

▼▼

Liebe Marilyn,
drei Gefangene im Todestrakt erhalten die Mitteilung, dass einer von ihnen durch Zufallsverfahren zur Hinrichtung am folgenden Morgen ausgewählt worden sei, die anderen beiden aber freigelassen würden. Einer bittet den Wächter verstohlen, ihm doch zumindest den Namen eines der beiden zur Freilassung bestimmten Gefangenen zu nennen. Der Wächter lässt sich erweichen und sagt: «Jim kommt frei.» Der erste Gefangene ist entsetzt, weil er nun einer von nur noch zwei verbleibenden Gefangenen in Todesgefahr ist. Damit ist die Wahrscheinlichkeit der Hinrichtung von ⅓ auf ½ gestiegen! Was soll der Wächter tun?

Marvin M. Kilgo III
Camden, South Carolina

Lieber Marvin,
nach Hause zu gehen und erst am folgenden Nachmittag wiederzukommen scheint mir eine gute Idee zu sein. Auch wenn jetzt nur noch zwei Gefangene von der Hinrichtung bedroht sind, hat sich

für den ersten Gefangenen an der Wahrscheinlichkeit von ⅓, der Unglückliche zu sein, nichts geändert. Merkwürdigerweise sieht es für den anderen aber weniger gut aus. Für ihn ist die Wahrscheinlichkeit, hingerichtet zu werden, auf ⅔ angewachsen!

Aus editorischen Gründen beschlossen wir, die folgende Korrespondenz nicht in der Kolumne zu veröffentlichen, aber ich denke, einige zusätzliche Erklärungen können nichts schaden. Hier sind sie also:

Liebe Marilyn,
schon wieder! Ich empfehle Ihnen dringend, dass Sie sich entweder ein neues Nachschlagewerk über Wahrscheinlichkeitsrechnung besorgen oder einen entsprechenden Kurs belegen (am besten, Sie fangen auf Collegeniveau an). Die Aussichten des Gefangenen, hingerichtet zu werden, sind tatsächlich von einem Drittel auf ein halb gestiegen. Die Menschen glauben, was Sie sagen, also informieren Sie sie auch richtig.

Stephen Van Fossan, Ph. D.
San Diego, Kalifornien

Liebe Leser,
so etwas wie weibliche Logik gibt es nicht, und die ursprüngliche Antwort ist richtig. Der fragende Gefangene hat eine Wahrscheinlichkeit von einem Drittel, hingerichtet zu werden, und wir haben nichts erfahren, was das ändern könnte. Aber wir *haben* etwas über die beiden anderen erfahren. Da sich unter ihnen der zur Hinrichtung bestimmte Gefangene mit einer Wahrscheinlichkeit von zwei Drittel befindet, der Wächter diesen aber nie nennen wird, besteht eine Wahrscheinlichkeit von zwei Drittel, dass der nicht genannte Gefangene für die Hinrichtung vorgesehen ist.

Da ich nicht wollte, dass meine Leser selbstgefällig wurden, haben wir die folgende Frage und Antwort veröffentlicht. Leider war jedoch kein Platz für eine Erklärung, ein Fehler, den ich nicht zu wiederholen gedenke!

Liebe Marilyn,
die Inhaberin einer Tierhandlung sagt, sie habe zwei neue Beaglewelpen, die sie Ihnen zeigen könnte. Sie wisse aber nicht, ob sie männlich, weiblich oder ein Paar seien. Sie sagen ihr, Sie wollten nur ein Männchen haben. Darauf telefoniert sie mit dem Mann, der die Tiere gerade badet. «Ist wenigstens ein Männchen dabei?», fragt sie ihn. «Ja!», erklärt die Tierhändlerin Ihnen lächelnd. Wie groß ist die Wahrscheinlichkeit, dass das *andere* Tier auch ein Männchen ist?

Stephen I. Geller
Pasadena, Kalifornien

Lieber Stephen,
⅓.

Darauf ging eine Fülle von Briefen ein, die mich dann doch ziemlich überraschten. Ich gewann den Eindruck, dass Menschen, die ein kontraintuitives Problem verstanden haben, nicht unbedingt auch das nächste verstehen müssen. Vielleicht waren es auch nur andere Leser. Jedenfalls war das, vielleicht vorhersehbare, Ergebnis die folgende Kolumne.

▼▼

Liebe Marilyn,
es geht um das Problem, wo eine Tierhändlerin zwei neue Beaglewelpen hat, aber nicht weiß, ob sie Männchen, Weibchen oder ein Paar sind. Es gibt nur drei mögliche Erklärungen für Ihre Antwort.

1. Sie berücksichtigen die Möglichkeit, dass der zweite Welpe kastriert ist, doch da Sie nicht ausdrücklich darauf hinweisen, wenden wir uns der zweiten Möglichkeit zu.
2. Sie sind sich (noch immer) nicht über den Unterschied zwischen Spieltheorie und Wahrscheinlichkeitsrechnung im Klaren. In diesem Fall schlage ich vor, dass Sie Ihre Kenntnisse schleunigst auffrischen.

3. Sie geben absichtlich falsche Antworten, um möglichst viele Zuschriften zu bekommen. Sollte das so sein, gibt es sicherlich bessere Methoden.

James Larsen, Ph. D.
Wright State University

Ich bin anderer Meinung als Sie. Der Beobachter weiß, dass der erste Hund ein Rüde ist. Die Chancen, dass der andere auch ein Rüde ist, stehen fünfzig zu fünfzig.

Richard Jones, Ph. D.
University of New Haven

Ich glaube, Sie liegen falsch! Bevor Sie wissen, dass einer der Beaglewelpen ein Männchen ist, beträgt die Wahrscheinlichkeit ⅓. Doch sobald die oben genannte Tatsache bekannt ist, steigen die Aussichten auf fünfzig zu fünfzig.

Edward Weiss, Ph. D.
Bethel College

Okay, aber eines ist mir unklar. Gäbe es nur einen Beaglewelpen, wäre die Wahrscheinlichkeit, dass es sich um einen Rüden handelt, ⅓. Wie kann die Anwesenheit eines weiteren Beagles die Wahrscheinlichkeit beeinflussen, dass es sich bei dem betreffenden Welpen um einen Rüden handelt? Es mag sich komisch anhören, aber wie weit muss der zweite Beagle entfernt sein, um sich nicht mehr auf das Geschlecht des ersten Beagles auszuwirken?

Steve Marx
Worcester, Massachusetts

Liebe Leser,
die ursprüngliche Antwort ist richtig. Wir haben nicht einen «ersten Beagle» oder einen «zweiten Beagle» definiert, daher könnte sich der eine auf dem Mond befinden, ohne dass es den geringsten Einfluss auf das Ergebnis hätte.

Würden wir ein Welpenpaar aus einem Becher schütteln, wie wir es mit Würfeln machen, dann könnten sie auf vier verschiedene Weisen fallen: Männchen/Weibchen, Weibchen/Männchen, Männchen/Männchen oder Weibchen/Weibchen. Es gibt also drei Möglichkeiten, dass wenigstens eines von den Tieren ein Männchen ist. Und da der Partner des Männchens in diesen drei Fällen ein Weibchen, ein Weibchen oder ein weiteres Männchen ist, ist die Wahrscheinlichkeit, dass dieser Partner ein Männchen ist, nur ⅓.

Entscheidend ist, dass wir nicht angegeben haben, *welcher* Beagle ein Männchen ist, daher kann es einer von beiden sein. Würden wir stattdessen sagen: «Der, der an Ihrem Knöchel knabbert, ist ein Männchen, wie groß sind die Aussichten, dass der Welpe, der schläft, ein Männchen ist?», betrüge die Chance fünfzig zu fünfzig. Aber wir haben nur gesagt, dass «mindestens einer» ein Männchen ist, daher wissen wir nicht, welches Tier das Männchen ist und ob sein Partner wach ist oder schläft. Und das bedeutet, dass die Wahrscheinlichkeit des Partners, ein Männchen zu sein, nur ⅓ beträgt.

Abermals war ich überrascht, als der Strom der Zuschriften unvermindert anhielt. Wir entschlossen uns, die folgenden Briefe nicht mehr zu veröffentlichen (um zu verhindern, dass sich die Kolumne in ein Seminar über Logik, Mathematik und Wahrscheinlichkeitsrechnung verwandelte), aber in dieses Buch musste ich sie einfach aufnehmen (vor allem den Brief von Dr. Dowling).

▼▼

Liebe Marilyn,
es geht um das Problem, wo eine Tierhändlerin zwei junge Beaglewelpen hat und deren Geschlecht nicht kennt. In einer zweiten Kolumne zu dieser Aufgabe haben Sie erklärt, Ihre Antwort sei richtig, und gesagt: «Entscheidend ist, dass wir nicht angegeben haben, *welcher* Beagle ein Männchen ist, daher kann es einer von beiden sein.»

Sie haben ein gestörtes Verhältnis zur Wahrscheinlichkeitsrechnung. Es ist völlig egal, ob Sie angeben, über welchen der Welpen Sie sprechen. Entscheidend ist, dass Sie nur über diese beiden und keine anderen reden. Genau dieses Problem ergibt sich in der Genetikberatung, wo die Folgen eines fehlerhaften Verständnisses äußerst schwerwiegend sind.

Steven M. Carr, Ph. D.
Memorial University of
Newfoundland

Als Genetiker kann ich Ihnen versichern, dass Ihr Versuch, die Wahrscheinlichkeit für eines der Individuen anhand der Wahrscheinlichkeit für die paarweisen Kombinationen zweier Individuen zu bestimmen, fruchtlos ist. Zutreffendere Erklärungen haben Ihre Leser geliefert: Die fünfzigprozentige Wahrscheinlichkeit für das Geschlecht des einen Welpen hat die des anderen nicht beeinflusst.

H. Glenn Hall, Ph. D.
University of Florida

Leider ist Ihre Antwort absolut, unwiderruflich und unzweideutig falsch.

Stephen D. Wolpe, Ph. D.
Genetics Institute

Richtig ist, dass Ihnen, wenn Sie das Geschlecht eines Welpen kennen, nur noch zwei mögliche Kombinationen aus den ursprünglichen vier verbleiben. Um meiner Analyse ein gewisses Maß an Glaubwürdigkeit zu verleihen, sei erwähnt, dass ich Systemanalytiker bei einem Hersteller für Supercomputer bin.

Bruce Greer
Hillsboro, Oregon

Natürlich haben Sie Recht. Ich glaube, der Grund, warum so viele Menschen Ihre Antwort infrage gestellt haben, liegt darin, dass sie keine Mathematiklehrer sind. Ich habe mein ganzes Leben lang Mathematik unterrichtet und darf sagen, dass Ihre Aufgaben eine echte Anregung für mich sind.

Thomas E. Hurst
Chicopee High School

Liebe Leser,
die ursprüngliche Antwort ist richtig. Wir bekommen eine erstaunliche Zahl von Zuschriften, und die meisten Kritiker äußern sich etwa folgendermaßen: «Wenn nur ein Welpe übrig ist, dann ist es entweder ein Männchen oder Weibchen, und daher sind die Aussichten, dass es ein Männchen ist, fünfzig zu fünfzig.» Doch das ist genauso unsinnig, als würde man sagen, dass die Sonne morgen früh entweder aufgeht oder nicht und dass daher die Chancen nur fünfzig zu fünfzig stehen, dass die Sonne auch morgen aufgeht.

Betrachen wir die Situation einmal anders. Der Mann, der die Welpen badet, lässt durch die Tierhändlerin mitteilen, dass mindestens eines der Tiere ein Männchen ist. Das heißt, er spricht von zwei Welpen und nicht von einem. Die Frage nach der Wahrscheinlichkeit, dass der andere ein Männchen ist, betrifft die beiden Tiere, nicht eines. Mit anderen Worten, es ist genau so, als würden wir fragen, ob *beide Männchen* sind.

Es folgt noch ein letzter Brief, und ich denke, wir sollten dem Schreiber dafür danken, dass er die Sache auf den Punkt bringt!

Liebe Marilyn,
Sie haben wieder Recht, und all die großspurigen Burschen, die sich so dicke tun, sollten noch einmal einen Grundkurs in Mathematik besuchen.

Jonathan P. Dowling, Ph. D.
Department of the Army
United States Army Missile Command
Redstone Arsenal, Alabama

Der nächste Leser schrieb einen sehr sachlichen Brief über einen Hut, der drei Spielkarten enthielt. Ich wollte daraus lieber Pfannkuchen machen, daher rief ich ihn an und bat ihn um seine Einwilligung. Die gab er mir bereitwillig. Allerdings fragte ich mich, was er wohl von uns dachte. Warum ausgerechnet Pfannkuchen? Ganz einfach, ich wollte sehen, ob irgendjemand auf den naheliegendsten Punkt eingehen würde – dass niemand Pfannkuchen in einen Hut legt. (Obwohl ich annehme, dass auch relativ wenige Menschen Spielkarten in ihren Hut legen!)

▼▼

Liebe Marilyn,
Sie haben einen Hut, in dem drei Pfannkuchen liegen: Einer ist auf beiden Seiten goldgelb, einer ist auf beiden Seiten braun, und einer ist auf einer Seite goldgelb und auf der anderen braun. Sie entnehmen einen Pfannkuchen und betrachten ihn von der einen Seite. Die ist braun. Wie groß ist die Wahrscheinlichkeit, dass auch die andere Seite braun ist?

Robert H. Batts
Acton, Massachusetts

Lieber Robert,
sie beträgt ⅔. Der Pfannkuchen, den Sie entnommen haben, war einer von zwei möglichen: der braun-goldgelbe oder der braun-braune. Von den drei braunen Seiten, die Sie unter diesen Umständen sehen konnten, mussten zwei von ihnen auch auf der anderen Seite braun sein.

Nun, niemand ging auf die Pfannkuchen ein, aber eine ganze Menge Leser äußerten sich zur Antwort.

▼▼

Liebe Marilyn,
jede Woche freue ich mich auf Ihre Kolumne, doch mit Ihrer Analyse zur Frage der «drei Pfannkuchen in einem Hut» bin ich ganz und gar nicht einverstanden. Ich glaube, die Chancen stehen fünfzig zu fünfzig. Da wir wissen, dass wir einen von zwei in der Hand halten, haben beide Farben die gleiche Aussicht, sich zu zeigen, wenn wir den Pfannkuchen umdrehen. Stimmen Sie mir zu? (Ich bin gespannt, ob Sie auch diesmal über so viele Zuschriften berichten können!)

Elmer Mooring, Jr.
Johns Hopkins University

Ihre Antwort bezüglich der Pfannkuchen ist falsch. Die Wahrscheinlichkeit beträgt ½ (50 Prozent). Nur zwei Pfannkuchen haben braune Seiten, und einer von ihnen ist nur auf einer Seite braun. Es besteht eine fünfzigprozentige Wahrscheinlichkeit, dass Sie den Pfannkuchen betrachten, der auf beiden Seiten braun ist. Man hat mir gesagt, Sie würden in der Öffentlichkeit niemals einen Fehler zugeben. Stimmt das?

R. Larry Marchington, Ph. D.
University of Georgia

Liebe Leser,
keine Sorge. Immer wenn ich mich irre, verkünden wir es in dieser Kolumne laut und deutlich. Einige Leser sind noch immer davon überzeugt, dass frühere Wahrscheinlichkeitsantworten falsch sind und dass ich einfach nicht bereit bin, meine Irrtümer einzugestehen. Das stimmt nicht, und auch dieser Fall war keine Ausnahme. Die ursprüngliche Antwort war richtig. Halten wir fest, dass man bei einem braun-braunen Pfannkuchen leichter auf eine braune Seite stößt als bei einem braun-goldgelben Pfannkuchen.

Betrachten wir die Sache anders: Wie groß ist die Wahrscheinlichkeit, einen Pfannkuchen mit zwei gleichen Seiten zu erwischen, bevor Sie überhaupt einen Pfannkuchen ziehen? Sie beträgt doch wohl ⅔, oder? Wenn Sie also einen Pfannkuchen ziehen und eine goldgelbe Seite sehen, sind die Aussichten ⅔, dass auch die andere Seite goldgelb ist. Das Gleiche gilt im umgekehrten Fall: Wenn Sie einen Pfannkuchen ziehen und eine braune Seite erblicken, dann beträgt die Wahrscheinlichkeit, dass auch die andere Seite braun ist, zwei Drittel.

Hocherfreut las ich den Namen des unvergleichlichen Martin Gardner unter dem folgenden Brief, der sich als der Beginn einer wunderbaren Freundschaft erwies.

▾▾

Liebe Marilyn,
die große Aufregung über die Wahrscheinlichkeitsverhältnisse Ihrer Gameshow-Aufgabe veranlasst mich, Ihnen eine andere zu schicken: Die Grüns und die Schwarzens spielen Bridge. Nachdem gegeben wurde, fragt ein Zuschauer Frau Schwarz: «Haben Sie ein Ass auf der Hand?» Sie nickt. Es besteht eine gewisse Wahrscheinlichkeit, dass Sie noch mindestens ein weiteres Ass auf der Hand hat.

Nach dem nächsten Geben fragt der Beobachter sie: «Haben Sie das Pikass?» Sie nickt. Abermals besteht eine gewisse Wahrscheinlichkeit, dass sie noch mindestens ein weiteres Ass auf der Hand hat. Welche Wahrscheinlichkeit ist größer. Oder ist sie in beiden Fällen gleich?

Martin Gardner
Hendersonville, North Carolina

Lieber Martin,
was für ein Vergnügen, von dem Meister der mathematischen Rätsel höchstpersönlich zu hören! Bei Frau Schwarz aus zweiter Hand – der mit dem Pikass – ist die Wahrscheinlichkeit größer, dass sie noch ein weiteres Ass enthält, und dies ist meine Erklärung: Es gibt weniger Möglichkeiten, ein bestimmtes Ass zu bekommen, als überhaupt eines zu bekommen. Doch jede dieser Möglichkeitsgruppen enthält eine gleiche Zahl von «goldenen» Möglichkeiten, noch weitere Assse dazuzubekommen. Daher eröffnet die kleinere Gruppe größere Erfolgsaussichten. (Vielleicht sind Sie so nett, zeichnen diese Antwort ab und schicken sie an mich zurück.)

Er hätte sie lieber mit dem Rotstift korrigieren sollen. Als ich sie mir noch einmal durchlas, bemerkte ich, dass *ich* einen Fehler gemacht hatte. Daher schrieb ich einige Wochen später selbst einen Brief an «Ask Marilyn» und korrigierte den Fehler öffentlich:

▼▼

Liebe Marilyn,
ich habe eine Unzulänglichkeit in einer Ihrer Antworten entdeckt. Ich weiß, dass Sie darauf gewartet haben, dass einer Ihrer Leser sie entdeckt, damit Sie sie öffentlich richtig stellen können. Doch da es so aussieht, als würde das nicht geschehen, schreibe ich jetzt lieber selbst!

In der Frage spielen zwei Ehepaare Bridge. Nach dem Geben fragt ein Zuschauer, ob eine der Spielerinnen ein Ass habe, und diese nickt; nach einem weiteren Geben fragt er, ob sie ein Pikass habe, und die Spielerin nickt abermals. Nach welchem Geben ist die Wahrscheinlichkeit größer, dass die Spielerin noch mindestens ein Ass auf der Hand hat? Oder ist sie in beiden Fällen gleich groß?

Marilyn vos Savant
New York, New York

Liebe Marilyn,
das war keine Unzulänglichkeit, das war ein Fehler! (Trotzdem vielen Dank für die höfliche Formulierung.) Ich habe erwidert, dass die Hand mit dem Pikass die größere Wahrscheinlichkeit besitze, und das ist richtig. Aber die Erklärung war falsch. Sie sollte das Prinzip erklären, das der Antwort zugrunde liegt, und dazu habe ich es auf ein idealisiertes Zwei-Asse-Spiel angewendet, diesen Umstand aber nicht erwähnt.

Ich habe gesagt, es gebe weniger Möglichkeiten, ein bestimmtes Ass zu bekommen als überhaupt eines zu erhalten. Doch beide Gruppen haben die gleichen Aussichten, noch mehr Assse zu bekommen, daher verfügt die kleinere Gruppe über das bessere Erfolgsverhältnis. Versuchen Sie es mit einem Vier-Karten-«Spiel» – zwei Assen und zwei anderen Karten – und geben Sie an zwei Spieler je zwei Karten aus. Sie werden sehen, wie das Prinzip funktioniert.

Solche Gedankengänge verwirren viele Menschen, und das ist nicht überraschend. Obwohl das Prinzip nicht besonders tiefsinnig oder komplex ist, lässt es sich nur schwer begreifen und fast genauso schwer erklären (was ich unabsichtlich selbst unter Beweis gestellt habe).

Viel leichter ist es dagegen zu begreifen, wie die Wahrscheinlichkeiten sich beispielsweise beim Black Jack verhalten, vor allem, weil sie sich so angenehm gut mit unserer Intuition vertragen. Wenn die Wahrscheinlichkeit, aus einem vollen Kartenspiel ein Ass zu bekommen, $4/52$ beträgt, dann ist klar, dass sich die Aussichten, ein zweites Ass (gleich anschließend) zu bekommen, nicht auf $4/52 \times 4/52$ belaufen. Da ein Ass (und eine Karte) bereits ausgeteilt sind, ist die Wahrscheinlichkeit $4/52 \times 3/51$. Das bezeichnet man als «bedingte Wahrscheinlichkeit» – die Aussicht, ein zweites Ass zu bekommen, nachdem man bereits ein erstes zugeteilt bekommen hat. Daher lohnt es sich beim Black Jack, sich die Karten zu merken – obwohl ich selbst das Kunststück noch nicht ausprobiert habe. Allerdings ist die Verzerrung der Wahrscheinlichkeit so geringfügig, dass man als Croupier schneller zu Geld kommen würde als mit dem Kartenspiel.

Die «Koinzidenz» gemeinsamer Geburtstage in relativ kleinen Gruppen ist recht bekannt geworden, weniger die Logik und Denkweise, die dem Phänomen zugrunde liegen, deshalb habe ich mich entschlossen, die Frage dieses Lesers zu beantworten.

Liebe Marilyn,
ich habe gehört, dass man schon in relativ kleinen Gruppen von vielleicht einem Dutzend Mitgliedern zwei Leute mit dem gleichen Geburtstag, Monat und Tag, antrifft. Warum folgen Geburtstage nicht den Wahrscheinlichkeitsgesetzen?

Kathy Menell
Columbus, Indiana

Liebe Kathy,
das tun sie doch. (Um das Prinzip zu erläutern, nehmen wir an, dass die Geburtstage einer Gruppe gleichmäßig über das Jahr verteilt sind, statt aus irgendeinem Grund gehäuft vorzukommen.) Nach diesen Gesetzen ist die Wahrscheinlichkeit in einer Gruppe, die aus dreiundzwanzig zufällig zusammengewürfelten

Mitgliedern besteht, etwas höher als 50 Prozent, dass mindestens zwei am gleichen Tag Geburtstag haben. (Doch das heißt ja nur, dass es in der Hälfte der Fälle so ist und in der anderen Hälfte nicht. Was eigentlich gar nicht so beeindruckend ist.)

Viele Leute glauben, man brauche 183 Menschen, um die Wahrscheinlichkeit auf über 50 Prozent anwachsen zu lassen. Wir haben solche Schwierigkeiten, den Fehler in dieser Denkweise zu sehen, weil wir uns nicht klarmachen, wie unwahrscheinlich es ist, dass jeder einen *anderen* Geburtstag hat. Vergessen wir nicht – jeder kann mit jedem anderen zugleich Geburtstag haben. Stellen wir uns eine Versammlung von hundert Menschen vor. Sie bitten alle, sich eine Zahl zwischen eins und 365 auszudenken, ohne sie auszusprechen, dabei aber nach Möglichkeit eine Zahl zu suchen, für die sich kein anderer entschieden hat. Wäre es nicht außerordentlich erstaunlich, wenn sie alle tatsächlich verschiedene Nummern auswählen würden? Hier waren es aber nur hundert Leute, keine 183, und sie haben sich um möglichst verschiedene Zahlen *bemüht*!

In dem oben beschriebenen Problem geht es um den Geburtstag *irgendeines* Gruppenmitglieds, nicht einer *bestimmten* Person. Beispielsweise habe ich am 11. August Geburtstag. Um nun eine Wahrscheinlichkeit von mehr als 50 Prozent zu erreichen, dass jemand am gleichen Tag wie ich Geburtstag hat, brauchte man schon eine Gruppe von 253 Leuten.

Obwohl in dem Geburtstagsproblem von Wahrscheinlichkeit die Rede war, geht es dort eigentlich gar nicht um sie. Genauso wenig wie in der folgenden Aufgabe. Eine Psychologin von der Hebräischen Universität in Jerusalem hatte die Kolumne *Ask Marilyn* verfolgt, während sie im Rahmen eines Sabbatjahres an der University of Massachusetts in Amherst weilte. Nachdem sie die folgende Frage in einer wissenschaftlichen Zeitschrift erörtert hatte, schrieb sie mir:

▼▼

Liebe Marilyn,
hier ist ein Problem, das vielleicht nicht ganz einfach ist. Haben Männer mehr Schwestern als Frauen? (Und haben Frauen mehr Brüder als Männer?) Das heißt, der Zählende zählt sich selbst nicht mit; in einer Familie mit zwei Kindern – einem Jungen und einem Mädchen – hat der Junge eine Schwester, aber keinen Bruder, und das Mädchen einen Bruder, aber keine Schwester. Entsprechend hat in einer Familie mit vier Kindern – zwei Jungen und zwei Mädchen – jeder Junge zwei Schwestern, aber nur einen Bruder, und jedes Mädchen hat zwei Brüder, aber nur eine Schwester.

Ruma Falk, Ph. D.
Jerusalem, Israel

Liebe Ruma,
so merkwürdig es klingen mag, Männer und Frauen haben die gleiche Anzahl von Schwestern und Brüdern. Der Grund: Wenn man wiederholt und zufällig ein Kind aus einer Familie auswählt, um dann festzustellen, wie viele Schwestern und/oder Brüder es hat, dann läuft das darauf hinaus, aus allen Familien zufällig ein Kind zu entfernen und einfach die verbliebenen Kinder weiblichen und männlichen Geschlechts zu zählen. Geht man von einer gleichen Geschlechterverteilung aus, ist diese Zahl ungefähr gleich.

Listen wir die Möglichkeiten in einer Familie mit zwei Kindern auf:

JJ	Junge hat einen Bruder
	Junge hat einen Bruder
JM	Junge hat eine Schwester
	Mädchen hat einen Bruder
MJ	Mädchen hat einen Bruder
	Junge hat eine Schwester
MM	Mädchen hat eine Schwester
	Mädchen hat eine Schwester

Die Gesamtzahl der Möglichkeiten in einer Familie mit zwei Kindern sehen also folgendermaßen aus: Zwei Jungen haben eine

Schwester, und zwei Jungen haben einen Bruder, zwei Mädchen haben einen Bruder, und zwei Mädchen haben eine Schwester.

Als Dr. Falk hörte, dass meine Antwort umstritten war, schickte sie meinen Lesern folgende Erklärung. Es sei angemerkt, dass wir auf die Wahrscheinlichkeitserörterungen im ersten Absatz verzichten.

▾▾

«Nehmen wir an, die Wahrscheinlichkeit der Geburten von Jungen und Mädchen sei gleich und die Geburten erfolgten unabhängig voneinander (innerhalb derselben Familie ebenso wie in verschiedenen Familien). Das sind keine hypothetischen Annahmen; sie entsprechen der biologischen Wirklichkeit ziemlich genau. Die meisten Menschen erwarten, dass Männer mehr Schwestern als Brüder haben und dass Frauen mehr Brüder als Schwestern haben. Da die Familien im Durchschnitt eine gleiche Anzahl von Söhnen und Töchtern haben, so ihre Überlegung, müsste die Menge der Geschwister von Männern, die selbst *nicht mitgezählt* würden, einen Überschuss an Frauen (Schwestern) aufweisen. So zwingend diese Schlussfolgerung auch erscheint, sie ist trotzdem falsch! Es ist (auf lange Sicht) davon auszugehen, dass Männer die gleiche Anzahl von Schwestern haben wie Frauen und dass sie genauso viele Schwestern wie Brüder haben.

Wenn man ein Kind in einer Familie von, sagen wir, sieben Kindern fragt, wie viele Brüder und Schwestern es hat, dann ist das genau so, als würde man zufällig eine Familie mit sechs Kindern auswählen und fragen, wie viele Söhne und Töchter vorhanden sind. Im letzteren Fall ist jedoch klar, dass man (betrachtet man viele solche Familien) gleiche Anteile von Söhnen und Töchtern erwarten kann. Also unabhängig davon, ob die befragten Individuen männlichen oder weiblichen Geschlechts sind, *im Durchschnitt* würden sie die gleiche Anzahl von Brüdern und Schwestern haben. Das ist *im Wesentlichen* die Idee der *Unabhängigkeit*: Die Wahrscheinlichkeiten der Geburten von Jungen und Mädchen in der Familie des Befragten wird *nicht* vom Wissen um das Geschlecht des Befragten beeinflusst.»

Daher ging es nie um die Wahrscheinlichkeit an sich. Anders verhält es sich mit dem folgenden Beispiel.

▼▼

Liebe Marilyn,
ein Zählerableser hat 315 Zähler abzulesen. Ein Zähler zeigt 476 300. Der nachfolgende Zähler die gleiche Zahl. Wie groß ist die Wahrscheinlichkeit, dass das passiert?

Wendell Reed
Sedona, Arizona

Lieber Wendell,
ich denke, sie ist ziemlich groß. Jeden Tag erhalten wir Briefe von Menschen, die von ähnlich «unwahrscheinlichen» Ereignissen berichten. Der eine begegnet einem alten Freund bei den Antipoden, der andere stellt fest, dass sich sein Geburtsjahr mit seiner Hotelzimmernummer deckt. Hätten Sie das Ereignis beschrieben, *bevor* es eintrat, wären die Chancen sehr gering gewesen. Doch da Sie es erst hinterher spezifiziert haben, handelt es sich lediglich um einen ganz normalen Zufall. Das heißt, Sie haben nur *im Nachhinein* festgestellt, dass ein beliebiges Ereignis eingetreten ist. Nun ist aber die Wahrscheinlichkeit, dass *irgendetwas* irgendwann in Ihrem Leben passiert, relativ hoch.

Logische Schleifen

Manchmal kann es überraschend schwierig sein, scheinbar einfache Probleme zu durchdenken.

▼▼

Liebe Marilyn,
jeden Sonntag lese ich Ihre Kolumne, und vor einigen Jahren habe ich Ihnen die folgende Frage gestellt:

Ein Mann betrachtet ein Porträt an der Wand und sagt: «Brüder und Schwestern habe ich nicht, aber dieses Mannes Vater ist meines Vaters Sohn.» Wessen Porträt betrachtet er?

Sie haben gesagt: «Der Mann betrachtet das Porträt seines Sohns», ich hingegen habe gesagt und sage noch immer, dass er *sein eigenes* Porträt betrachtet. Geben Sie zu, dass Sie sich geirrt haben?

Ralph Gries
Jacksonville, Florida

Lieber Ralph,
hilf Himmel! Als die Aufgabe erstmals erschien, hat sie die Leute verrückt gemacht, und sie haben nie aufgehört zu schreiben. Sehen wir uns das Problem noch einmal an.

Die ursprüngliche Antwort ist richtig. Nennen wir den Mann, der spricht, «John» und den Mann auf dem Porträt «Herrn X». Wenn John ein Einzelkind ist und Herrn Xs Vater der Sohn von Johns Vater ist, dann muss Herrn Xs Vater John sein. Wenn Herrn Xs Vater aber John ist, dann ist Herr X Johns Sohn. Mit anderen Worten, John betrachtet ein Porträt seines Sohns.

▼▼

Liebe Marilyn,
die folgende Frage hat mir viel Spaß gemacht: Wenn ein Ziegelstein drei Pfund und einen halben Ziegelstein wiegt, wie viel wiegen dann anderthalb Ziegelsteine?

Majorie L. Lakin
Ocala, Florida

Liebe Majorie,
neun Pfund. Wenn ein Ziegelstein drei Pfund und einen halben Ziegelstein wiegt, dann wiegt ein Ziegelstein sechs Pfund (drei Pfund plus die Hälfte von sechs Pfund). Folglich müssen anderthalb Ziegelsteine neun Pfund wiegen (sechs Pfund plus die Hälfte von sechs Pfund).

▼▼

Liebe Marilyn,
einen Fehler haben Sie doch gemacht, und ich möchte wetten, dass ich nicht der Einzige bin, der Ihnen draufgekommen ist. Es geht um die Frage nach den beiden gleichen Whiskygläsern. (Vor Ihnen stehen zwei gleich große Whiskygläser. Das eine ist bis zwei Zentimeter unterm Rand mit Flüssigkeit A gefüllt, das andere enthält ein gleiches Volumen der Flüssigkeit B. Nun entnehmen Sie einen gestrichenen Esslöffel A und geben ihn in B, woraufhin Sie B so lange umrühren, bis eine vollkommene Mischung entstanden ist. Dann entnehmen Sie einen gestrichenen Teelöffel dieser Mischung und geben sie zurück in das Glas mit der Flüssigkeit A. Befindet sich nun mehr A im Glas B oder mehr B im Glas A? Sie haben gesagt, die Verhältnisse sind gleich.)

Sagen wir, Whiskyglas A ist mit 100 Prozent blauem Farbstoff gefüllt und ein Esslöffel, der 10 Prozent entspricht, wird in das Glas B gegeben, das zu 100 Prozent mit rotem Farbstoff gefüllt ist. Nach dem Umrühren enthält Glas B 110 Prozent eines zu 90,1 Prozent roten und zu 9,9 Prozent blauen Farbstoffes. Ein Esslöffel mit dieser Mischung, der in das Glas A zurückgefüllt wird, befördert fast 10 Prozent der 9,9 Prozent des blauen Farbstoffs zurück, also ungefähr 0,9 Prozent. Damit enthält Whiskyglas A insgesamt 90,9 Prozent Blau, während in Glas B nach wie vor 90,1 Prozent Rot sind. Ihre Kolumne macht mir wirklich großen Spaß, aber ich bin doch froh, dass Sie keine Rezepturen mischen.

Bill Pearson
Mayer, Arizona

Lieber Bill,
mit großer Überraschung habe ich zur Kenntnis genommen, wie viele Menschen gegen meine Antwort protestiert haben, trotzdem bleibe ich bei meiner Antwort.

Die Lösung lässt sich auch auf andere Art illustrieren: Vergessen Sie Zahl der Löffel und Prozentsätze und betrachten Sie einfach die beiden Whiskygläser. Wenn Glas A eine bestimmte

Menge einer Flüssigkeit enthält und Glas B die gleiche Menge einer anderen Flüssigkeit, können Sie die Flüssigkeiten so oft hin und her befördern, wie Sie wollen, und mischen, wie Sie wollen – solange am Ende in jedem Glas das gleiche Volumen enthalten ist, befindet sich in Glas A genauso viel Flüssigkeit B, wie sich Flüssigkeit A in Glas B befindet. Denn egal, wie viel Flüssigkeit B jetzt in Glas A ist, sie verdrängt die gleiche Menge der Flüssigkeit A, die wir nun (wo sonst?) in Glas B finden.

Die folgende Aufgabe ist offenbar kontraintuitiver, als ich glaubte. Als ich sie veröffentlichte, dachte ich, die Erklärung, warum die Chancen in diesem Fall so außerordentlich hoch sind, würde alle denkbaren intuitiven Illusionen zerstören, aber das war keineswegs der Fall. Noch immer erhalte ich Briefe in Hülle und Fülle, in denen man mir versichert, dass die Aussichten praktisch gleich null seien.

▾▾

Liebe Marilyn,
es gibt nur einen einzigen Pfad zum Gipfel. Ein Wanderer beginnt den Aufstieg um 6 Uhr früh und erreicht den Gipfel um 6 Uhr abends. Er bleibt dort über Nacht, beginnt den Abstieg um 6 Uhr morgens und kommt gegen 6 Uhr abends unten an. An beiden Tagen bewegt er sich mit unterschiedlichen Geschwindigkeiten – mal genießt er den Ausblick, mal setzt er sich zu einer Rast und so fort. Wie groß ist die Wahrscheinlichkeit, dass es einen Punkt auf dem Wanderweg gibt, den er an beiden Tagen genau zur gleichen Uhrzeit passiert?

Jerry Biel
Englewood, Florida

Lieber Jerry,
sie beträgt 100 Prozent. Den Beweis können Sie sich bildlich vor Augen führen: Stellen Sie sich vor, die beiden Touren unseres Bergsteigers fänden gleichzeitig statt. Er würde den Aufstieg zur gleichen Zeit beginnen wie sein «Zwilling» den Abstieg. Egal, ob

der eine eine Rast macht und der andere nicht – irgendwann müssen sie sich begegnen. Das sind der Ort und die Zeit, die wir suchen.

Häufige Fallen

Auch das nächste Problem gehört zu den Klassikern.

▼▼

Liebe Marilyn,
die folgende «Denksportaufgabe» habe ich schon oft gestellt, doch immer, wenn ich die Antwort gebe, wollen die Leute sie mir nicht glauben: Eine Rennstrecke hat eine Rundenlänge von einem Kilometer. Wenn Sie die erste Runde mit dreißig Kilometern pro Stunde zurücklegen, wie schnell müssen Sie dann die zweite fahren, um für beide Runden auf eine Durchschnittsgeschwindigkeit von sechzig Kilometern pro Stunde zu kommen?

Kenneth E. Wittman
Freemont, Kalifornien

Lieber Kenneth,
das lässt sich leider nicht mehr schaffen. Um auf eine Durchschnittsgeschwindigkeit von sechzig Kilometern pro Stunde zu kommen, müssten Sie zwei Runden in zwei Minuten fahren, aber Sie haben diese beiden Minuten bereits aufgebraucht, weil Sie die erste Runde mit dreißig Kilometern pro Stunde zurückgelegt haben.

▼▼

Liebe Marilyn,
schämen Sie sich! In der Aufgabe mit der Rennstrecke haben Sie sich geirrt. Ich weiß nicht, wie die neue Mathematik das sieht, aber die alte Mathematik sagt mir, dass der Durchschnitt von dreißig und *neunzig* gleich sechzig ist.

I. F. Holton
Augusta, Georgia

Es müssen neunzig Kilometer pro Stunde sein. Das gibt es bei Autorennen ziemlich oft. Sie fahren zwei oder mehr Runden, um sich zu qualifizieren. Jede Runde wird gestoppt. Anschließend werden die Zeiten addiert und durch die Zahl der Runden geteilt.

Gerald Foye
Lemon Grove, Kalifornien

Was haben *zwei Minuten* mit irgendetwas zu tun?

John A. Tyburski
Springfield, Virginia

Bestimmt müssen Sie für diese Sache ganz schön Prügel einstecken. Drucken Sie bitte eine Berichtigung. Möchte wissen, wie viele Kneipenwetten Sie damit ausgelöst haben.

Gil L. Dickau
Floral City, Florida

Liebe Leser,
hier kommt noch einmal der Postbote. Die ursprüngliche Antwort ist richtig, weil die Länge der Runde als Einflussgröße festgelegt worden ist – nicht die Fahrzeit. Stellen Sie sich vor, wir würden den Rundkurs gerade biegen und die beiden Runden aneinander fügen. Die Strecke wäre jetzt zwei Kilometer lang, nicht wahr? Würden Sie nun den ersten Kilometer mit einer Geschwindigkeit von dreißig Kilometern pro Stunde zurücklegen, wären zu dem Zeitpunkt, wo Sie die Hälfte der Strecke zurückgelegt hätten, zwei Minuten verstrichen. Wenn Sie nun den zweiten Kilometer mit einer Geschwindigkeit von neunzig Kilometern pro Stunde fahren, wären am Ziel weitere zwei drittel Minuten verstrichen – also insgesamt zwei zwei drittel Minuten.

Legen Sie aber zwei Kilometer in zwei zwei drittel Minuten zurück, so beträgt Ihre Durchschnittsgeschwindigkeit fünfundvierzig Kilometer pro Stunde und nicht sechzig, wie beabsichtigt! (Und ich bin *sicher*, Gil, dass keiner meiner Leser auch nur im *Traum* daran denken würde, in einer Kneipe eine Wette einzugehen.)

Damit sind wir, denke ich, gut auf das nächste Problem vorbereitet.

▼▼

Liebe Marilyn,
wenn Sie mit sechzig Kilometern pro Stunde zur Arbeit fahren, treffen Sie zu früh ein. Fahren Sie mit dreißig Kilometern pro Stunde, treffen Sie zu spät ein. Die Zeitspanne, die Sie zu früh kommen, entspricht derjenigen, um die Sie sich verspäten. Wie schnell müssen Sie fahren, um pünktlich zur Arbeit zu kommen?

Stan Zelinger
Mission Viejo, Kalifornien

Lieber Stan,
nehmen wir an, Sie halten es stur durch, jeden Tag zur gleichen Zeit aus dem Haus zu gehen, und wir könnten Bedingungen wie Beschleunigen und Bremsen außer Acht lassen, dann müssen Sie Ihren Weg zur Arbeit mit rasenden vierzig Stundenkilometern durchbrettern, um Ihren Flitzer mit quietschenden Reifen auf dem Parkplatz Ihrer Firma pünktlich zum Halten zu bringen.

Vielleicht ist es doch noch nicht ganz klar geworden. Sagen wir, es ist acht Uhr morgens und Ihr Arbeitsplatz ist zehn Kilometer entfernt. Sie möchten um acht Uhr fünfzehn ankommen. Wenn Sie mit sechzig km/h fahren, treffen Sie um acht Uhr zehn ein (fünf Minuten zu früh). Fahren Sie mit dreißig km/h, kommen Sie um acht Uhr zwanzig an (fünf Minuten zu spät). Doch bei vierzig Stundenkilometern sind sie um acht Uhr fünfzehn da (genau zum richtigen Zeitpunkt).

Oder sagen wir, es ist neun Uhr morgens und Ihr Arbeitsplatz liegt zwanzig Kilometer entfernt. Fahren Sie mit sechzig km/h, treffen Sie dort um neun Uhr zwanzig ein. Wenn Sie eine Geschwindigkeit von dreißig km/h haben, kommen Sie um neun Uhr vierzig an. Folglich möchten Sie genau um neun Uhr dreißig am Arbeitsplatz erscheinen. Und dazu müssen Sie genau vierzig km/h fahren.

Es folgen noch zwei weitere «Geschwindigkeits-Klassiker». Wieder stammt die Formulierung aus der Rätselwelt, aber sie lassen sich durchaus auf die Wirklichkeit anwenden.

▾▾

Liebe Marilyn,
hier ist noch ein Rätsel für Sie: Ich habe die Antwort vor Jahren vergessen und verliere jetzt fast den Verstand bei dem Versuch, sie zu rekonstruieren. Smith und Jones wollten zu Fuß in eine nahe gelegene Stadt und brachen gemeinsam auf. Smith war auf dem ersten halben Kilometer einen Kilometer pro Stunde schneller als Jones. Den zweiten halben Kilometer war er einen Kilometer pro Stunde langsamer als Jones. Dieser legte den ganzen Weg zur Stadt mit gleich bleibender Geschwindigkeit zurück. Kamen sie gleichzeitig an? Und wenn nicht, wer war als Erster dort?

James LaBella
East Hartford, Connecticut

Lieber James,
unabhängig von der tatsächlichen Geschwindigkeit kommt Jones als Erster an. Der Grund ist folgender: Wenn Smith die erste Hälfte der Strecke einen Kilometer pro Stunde langsamer geht als Jones, verliert er mehr, als er gewinnt, wenn er die andere Hälfte der Strecke einen Kilometer pro Stunde schneller geht als Jones. Nehmen wir beispielsweise an, Smith' «schnelle» Geschwindigkeit betrage drei Kilometer pro Stunde, Jones' gleich bleibende Geschwindigkeit zwei Kilometer pro Stunde und Smith' «langsame» Geschwindigkeit einen Kilometer pro Stunde. Smith braucht dann für den ersten halben Kilometer zehn Minuten und für den zweiten halben Kilometer dreißig Minuten, also insgesamt vierzig Minuten. Jones dagegen legt die gesamte Entfernung in nur dreißig Minuten zurück. Es gibt eine einfache Erklärung dafür: Wenn Smith einen halben Kilometer in schnellem Tempo zurücklegt, bewegt sich Jones mit zwei Drittel von Smith' Geschwindigkeit, doch wenn Smith einen halben Kilometer langsam geht, kommt er nur *halb so schnell* wie Jones voran.

▾▾

Liebe Marilyn,
nehmen wir an, Sie haben ein Flugzeug, das (relativ zur Luft) mit hundert Kilometern pro Stunde fliegen kann, und Sie müssen von Stadt A nach Stadt B fliegen und zurück. Die Städte liegen zweihundert Kilometer auseinander. Sie möchten diesen Flug in der kürzestmöglichen Zeit absolvieren. Heute haben Sie von A nach B einen Rückenwind von fünfzig Kilometern pro Stunde und von B nach A natürlich einen Gegenwind von ebenfalls fünfzig Kilometern in der Stunde. Morgen wird es windstill sein. Sollten Sie lieber heute oder morgen fliegen, oder bliebe es sich gleich?

Mandley Johnson, Jr.
Bismarck, North Dakota

Lieber Mandley,
fliegen Sie, wenn es windstill ist. Dann brauchen Sie vier Stunden. Bei gleichem Rücken- und Gegenwind brauchen Sie eine Stunde und zwanzig Minuten länger.

Bedenkt man, wie kontraintuitiv dieses Problem ist, so kann eigentlich nicht überraschen, dass mir sogar der Pilot einer großen Fluggesellschaft schrieb, die Antwort sei falsch! Aber bei der Durchschnittsbildung von Durchschnitten von Durchschnitten (oder dergleichen) geht es manchmal sehr überraschend zu, wie die folgende seltsame (aber vollkommen richtige) Schlussfolgerung zeigt.

▼▼

Liebe Marilyn,
zwei Baseball-Schlagmänner erreichen im ersten Monat der Spielzeit jeweils 31 Treffer bei 69 Versuchen, mit anderen Worten, sie haben eine durchschnittliche Trefferquote von $^{31}/_{69}$ = 0,449. In der Woche darauf hat Schlagmann A nur 1 Treffer bei 27 Versuchen. Schlagmann B macht es etwas besser und trifft in 4 von 36 Fällen (was $^{1}/_{9}$ entspricht). Doch beide Schlagmänner haben zu diesem Zeitpunkt immer noch den gleichen Durchschnitt! Schlagmann A $^{32}/_{96}$ und Schlagmann B $^{35}/_{105}$, was in bei-

den Fällen auf eine durchschnittliche Trefferquote von 0,333 hinausläuft. Wie kommt das?

Alvin M. Hattal
Potomac, Maryland

Lieber Alvin,
die Situation lässt sich wie folgt betrachten:

Schlagmann A hat anfangs	31 Treffer bei 69 Versuchen
Dazu kommt nun:	1 Treffer bei 27
Das ergibt insgesamt:	32 Treffer bei 96 Versuchen (ein Durchschnitt von 0,333)
Schlagmann B hat anfangs	auch 31 Treffer bei 69 Versuchen
DAZU KOMMT NUN:	1 TREFFER BEI 27
sodass sich bis hierher As Gesamtergebnis ergibt:	32 Treffer bei 96 Versuchen (ein Durchschnitt von 0,333)
UND DAS FOLGENDE ERGEBNIS:	3 TREFFER BEI 9 VERSUCHEN (ein Durchschnitt von 0,333).
Bs Gesamtergebnis	35 Treffer von 105 Versuchen (ein Durchschnitt von 0,333).

Mit anderen Worten, unabhängig von der Reihenfolge, in der Schlagmann B seine Treffer erzielt hat, schloss er eine Trefferserie an, mit der er A's abschließenden Durchschnitt von 0,333 einstellte, *und* fügte dann noch eine Trefferserie hinzu, die *in sich* nochmals den gleichen Durchschnitt hatte wie das bisherige Gesamtergebnis, nämlich 0,333.

Anders gesagt: Jeder Schlagmann verschlechterte seinen Durchschnitt von 0,449 auf 0,333, doch Schlagmann A, der in letzter Zeit stark nachgelassen hat, verschlechterte sich rascher (in nur 96 Versuchen) als Schlagmann B (der dafür 105 Versuche brauchte). Doch was soll's? Mancher Spitzenclub würde sich die Finger nach ihnen lecken.

2
Dollarlektionen

Nehmen wir an, Sie sind ein Autor, der bisher ein Buch veröffentlicht hat. Dafür haben Sie einen Vorschuss von 60 000 Dollar bekommen, den Sie nicht rückerstatten, aber gegen künftige Erlöse verrechnen mussten. Nun hat sich das Buch zwar gut verkauft, Ihnen selbst aber nur 50 000 Dollar eingebracht. Das ist für Sie natürlich kein Problem gewesen. Zwar waren die Tantiemen nicht gerade überwältigend – schließlich war es Ihr erstes Buch –, aber Sie haben immerhin die 10 000 unverdienten Dollar, und auch der Verlag scheint zufrieden zu sein.

Und so sind Sie nicht überrascht, als Ihr Verlag Ihnen für Ihr nächstes Buch nur 50 000 Dollar Vorschuss bietet und dies mit dem Abschneiden Ihres ersten Buchs rechtfertigt – eine sehr verbreitete Gewohnheit unter Verlegern. Das ist doch vernünftig, oder? (Außerdem verbessern sich Ihre Tantiemen etwas, sodass Sie keinen Grund zur Klage haben.)

Doch überlegen wir uns Folgendes: Nehmen wir an, Sie hätten die besseren Tantiemen schon beim ersten Buch bekommen. Was hätte das Buch Ihnen dann eingetragen? 60 000 Dollar? In diesem Falle hätte Ihr Verlag, wenn er sich bei Ihrem letzten Buch zu einem *schlechteren* Geschäft für sich selbst bereit gefunden hätte (nämlich Ihnen einen größeren Prozentsatz des Verkaufspreises einzuräumen, sodass Sie mit Ihrem ersten Buch 60 000 statt 50 000 Dollar verdient hätten), bei Ihrem nächsten Buch ein *besseres* Geschäft für Sie vorgeschlagen (nämlich Ihnen zusätzlich zu den erhöhten Tantiemen einen Vorschuss von 60 000 statt von 50 000 Dollar einzuräumen).

Das scheint grundfalsch zu sein, und das Problem geht weit über die Frage hinaus, wer gewinnt und wer verliert oder für welche Formulierung man sich entscheidet. Es betrifft den Kern logischen Denkens.

Ständig müssen wir uns mit gegensätzlichen (und unlogischen) Bedeutungen von Zahlen herumschlagen. Wenn die Zinsen auf 15 Prozent klettern, sind die Menschen glücklich, weil ihre Sparkonten anwachsen, und tieftraurig, wenn sie einen Kredit für ein neues Haus aufnehmen müssen. Sinken die Zinsen dagegen auf drei Prozent, sind die Menschen hocherfreut, wenn sie einen Kredit für ein neues Haus aufnehmen, aber tieftraurig, wenn ihre Sparkonten stagnieren.

Das Rezept scheint denkbar einfach zu sein: Sehen Sie zu, dass Sie bei hohen Zinsen sparen, und kaufen Sie ein Haus, wenn die Zinsen niedrig sind. Doch für diejenigen unter uns, die im Umgang mit Kristallkugeln wenig geübt sind, liegen die Dinge selten so einfach. Das macht uns leicht zu Opfern für Politiker. Der Präsident, wenn die Zinsen *hoch* sind: «Ihr verdient euer Geld im Schlaf!» Der Oppositionsführer: «Ihr könnt euch noch nicht einmal ein Haus kaufen!» Der Präsident, wenn die Zinsen *niedrig* sind: «Jetzt solltet ihr euch euer Traumhaus kaufen!» Der Oppositionsführer: «Wovon denn?»

Ökonomische Bildungslücken

Vielen Menschen würde eine bessere Kenntnis der wirtschaftlichen Zusammenhänge nützen. 1988 hieß es in der *New York Times*: «Mehr als die Hälfte aller Highschool-Schüler konnte grundlegende Wirtschaftsbegriffe wie Gewinn und Inflation nicht erklären ... nur 25 Prozent kannten die richtige Definition für Inflation, 34 Prozent wussten, dass der Gewinn gleich den Erträgen minus der Kosten ist, und 45 Prozent konnten etwas mit dem Begriff ‹Haushaltsdefizit› anfangen.» In einer Pressenotiz des National Council of Economic Education wird Paul Volcker, der ehemalige Chef des amerikanischen Zentralbankrats, mit den Worten zitiert: «Zwar ist das *Interesse* an wirtschaftlichen Fragen bei

Amerikanern sehr ausgeprägt, doch sie *verstehen* von dem Gegenstand weit weniger als die Bürger anderer Industriestaaten.»

Vier Jahre später scheint sich an der Situation wenig verändert zu haben. 1992 heißt es in dem Bericht über eine Umfrage des National Center for Research in Economic Education und der Gallup Organization: «Alle Befragten zeigten sehr entschiedene Einstellungen zu wirtschaftlichen Fragen, ungeachtet der Tatsache, dass ihre wirtschaftlichen Kenntnisse in solchen Fragen oft sehr begrenzt waren.»

Befragt wurden ältere Highschool-Schüler, höhere College-Semester und eine allgemeine Bevölkerungsstichprobe. Dabei stellte sich unter anderem heraus, dass «die größte wirtschaftliche Sorge die Beschäftigungslosigkeit war. Die Befragten in allen Gruppen schlugen eine Reihe von Maßnahmen vor, die der Staat zur Bekämpfung der Arbeitslosigkeit vornehmen sollte; doch in allen Gruppen kannte nur ein Viertel oder weniger der Befragten die aktuellen Arbeitslosenzahlen.» Außerdem schlugen die Befragten «eine Reihe von Maßnahmen zur Verringerung des Haushaltsdefizits vor, doch in allen Gruppen kannte weniger als ein Viertel die Größe des Defizits oder konnte erklären, was ein Haushaltsdefizit ist». Schließlich war «nur einem Viertel der Schüler, einem Drittel der allgemeinen Bevölkerungsstichprobe und rund der Hälfte der Collegestudenten bekannt, dass für die Geldpolitik die Zentralbank zuständig ist. Noch weniger konnten ein Beispiel für geldpolitische Maßnahmen erkennen, während eine große Mehrheit in jeder Gruppe irgendeine andere Organisation für verantwortlich in Sachen Geldpolitik hielt.»

Eine von zwei Gehaltserhöhungen

Wenn es uns an Wissen fehlt, handeln wir in der Regel «instinktiv» oder, noch rätselhafter, «intuitiv». Doch in Dingen der Mathematik bedeuten sie etwa das Gleiche – nämlich so gut wie nichts! Es folgt ein schönes Beispiel:

▼▼

Liebe Marilyn,
nehmen wir an, Sie verdienen 10 000 Dollar im Jahr. Ihr Chef stellt Sie vor die Wahl. Entweder können Sie am Ende jedes Jahres eine Gehaltserhöhung von 1000 Dollar bekommen oder eine Gehaltserhöhung von 300 Dollar alle halbe Jahr. Für welche Möglichkeit würden Sie sich entscheiden?

Ronald Gustaitis, Schulleiter
Monroe, Connecticut

Lieber Ronald,
verblüffend, nicht wahr? Die 300-Dollar-Erhöhung wird mit jedem Jahr besser. Am Ende des ersten Jahres bringt sie 300 Dollar, am Ende des dritten 700 Dollar und am Ende des fünften Jahres 1100 Dollar mehr. Der kumulative Vorteil wäre noch größer (3500 Dollar), die Zinsen nicht mitgerechnet. Die halbjährliche Gehaltserhöhung um 300 Dollar steigert Ihr ursprüngliches Gehalt und jede neue Gehaltsstufe so häufig, dass sie rasch die jährliche Erhöhung um 1000 Dollar überholt, die langsamer anwächst.

Diese Antwort brachte meine Leser auf die Palme. Aber die Formulierung «eine Gehaltserhöhung von 300 Dollar nach einem halben Jahr» heißt nicht, dass Ihr Jahresgehalt auf 10 300 Dollar steigt, sondern dass Sie im kommenden halben Jahr 300 Dollar mehr verdienen als im vergangenen halben Jahr. Die nächste Kolumne las sich wie folgt:

▼▼

Liebe Marilyn,
sind Sie sicher, dass Ihre Antwort zur 1000-Dollar- und 300-Dollar-Gehaltserhöhung richtig ist? Sie haben behauptet, dass die 300-Dollar-Erhöhung mit jedem Jahr einen größeren Vorsprung gewinne. Ich würde das Beispiel gern in meinem Kurs verwenden, wenn ich sicher sein könnte, dass es keinen Fehler enthält.

Arnold Barkman, Ph. D.
Fachbereich Buchhaltung
Texas Christian University

Entweder habe ich etwas übersehen, oder es hat sich ein Tippfehler in Ihre Kolumne eingeschlichen. Für eine Klärung der Angelegenheit wäre ich dankbar, wenn sie denn möglich ist.

Cliff Hoofman
Senator, 25. District
North Little Rock, Arkansas

Eines ist klar: Es zahlt sich aus zu wissen, was der Chef im Sinn hat, wenn er einem die Wahl lässt.

Stephen P. A. Brown
Federal Reserve Bank
Dallas, Texas

Liebe Leser,
die Antwort ist richtig. Entscheidend ist, dass zwei verschiedene Gehaltsperioden miteinander verglichen werden: ein Zeitraum von einem Jahr mit einem Zeitraum von einem halben Jahr.

Nehmen wir an, wir haben den 1. Januar 1995 und Sie entscheiden sich für die 1000-Dollar-Gehaltserhöhung am Ende des Jahres. 1995 verdienen Sie 10 000 Dollar. Doch wenn Sie die Erhöhung von 300 Dollar wählen, bekommen Sie während des ersten halben Jahres 5000 Dollar und während des zweiten 5300 Dollar. Im Jahr 1995 verdienen Sie also 10 300 Dollar.

Bei der 1000-Dollar Erhöhung erhalten Sie 1996 11 000 Dollar. Die 300-Dollar-Erhöhung bringt Ihnen 5600 Dollar im ersten Halbjahr und 5900 Dollar im zweiten. Damit verdienen Sie 1996 11 500 Dollar.

Bei der 1000-Dollar-Erhöhung verdienen Sie 1997 12 000 Dollar, während Sie bei der 300-Dollar-Erhöhung im ersten Halbjahr 6200 Dollar und im zweiten 6500 verdienen. Damit kommen Sie 1997 insgesamt auf 12 700 Dollar Gehalt.

Bei der 1000-Dollar-Erhöhung bekommen Sie 1998 13 000 Dollar, bei der 300-Dollar-Erhöhung hingegen 6800 im ersten Halbjahr und 7100 Dollar im zweiten, also insgesamt 13 900 Dollar.

1999 verdienen Sie bei der 1000-Dollar-Steigerung 14 000

Dollar, bei der 300-Dollar-Erhöhung hingegen 7400 Dollar im ersten und 7700 im zweiten Halbjahr. Das macht für 1999 insgesamt 15 100 Dollar.

In «Erwiderung» auf die obige «Erwiderung» habe ich kiloweise Berechnungen und Briefe erhalten, die mir klarmachen sollten, dass ich mich geirrt hatte. Es folgt ein weiteres Problem, das mit Geld zu tun hat, meine Leser allerdings nicht annähernd so irritiert hat wie das vorstehende. Sie haben sich damit begnügt, mir freundlich, aber unmissverständlich mitzuteilen, dass ich «hoffnungslos im Irrtum» sei. («Sie haben danebengehauen», war die Lieblingsformulierung meiner Leser.)

▾▾

Liebe Marilyn,
bei uns gibt es zwei Kategorien von Mauthäuschen. An den einen bezahlt man 50 Cent, an den anderen 10 Cent. Für vier Dollar kann man einen Block mit fünfzig Mauttickets kaufen (also acht Cent pro Ticket). Wenn ich meine Tickets an den 10-Cent-Häuschen benutze, verlöre ich Geld, sagt mein Freund. Ich sollte sie mir lieber für die 50-Cent-Häuschen aufsparen und die zehn Cent bar bezahlen. Ich behaupte, ich würde immer noch zwei Cent sparen. Wer hat Recht?

Danny Denton
Richmont, Virginia

Lieber Danny,
Sie haben Recht. Wenn wir alle anderen Bedingungen außer Acht lassen, tun Sie gut daran, Ihre Tickets an jedem Mauthäuschen zu benutzen, egal, wie hoch die Maut ist. Sagen Sie Ihrem Freund, dass bei Ihrer Methode alle Mautgebühren acht Cent betragen, während Ihr Freund manchmal acht Cent und manchmal zehn Cent bezahlt. Betrachten wir einige Beispiele.

Sie passieren gemeinsam hundert Mauthäuschen, fünfzig zu fünfzig Cent und fünfzig zu zehn Cent. Das kostet Sie acht Dollar (zwei Ticketblocks), ihren Freund dagegen neun Dollar (einen

Ticketblock und fünfzig 10-Cent-Gebühren). Oder Sie passieren zweihundert Mauthäuschen, 50 zu 50 Cent, 150 zu zehn Cent. Kostenpunkt für Sie: 16 Dollar (vier Ticketblocks), für Ihren Freund hingegen 17 Dollar (drei Ticketblocks und fünfzig 10-Cent-Gebühren). Für Ihren Freund dürfte interessant sein, dass er – und nicht Sie – umso mehr Geld verliert, je größer der Anteil an 10-Cent-Häuschen ist!

Thomas McCormack, der Lektor dieses Buches (und Verlagsleiter von St. Martin's Press), hat auf einen interessanten Aspekt der obigen Diskussion hingewiesen. Er sagte: «Ihre Kritiker haben die Frage bestimmt so verstanden, dass der Autofahrer nur einen Ticketblock zur Verfügung hatte. Möglicherweise liegt das an der Formulierung ‹Ich sollte sie aufsparen›. Ich will damit nicht sagen, dass die Leser die Frage so verstehen *mussten*, sondern dass sie sie so verstanden *haben*. Mit anderen Worten, die Frage, die viele unserer Leser möglicherweise beantwortet haben, lautete in ihrer Vorstellung: ‹Wie können Sie möglichst viel sparen, wenn Sie nur einen Ticketblock haben?›»

Diese Beobachtung wirft ein interessantes Licht auf den Denkprozess. Wenn der Autofahrer nur einen einzigen Ticketblock kaufen darf, spart er in der Tat mehr Geld, wenn er die Tickets nur an 50-Cent-Häuschen verwendet und die Maut an den 10-Cent-Häuschen bar bezahlt! Aber die Leser haben in ihren Zuschriften mit keinem Wort erwähnt, dass es in der Frage ihrer Auffassung nach nur um einen einzigen Ticketblock gehe, sondern schlicht und ergreifend erklärt, meine Schlussfolgerung sei falsch.

Daraus können wir eine Lehre ziehen. Möglicherweise haben diese Leser die richtige Antwort für eine bestimmte Zahl von Tickets errechnet – sagen wir, einen Block – und daraus geschlossen, dass die Antwort, da sie für einen Block gelte, auch für einen weiteren richtig sein müsse – und so fort ad infinitum. Es scheint vernünftig zu sein, ist aber trotzdem völlig falsch. Sogar nachdem sie meine Erwiderung gelesen hatten, mochten sie nicht glauben, dass sich die Situation ändert, wenn er so viele Blocks kaufen kann, wie er will, und dass er seine Tickets dann an *jedem* Häuschen benutzen sollte.

Wir können lernen, dass wir unsere Annahmen *hinterfragen* müssen, doch dazu müssen wir unsere Annahmen erst einmal *erkennen* – und das ist viel schwerer. Möglicherweise liegt hier die größte logische Schwäche intelligenter Menschen.

Ein Hotelzimmer mieten

Das nächste Problem ist wieder ein klassischer Fall, und es lohnt sich, ihn aus den oben genannten Gründen etwas genauer zu betrachten. Solche Dauerbrenner verdanken ihren Erfolg dem Umstand, dass es ihnen gelingt, eine große Zahl von Menschen gründlich hinters Licht zu führen. Betrachten wir also den folgenden Fall etwas genauer.

▼▼

Liebe Marilyn,
das folgende Problem verfolgt mich seit meiner Kindheit, ohne dass ich bislang eine Lösung gefunden habe: Drei Leute gingen in ein Hotel, nahmen sich ein Zimmer für 30 Dollar und bezahlten jeder einen Anteil von 10 Dollar. Später entdeckte die Rezeptionistin, dass der Zimmerpreis nur 25 Dollar betrug. Sie gab dem Pagen fünf Ein-Dollar-Noten und beauftragte ihn, sie den drei Gästen zurückzugeben. Der Page, der nicht wusste, wie er fünf Dollar unter drei Leuten aufteilen sollte, gab stattdessen jedem Gast einen Dollar zurück und spendete den Rest für einen guten Zweck. Hier ist die Frage: Die drei Leute haben ursprünglich pro Nase 10 Dollar bezahlt. Nun hat jeder einen Dollar zurückbekommen, sodass sie jetzt insgesamt 27 Dollar für das Zimmer gezahlt haben. Fügen wir noch die zwei Dollar hinzu, die der Page gespendet hat, so kommen wir auf Gesamtausgaben von 29 Dollar und nicht 30. Was ist mit dem verbleibenden Dollar passiert?

Robert T. Mann
Austin, Texas

Lieber Robert,
es fehlt kein Dollar. Die Gesamtkosten betragen jetzt nur 27 Dollar, die sich zusammensetzen aus den 25 Dollar, die die Empfangsdame behalten hat, und den zwei Dollar für wohltätige Zwecke. Mit anderen Worten, die ursprünglichen 30 Dollar sind jetzt wie folgt aufgeteilt: Die Dame an der Rezeption behält 25 Dollar, die Gäste bekommen drei Dollar und die Wohltätigkeitsorganisation erhält zwei Dollar. Der Fehler entstand, weil ein Aktivposten (zwei Dollar) mit einer Ausgabe statt mit dem anderen Aktivposten (25 Dollar) addiert wurde, also «Birnen und Äpfel» zusammengezählt wurden, sodass ein Obstsalat anstelle der richtigen Antwort herauskam.

▾▾

Liebe Marilyn,
wir sind drei Paare und wollen ein Wochenende in Lava Hot Springs verbringen. Wir werden zwei Nächte bleiben und haben zwei Zimmer gemietet, weil in jedem höchstens vier Leute übernachten können. Ein Paar wird am Freitag sein eigenes Zimmer haben und ein anderes Paar am Samstag, während sich das dritte Paar in beiden Nächten ein Zimmer mit einem anderen Paar teilen muss. Wir wollen Strohhalme ziehen, um die beiden glücklichen Paare zu ermitteln.

Ich habe meiner Frau gesagt, wir sollten nur einmal ziehen. Der Verlierer wäre dann das unglückliche Paar. Ich denke, die Wahrscheinlichkeit, eine Nacht für uns zu haben, wäre dann ⅔ (66⅔ Prozent). Sie dagegen behauptet, wir sollten zweimal ziehen, einmal für den Freitag, und die beiden verbleibenden Paare noch einmal für den Samstag, weil wir für den Freitag eine Wahrscheinlichkeit von ⅓ (33⅓ Prozent) und für den Samstag eine Wahrscheinlichkeit von ½ (50 Prozent) hätten. Insgesamt wären unsere Aussichten dann besser. Für welches Verfahren sollen wir uns entscheiden?

Dave Phillips
Heber City, Utah

Lieber Dave,
es bleibt sich gleich. Ihre Chancen können sich nicht gegenüber irgendeinem anderen Paar verbessern, weil Sie alle an der gleichen Ziehung teilnehmen.

Daran ist natürlich nicht zu rütteln, und die falsche Prämisse war, dass die eine Methode besser als die andere sei. Doch zerlegen wir das Problem, damit wir einen besseren Blick auf seine Mechanik werfen können.

Stellen wir uns zunächst drei Strohhalme in einem Hut vor, der eine grün markiert, «Freitag», der andere grün, «Samstag», und der dritte rot, «Pech gehabt». Alle ziehen einmal, und die Angelegenheit ist erledigt. Für diese Art der Ziehung optiert der Ehemann. Stellen wir uns nun die gleichen drei Strohhalme in einem Hut vor. Alle ziehen gleichzeitig, doch das Paar mit dem «Freitags-Strohhalm» behält ihn, während die anderen beiden Paare ihre Strohhalme wieder in den Hut legen und erneut ziehen. Das ist die Ziehungsmethode, für die sich die Frau entschieden hat. Sie bedeutet aber keinen Unterschied gegenüber derjenigen, bei der das zweite und das dritte Paar gleich den «Samstags-» und den «Pech-gehabt-Strohhalm» behalten hätten (ausgenommen, dass die Strohhalme jetzt noch einmal die Besitzer wechseln können.)

Wenn Sie einmal den «Verlierer» auslosen, dann geht es zwar um zwei Nächte, aber Sie splitten den Gewinn. Das heißt, Sie haben eine Wahrscheinlichkeit von ⅓, den Freitag zu gewinnen, und eine Wahrscheinlichkeit von ⅓, den Samstag zu gewinnen. Das ändert sich nicht, wenn Sie zweimal die «Gewinner» auslosen. Für «Freitag» wie für «Samstag» haben Sie eine Wahrscheinlichkeit von ⅓ – und nicht etwa für «Samstag» eine Wahrscheinlichkeit von ½. Sie nehmen nämlich an der «Samstag»-Ziehung gar nicht mehr teil, wenn Sie am «Freitag» gewinnen, was in einem Drittel der Fälle geschieht. Sie haben also nur ⅔ dieser Samstag-Wahrscheinlichkeit von ½. Und ⅔ von ½ ist ⅓ – was exakt den Aussichten bei der anderen Ziehungsmethode entspricht.

Regellose Dollars

Die nächste aus dem Leben gegriffene Frage ähnelt einigen der früheren «Durchschnittsprobleme» und enthält einen sehr häufigen Fehler. In diesem Falle liefert eine Bank die richtige Antwort im Vorhinein, doch in den meisten Fällen ist niemand zugegen, der uns auf unsere Fehler aufmerksam machen könnte.

▾▾

Liebe Marilyn,
von meiner Bank bekam ich eine ganze Zeit lang zwanzig Schecks für einen Dollar. Ich zahlte also fünf Cent pro Scheck. Später erhöhte sie den Preis auf einen Dollar für zehn Schecks, das heißt zehn Cent pro Scheck. Doch eine Konkurrenzbank gab fünfzehn Schecks für einen Dollar aus. Nun sagt mir die Logik, dass fünfzehn genau zwischen zwanzig und zehn liegt und dass der Scheck folglich 7 ½ Cent kosten müsste, weil das die genaue Mitte zwischen 5 Cent und 10 Cent ist. Doch als ich einen Dollar durch fünfzehn teilte, stellte ich fest, dass ich nur 6 ⅔ Cent pro Scheck zahlte! Wie kommt das? Warum ist die logisch richtige Antwort falsch?

G. W. Bartlett
Wheeling, West Virginia

Lieber G. W.,
das war keine Logik, das war Intuition. Und die ist in diesem Falle irreführend, weil Mutter Natur uns nicht für lange Divisionen eingerichtet hat. Es folgt die Zahl 100 geteilt durch 1 bis 5:

100: 1 = 100
100: 2 = 50
100: 3 = 33 ⅓
100: 4 = 25
100: 5 = 20

Schauen Sie sich die Divisoren an: 100: 1 = 100 und 100: 5 = 20. Dabei ist klar, dass 100 geteilt durch 3 (den Divisor genau in der Mitte zwischen 1 und 5) nicht gleich 60 ist (dem Quotienten genau in der Mitte zwischen 100 und 20)! Je größer der Divisor wird, desto unbedeutender sein Beitrag zur Vergrößerung des Quotienten. Das können Sie sich folgendermaßen vor Augen führen: Nehmen wir an, Sie bauen sich eigenhändig ein neues Haus. Wenn Sie einen Mann zur Hilfe nehmen, halbiert sich die Arbeit, und der Nutzen ist gewaltig. Doch wenn Sie bereits 100 Leute beschäftigt haben und noch einen weiteren einstellen, bleibt der Zusatznutzen relativ gering.

Lotto und andere Glücksspiele

▼▼

Liebe Marilyn,
Joe spielt regelmäßig im Lotto. Die Gewinnchancen stehen $1/999$. Er hat 999-mal gespielt und nie gewonnen. Moe beteiligt sich zum ersten Mal, als Joe seinen eintausendsten Versuch startet. Hat Joe bessere Gewinnchancen als Moe?

Alan Otter
New Boston, Michigan

Lieber Alan,
nein, sie haben die gleichen Chancen. Jede Lottoziehung ist ein unabhängiges Ereignis, daher haben Joe und Moe bei jedem neuen Versuch wieder die ursprünglichen Aussichten.

Black Jack ist das einzige Glücksspiel, in dem die Vergangenheit eine Rolle spielt. Beim Roulette und beim Lotto übt die Vergangenheit keinerlei Wirkung auf die Zukunft aus. Natürlich gilt dieses Prinzip auch in vielen anderen Lebensbereichen.

Ein Leser schrieb: «Wir haben drei kleine Kinder, die alle Jungen sind. Viele Leute sagen: ‹Versucht es noch einmal. Die Chancen stehen gut, dass es jetzt ein Mädchen wird.› Ist die Wahrscheinlichkeit bei jeder Schwangerschaft wieder fünfzig zu fünfzig, oder muss man das Geschlecht der Kinder berücksichtigen, die man bereits hat?» Meine Antwort: «Mit jeder Schwangerschaft beginnt das Glücksspiel von vorn, genauso wie bei jedem

Wurf mit einer Münze. Relativ wenig Menschen haben drei Jungen (bei drei Kindern), das ist richtig, und noch weniger haben vier Jungen (bei vier Kindern), trotzdem beträgt zum gegenwärtigen Zeitpunkt die Wahrscheinlichkeit, dass Sie einen Jungen bekommen, abermals fünfzig zu fünfzig!»

Ein anderer Leser schrieb: «Bei einem Vortrag über Brandgefahren und ihre Vorbeugung im häuslichen Bereich sagte der Redner: ‹Einer von zehn Amerikanern wird in diesem Jahr einen Brand erleben. Ich weiß, einige von Ihnen können dagegenhalten, dass sie schon seit fünfundzwanzig Jahren in ihrem Haus leben und noch nie ein Feuer gehabt haben. Dazu kann ich nur sagen: Sie haben Glück gehabt.› Und er fuhr fort: ‹Doch das heißt lediglich, dass Sie sich nicht weiter von einem Hausbrand entfernen, sondern ihm immer näher kommen.› Ist letztere Behauptung richtig? Wächst für diese Menschen tatsächlich die Gefahr eines Brandes?» Ich erwiderte: «Nein, ganz im Gegenteil, bei Menschen, die nie einen Brand erlebt haben, dürfte die Wahrscheinlichkeit sogar etwas *geringer* als im Durchschnitt sein. Doch das hat nichtstatistische Gründe, etwa weil sie bessere Vorsichtsmaßnahmen ergreifen oder weil ihre Gewohnheiten ungefährlicher sind. Menschen, die zum Beispiel nicht rauchen, erleben selten einen Matratzenbrand.» Zurück zum Lotto.

▾▾

Liebe Marilyn,
wenn eine Lotteriegesellschaft angibt, die Wahrscheinlichkeit zu gewinnen sei $1/9366819$, wie viele Lose müsste ich kaufen, um mit Sicherheit zu gewinnen? (Die Lotterie in dieser Woche wirft Gewinne in Höhe von fünfundzwanzig bis vierzig Millionen aus.)

Michael L. Laskaris
Jamaica Plain, Massachusetts

Lieber Michael,
Sie müssten 9 366 819 Lose kaufen. Doch das ist eine grundsätzliche Antwort. Die verschiedenen Regeln, Vorschriften und

Kniffe der einzelnen Lotterien kenne ich natürlich nicht. Beispielsweise möchte ich Sie nicht zu der Annahme verführen, sie brauchten nur alle Lose für 9 366 819 Dollar zu kaufen, um sicher sein zu können, Gewinne in Höhe von mindestens 25 Millionen Dollar einzustreichen!

Wie nicht anders zu erwarten, hat man genau das versucht, und da liegt der offenkundige Haken des Versuchs, eine Lotterie durchzuführen, deren Gewinne mehr wert sind als der Kaufpreis aller Lose. (Daher kommt auch niemand auf die Idee oder *sollte* es zumindest nicht.) Im Februar 1992 bemühte sich eine australische Investmentgesellschaft, alle möglichen Kombinationen von sechs Zahlen zwischen eins und vierundvierzig zu tippen – insgesamt 7 059 052 Lottoscheine. Es handelte sich um ein Lotto des Staates Virginia mit einem Jackpot von 27 Millionen Dollar.

Dieses spezielle Lotto war eine gute Wahl. Es hatte an diesem Wochenende den höchsten Hauptgewinn in den Vereinigten Staaten, und das Geld, das erforderlich war, um alle Möglichkeiten abzudecken, machte nur ein Drittel des Betrages aus, der erforderlich gewesen wäre, um das Lotto in einem Staat wie New York zu «kaufen», in dem vierundfünfzig statt vierundvierzig Zahlen zur Auswahl stehen. Darüber hinaus wurde der Hauptgewinn noch zusätzlich durch Gewinne der zweiten, dritten und vierten Kategorie aufgewertet. Die einzige Gefahr – aber sie schlug durchaus zu Buche – war die Möglichkeit, dass der Jackpot unter mehreren Gewinnern aufzuteilen war. (Einige Zahlen sind sehr beliebt, sodass manchmal Hunderte von Lottoscheinen mit gleichen Zahlenkombinationen eingereicht werden.)

Allein die logistischen Aspekte eines solchen Unternehmens (das Ausfüllen der Millionen von Lottoscheinen) sind Schwindel erregend. Stellen Sie sich die Schlange hinter jemandem vor, der sieben Millionen Lottoscheine abgibt! (Tatsächlich ging die australische Investmentgesellschaft bei der Abgabe der Scheine flächendeckend vor, trotzdem bildeten sich viele Schlangen, und bei der Lottogesellschaft gingen zahlreiche Beschwerden ein.)

Bei einem Preis von einem Dollar pro Lottoschein gelang es

den Investmentbankern, in der zur Verfügung stehenden Zeit rund fünf Millionen Lottoscheine abzugeben. Die Situation dürfte ziemlich an ihren Nerven gezerrt haben. Nachdem sie fünf Millionen Dollar investiert hatten, lag ihre Wahrscheinlichkeit zu gewinnen «nur» bei $\frac{5}{7}$. Noch vor der Ziehung überlegten die Verantwortlichen der staatlichen Lottogesellschaft bereits, wie sie in Zukunft eine Wiederholung dieses ärgerlichen Vorgangs verhindern könnten. Noch schlimmer, zumindest für die Hoffnungen der Investmentgesellschaft, war der Umstand, dass die Lottogesellschaft nach einer Möglichkeit suchte, diese Lottoziehung zu annullieren.

Wie auch immer, ich hätte etwas darum gegeben, Mäuschen spielen zu können, wie die smarten Investmentbanker, die Jacketts über der Stuhllehne und den Angstschweiß auf der Stirn, riesige Stapel mit Lottoscheinen durchwühlten, bis sie «den einen» gefunden hatten. Tatsächlich fanden sie ihn. Noch glücklicher waren die Investoren, als sie feststellten, dass sie den Gewinn nicht zu teilen brauchten. (Allerdings machte dieser Gewinn niemanden reich. Ohne die Kommissionen und Ausgaben zu rechnen, bekam jedes Mitglied der Gruppe für 1000 eingesetzte Dollar 4000 Dollar heraus – eine fabelhafte Rendite für diese «Investition», doch eine hochspekulative Transaktion, da die Gesellschaft die Situation nicht unter vollständiger Kontrolle hatte.)

Die Auszahlung wurde hinausgezögert, weil die verärgerten Verantwortlichen der Lottogesellschaft prüften, welche Möglichkeiten ihnen zu Gebote standen, einschließlich eines Verstoßes gegen die von ihnen selbst aufgestellten Regeln. Doch schließlich entschieden sie sich, den Gewinn an das australische Syndikat auszuzahlen, das zweitausendfünfhundert Investoren umfasste, zum größten Teil Australier, aber auch einige aus den Vereinigten Staaten und Europa. Kenneth Torson, der Direktor der staatlichen Lottogesellschaft, erklärte trotz des Umstandes, dass das Syndikat gegen die Regel verstoßen habe, jeden Lottoschein in der Annahmestelle auszufüllen, und damit einen gewissen Zweifel an der Gültigkeit des Gewinnscheins heraufbeschworen habe: «Wir denken, im Zweifel muss stets zugunsten des Spielers entschieden werden.» (Allerdings erwähnte er auch, dass die Prozessaussichten der Lottogesellschaft nicht sehr rosig aussahen.)

Nun wissen wir alle, dass wir bei einem einzigen Schein so gut wie keine Aussichten haben zu gewinnen – aber *wie* unmöglich ist es eigentlich? Schließlich stoßen wir in der Zeitung doch ständig auf Berichte über beneidenswerte Lottogewinner. In einer Kolumne des *Scientific American* mit dem Titel «Mathematische Spielereien» hat A. K. Dewdney ein hübsches Beispiel entwickelt. «Welche Aussichten habe ich, im Lotto zu gewinnen?», fragte er. «Betrachten wir den Fall eines Lottoscheins mit sechs Zahlen. Die Lottoteilnehmer müssen sechs Zahlen zwischen eins und hundert auswählen.» Laut Dewdneys Berechnungen «... geht die Gesamtzahl der Kombinationsmöglichkeiten ... kaum auf meinen Taschenrechner: 1 192 052 400. Wenn ich einen Schein ausfülle, ... stehen die Gewinnchancen, sechs Richtige zu haben, ungefähr eins zu einer Milliarde, und die Wahrscheinlichkeit beträgt ungefähr 0,000000001!» Er fuhr fort: «Die Wahrscheinlichkeit, dass ich im Lotto gewinne, ist nur ungefähr halb so groß wie die Wahrscheinlichkeit, dass der nächste Meteorit, der auf der Erde aufschlägt, innerhalb des Quadratkilometers landet, in dessen Mittelpunkt ich mich befinde.»

Dewdney erläuterte, er habe seinen Vergleich gewählt, um die Menschen zu verblüffen – um sie aus ihrer «Zahlendumpfheit» zu reißen, wie er sagt. Das rechtfertigte er wie folgt: «Die Oberfläche der Erde umfasst ungefähr 510 000 000 Quadratkilometer. Damit beträgt die Wahrscheinlichkeit, dass der Meteorit auf meinen Quadratkilometer fällt, $1/510\,000\,000$ (ungefähr 0,000000002). Da diese Wahrscheinlichkeit rund zweimal so groß ist wie die Aussicht, mit einem Schein im Lotto zu gewinnen, müsste ich zwei Scheine abgeben, um die Aussichten zu egalisieren.»

Auf den ersten Blick scheint die Rechnung vernünftig zu sein. Doch wie soll das tatsächlich gehen? Geschichten über Lottogewinner finden wir «ständig». Jeder scheint eine Tante Gertrude zu haben, die mal gewonnen hat. Doch wenn es doppelt so leicht ist, (fast) von einem Meteoriten getroffen zu werden, wo sind dann all die Geschichten über Meteoriteneinschläge?! (Und wenn schon niemand einen abkriegt, dann müssten Meteoriten doch zumindest manchmal auf verkehrsreichen Straßenkreuzungen oder in der Nähe von Kreuzschiffen landen.)

Natürlich gibt es eine Erklärung. Selbst wenn wir die vielen Tante Gertrudes nicht mitrechnen, die nur fünf Dollar gewonnen haben, sondern allein die Hauptgewinner zählen, so bleibt doch festzustellen, dass es viele Lottogesellschaften gibt. Doch wie viele Meteore – diese Klumpen außerirdischer Materie, die wir «Sternschnuppen» nennen, sobald sie in die Erdatmosphäre eintreten – überleben die enorme Reibungshitze, sodass sie die Erdoberfläche tatsächlich als Meteoriten erreichen? Wenn wir auch die Mikrometeoriten, die ich «Sternenstaub» nennen möchte, nicht mitrechnen, müsste es ebenso viele «Sternschnuppen» geben, die Sie später in die Tasche (allerdings eine sehr große) stecken könnten, wie es schlagzeilenträchtige Lottoziehungen gibt.

Das ist nicht der Fall. Soweit es die Gültigkeit des Meteoritenbeispiels angeht, könnten wir genauso gut sagen, dass die Wahrscheinlichkeit, im Lotto zu gewinnen, rund doppelt so klein ist wie die Wahrscheinlichkeit, dass der nächste außerirdische Brocken, der auf die Erde trifft, innerhalb des Quadratkilometers landet, in dessen Mittelpunkt Sie sich befinden.

(Dewdney hat uns später in einem Brief erläutert, dass er tatsächlich die Mikrometeoriten mitgerechnet habe. Also bombardieren Sie ihn nicht mit vorwurfsvollen Briefen. Sein Briefkasten ist auch so schon proppenvoll.) Natürlich könnten wir uns die mathematischen Grundlagen etwas genauer ansehen – die Wahrscheinlichkeiten im Lotto stehen selten so schlecht, dass sie einer Gewinnchance von eins zu einer Milliarde entsprechen –, doch es geht in diesem Buch nicht um Mathematik. Wohl aber um mathematische Intuition. Was zunächst einfach – und offenkundig – aussieht, entpuppt sich unter Umständen als höchst komplex. Oder es erweist sich als das genaue Gegenteil dessen, was wir erwartet haben. Das nächste Problem ist verzwickter, als es sich zunächst anhört, also seien Sie auf der Hut. (Hinterher findet ein Test statt!)

▾▾

Liebe Marilyn,
wenn ich bei den nächsten zehn Lotterieziehungen nur zehn Dollar ausgeben kann und meine Gewinnwahrscheinlichkeit (jedes Mal) $^1/_{13000000}$ beträgt, wäre es dann nicht günstiger, alles auf einmal zu setzen? Mir scheint, die Gewinnchancen sind viel besser, wenn ich meine Aussichten bei einer Lotterie erhöhe, als wenn ich in zehn verschiedenen Lotterien spiele. Richtig? Falsch? Die Frage treibt mich zum Wahnsinn!

Angeline O'Brien
Racine, Wisconsin

Liebe Angeline,
es bleibt sich gleich. Zwar mag es auf den ersten Blick so aussehen, als hätten Sie bessere Chancen, wenn Sie alle Lose für eine Ziehung kaufen, weil die Gesamtzahl der Möglichkeiten kleiner ist (dreizehn Millionen in einer Lotterieziehung anstelle der zehnfachen Zahl in allen), doch Sie dürfen nicht vergessen, dass im Laufe von zehn Lotterien auch zehn Hauptgewinne ausgeschüttet werden und nicht nur einer.

Außerdem müssen wir uns über die Bedeutung des Wortes «günstig» klar werden. Nehmen wir einen extremen Fall, sagen wir: zehn Ziehungen, an denen jeweils zehn Lose beteiligt sind. Der Gewinn jeder Ziehung beträgt zehn Dollar, und die Lose kosten einen Dollar pro Stück. Wenn Sie ein Los für jede der zehn Ziehungen kaufen, geben Sie zehn Dollar aus, aber Sie können jedes Mal verlieren. Wenn Sie andererseits zehn Lose für nur eine Ziehung kaufen, haben sie genauso viel Geld ausgegeben, aber Sie gewinnen mit Sicherheit. Was heißt das?

Nun, es ist so etwas wie ein wertloser Sieg! Bedeutet «günstig», dass Sie Ihre Gewinnchancen erhöhen? Oder dass Sie Ihre

Chancen erhöhen, mehr zu gewinnen, als Sie verlieren? Wenn Sie zehn Dollar ausgeben, um zehn Dollar zu gewinnen, können Sie sicher sein, dass Sie gar nichts gewinnen.

(Die Sache mit dem Test war nur ein Scherz.)

▼▼

Liebe Marilyn,
ein Lottoschein gewinnt, wenn seine sechs Zahlen sich mit denjenigen decken, die aus einem Bestand von vierzig Zahlen gezogen werden. Ein Spieler, der nur Geburtstage seiner Familienangehörigen wählt, beschränkt damit die Auswahl seiner möglichen Gewinnkombinationen auf die Zahlen eins bis einunddreißig. Hat er seine Gewinnchancen verringert, indem er die Zahlen zweiunddreißig bis vierzig aus dem Kreis der zu wählenden Zahlen eliminiert hat? Ihre Antwort könnte möglicherweise den Ausbruch des Dritten Weltkriegs in unserer Familie verhindern.

Lewis B. Hall
Baltimore, Maryland

Lieber Lewis,
ich hoffe, meine Antwort erreicht Sie noch rechtzeitig. Nein, die Gewinnaussichten verändern sich dadurch nicht im Geringsten. Egal, was für Zahlen gewählt werden, in jedem Fall werden dann alle anderen eliminiert. Die Zahlen, die *er* eliminiert hat, besitzen keine größere Wahrscheinlichkeit als die Zahlen, die *irgendjemand anders* eliminiert. Ich hoffe, damit ist der Streit geschlichtet. Und sollte der Dritte Weltkrieg doch ausbrechen, dann wissen wir ja, wen wir dafür verantwortlich machen können.

Die Frage lässt sich noch aus einer anderen Perspektive betrachten – allerdings nicht aus der des oben erwähnten «wertlosen Sieges». Ich hätte diesen Aspekt in meiner Antwort erwähnen sollen.

▼▼

Liebe Marilyn,
Sie haben geschrieben, ein Lottospieler, der sich bei der Auswahl der Zahlen an den Geburtsdaten seiner Familienangehörigen orientiere, beeinträchtige seine Gewinnchancen nicht. Die Zahlen, die er eliminiere, würden sich nicht von den Zahlen unterscheiden, die jemand anders eliminiere. Aber er hat diese Zahlen doch im Unterschied zu allen anderen systematisch eliminiert. Wenn nicht, könnten Sie mir dann bitte den Fehler in meinen Überlegungen zeigen?

Michele A. Leimgruber
Demarest, New Jersey

Liebe Michele,
es kann eine Rolle spielen, aber nicht für seine Gewinnaussichten. Und welche Rolle es spielt, hängt davon ab, ob es sich um eine Lotterie- oder eine Lottoziehung handelt. Wenn es eine Lotterie mit einem Hauptgewinn von einer Million Dollar ist, dann werden eine Million verschiedene Lose verkauft, und der Gewinner wird durch Ziehung dieser Lose ermittelt. Dann spielt es überhaupt keine Rolle, was für Lose er kauft.

Doch nehmen wir an, diese eine Million Teilnehmer können ihre Zahlen selbst bestimmen, das heißt, sie spielen Lotto und nicht Lotterie. Dann wird der Gewinn unter all denen aufgeteilt, die die Gewinnzahlen getippt haben. Nehmen wir weiter an, 999 999 Teilnehmer wählen die Zahl 7, Sie dagegen die Zahl 11. Der Gewinner wird durch eine Ziehung aus den Zahlen von eins bis eine Million ermittelt. Zwar sind die Aussichten gleich, dass die Zahl 7 oder die Zahl 11 gewinnt, aber Sie haben mit der Zahl 11 einen weit höheren Gewinn als all die anderen mit ihrer Zahl 7. Beim Lotto fährt man also weit besser, wenn man «beliebte» Zahlen vermeidet.

Weit überraschender ist die Antwort auf die nächste Frage.

▼▼

Liebe Marilyn,
mein Schwiegersohn und ich haben eine Meinungsverschiedenheit in Sachen Lotto. Er glaubt, die Aussichten, im Lotto zu gewinnen, seien genauso groß, wenn man eine Zahlenfolge wähle (1-2-3-4-5-6), wie wenn man die Zahlen streue (3-6-15-20-39-43). Doch ich spiele schon seit vielen Jahren Lotto und habe noch nie gehört oder gesehen, dass sechs Zahlen in Folge gekommen sind. Bitte entscheiden Sie unseren Streit.

Richard J. Ciesielski
Fort Wayne, Indiana

Lieber Richard,
die Chancen sind gleich. Der Grund, warum man sich weniger an Zahlenfolgen erinnert, die gekommen sind, liegt darin, dass, je nach den Bestimmungen der Lottogesellschaft, in der Regel weniger Zahlenfolgen als gestreute Zahlen gezogen werden. Doch wenn Sie die sechs Zahlen streuen, die Sie tippen, dann wählen Sie damit nicht *alle* gestreuten Zahlenkombinationen, sondern nur *eine*. Daher ist die Wahrscheinlichkeit, dass *irgendeine* gestreute Zahlenkombination gezogen wird, zwar größer als die Wahrscheinlichkeit, dass irgendeine Zahlenfolge ermittelt wird, doch diese erhöhten Gewinnchancen gelten nicht für die *besondere* gestreute Zahlenkombination, für die Sie sich entschieden haben.

Das lässt sich leicht zeigen. Nehmen wir an, Sie müssten bei dem Lotto zwei Zahlen aus insgesamt sechs erraten. Die möglichen Anordnungen sähen folgendermaßen aus, wobei die Zahlenfolgen in eckigen Klammern stehen:

[1-2]	[2-1]	3-1	4-1	5-1	6-1
1-3	[2-3]	[3-2]	4-2	5-2	6-2
1-4	2-4	[3-4]	[4-3]	5-3	6-3
1-5	2-5	3-5	[4-5]	[5-4]	6-4
1-6	2-6	3-6	4-6	[5-6]	[6-5]

Es gibt doppelt so viele gestreute Zahlenanordnungen (zwanzig) wie Zahlenfolgen (zehn), aber stellen Sie sich vor, Sie schreiben alle Anordnungen (dreißig) auf Loszettel und werfen Sie in eine Schachtel. Die Aussichten, *irgendeines* der Lose zu ziehen, stehen immer noch eins zu dreißig.

Doch wie sieht es mit der nächsten Frage aus?

▼▼

Liebe Marilyn,
ohne Unterlass spiele ich die gleichen fünf Zahlen im Lotto. Ich weiß, dass die mathematische Wahrscheinlichkeit eines Gewinns mit jeder Ziehung von vorn beginnt, aber sind Sie nicht auch der Meinung, dass früher oder später jede Zahlenkombination kommen muss? (Ich hoffe es jedenfalls!)

Peggy Hafner
St. Paul, Minnesota

Liebe Peggy,
ich sehe, worauf Sie hinauswollen. Natürlich kommt jede Zahlenkombination irgendwann, wenn ein unbegrenzter Zeitraum zur Verfügung steht. Doch der Haken dieser Argumentation liegt darin, dass Lostrommeln sich nicht erinnern, welche Kombination schon irgendwann einmal (oder zweimal oder dreimal) gewonnen haben, und sie deshalb vermeiden. Also hat keine Zahl beim nächsten Mal eine bessere Chance. Tatsächlich haben andere Zahlen mehr Aussichten, zwei oder sogar viele Male zu gewinnen, bevor jede einzelne Zahl auch nur einmal gewonnen hat.

Die folgenden beiden Aufgaben gehören zu meinen Lieblingsproblemen. (Lesen Sie sie sorgfältig. Hinterher gibt es einen Test.)

▼▼

Liebe Marilyn,
es folgt ein Problem, das mich in den Wahnsinn treibt: Wenn wir Roulette auf einer Drehscheibe spielen, die achtunddreißig Fächer hat, dann ist die Wahrscheinlichkeit, dass die Kugel in ein bestimmtes Fach fällt, $1/38$, richtig? Doch nehmen wir an, wir be-

nutzen zwei Kugeln gleichzeitig. Wie hoch ist dann die Wahrscheinlichkeit, dass beide Kugeln in dasselbe Fach fallen?

Mike Guider
Richmond, Virginia

Lieber Mike,
sie beträgt immer noch $1/38$. Die erste Kugel «bestimmt» das Fach, und die zweite hat eine Chance von eins zu achtunddreißig hineinzufallen.

Möchten Sie eine richtige «Bauernfänger»-Wette hören? Die folgende ist das größte Bubenstück, das ich kenne. Sie stammt von Martin Gardner.

▼▼

Liebe Marilyn,
nehmen wir an, wir spielen Roulette, und ich biete Ihnen eine Wette an. Sie können sich eine beliebige Dreieranordnung von Schwarz und Rot wählen – sagen wir Rot/Rot/Schwarz oder Rot/Schwarz/Rot. Daraufhin wähle ich mir eine andere. Zunächst beobachten wir jede Umdrehung des Rouletterades, bis eine unserer Dreieranordnung in Folge erscheint. Wenn Ihre zuerst kommt, haben Sie gewonnen. Kommt meine zuerst, habe ich gewonnen. Gleiche Chancen, nicht wahr? Doch ich gehe noch einen Schritt weiter und erhöhe Ihre Aussichten auf drei zu zwei! Wenn Sie gewinnen, zahle ich Ihnen drei Dollar, gewinne ich, brauchen Sie mir nur zwei Dollar zu zahlen. Wir spielen, sooft Sie Lust haben, und Sie können immer die erste Wahl haben. Nehmen Sie die Wette an?

Martin Gardner
Hendersonville, North Carolina

Lieber Martin,
was wäre das für eine «Bauernfänger»-Wette! Nein, Ihre Gewinnwahrscheinlichkeiten würden, je nach der Dreieranordnung, für die ich mich entschiede, zwischen $2/3$ und $7/8$ liegen.

Sie könnten stets eine Dreieranordnung mit besseren Gewinnchancen wählen. Betrachten wir als Beispiel die Wahrscheinlichkeit von $^7/_8$, weil sie am leichtesten zu verstehen ist. Es gibt acht verschiedene Dreieranordnungen. Nehmen wir an, ich entschiede mich für die Anordnung Schwarz/Schwarz/Schwarz. Wenn sie gleich zu Anfang kommt, habe ich gewonnen. Das geschieht in einem Achtel der Fälle. Doch bevor sie irgendwann danach auftritt, muss ihr einmal Rot vorangehen. Wählen Sie also jedes Mal Rot/Schwarz/Schwarz, wenn ich mich für Schwarz/Schwarz/Schwarz entscheide, dann gewinnen Sie in sieben Achtel der Fälle!

Unmögliche Durchschnittsgrößen

Also, hier ist der Test. (Was? Ihre Intuition hat Ihnen gesagt, dass ich einen Scherz gemacht habe? Haben Sie schon vergessen, was ich Ihnen über Ihre Intuition gesagt habe?!) Es handelt sich um einen Brief von mir an Sie.

▼▼

Liebe Leser,
nehmen wir an, Sie haben sich für die falsche Gehaltserhöhung entschieden und Ihren letzten Dollar für eine Losniete ausgegeben. Daher haben Sie sich entschieden, wieder die Schulbank zu drücken und ein nützliches (wenn auch nicht einträgliches) Handwerk zu lernen, wie etwa Bücher über kontraintuitives Denken zu schreiben, die sogar Leute verwirren, die sie nur zu lesen versuchen – von denen ganz zu schweigen, die sie auch noch verstehen wollen.

Nachdem Sie sich eine Menge Prospekte angesehen haben, entscheiden Sie sich für ein Bildungsinstitut, das für seine Kurse mit einer durchschnittlichen Teilnehmerzahl von zwanzig Studenten wirbt. Das geht von Kleingruppen mit fünf Teilnehmern bis zu Vorlesungen mit 200 Hörern. Die meisten Kurse hätten, so heißt es weiter, zehn Teilnehmer oder weniger. Doch kaum sind Sie auf dem Campus eingetroffen und haben mit einigen

Studenten gesprochen, stellen Sie fest, dass sich die meisten Studenten die meiste Zeit in Kursen mit erheblich größeren Teilnehmerzahlen befinden. Tatsächlich beträgt die Kursgröße für den Durchschnittsstudenten mehr als dreiundfünfzig Teilnehmer!

Sollten Sie Ihr Geld zurückverlangen?

Marilyn vos Savant
New York, New York

Nein. Nehmen wir ein extremes Beispiel und stellen wir uns vor, ein College böte nur drei Kurse an – Lesen, Schreiben und Rechnen. Neunundneunzig Studenten haben sich für Lesen eingeschrieben, zwei für Schreiben und einer für Rechnen. Daraufhin wirbt das College mit einer durchschnittlichen Kursgröße von vierunddreißig (99 + 2 + 1 = 102:3 = 34). Doch die Rechenstudentin könnte auf eine durchschnittliche Kursgröße von vierunddreißig kommen, und das auch nur, wenn sie alle drei Kurse wählen würde. (Nähme sie nur Rechnen, ergäbe sich für sie eine durchschnittliche Kursgröße von eins; wählte sie Rechnen und Schreiben, betrüge die durchschnittliche Kursgröße für sie 1,5.) Ein Schreibstudent, der sich nur für Schreiben entschiede, hätte eine durchschnittliche Kursgröße von zwei. Nähme er Schreiben und Lesen, käme er auf eine durchschnittliche Kursgröße von 50,5. Damit hätten fast alle Studenten eine durchschnittliche Kursgröße von neunundneunzig. Warum? Weil es mehr Studenten in den größeren Kursen gibt!

Schauen wir uns noch einmal unser Beispiel an. Wir haben gesagt, das College werbe mit einer durchschnittlichen Kursgröße von nur zwanzig Studenten bei ihren einhundert Kursen. Dabei schwanke die Teilnehmerzahl zwischen fünf in Kleingruppen und zweihundert in Vorlesungen. Die meisten Kurse hätten, so hieß es weiter, zehn Studenten oder weniger. Es folgt eine mögliche Aufteilung, die diese Verhältnisse zeigt.

10 Kurse mit	5 Studenten	=	50 Studenten
10 Kurse mit	6 Studenten	=	60 Studenten
10 Kurse mit	7 Studenten	=	70 Studenten
10 Kurse mit	8 Studenten	=	80 Studenten
10 Kurse mit	9 Studenten	=	90 Studenten
10 Kurse mit	10 Studenten	=	100 Studenten
37 Kurse mit	30 Studenten	=	1110 Studenten
1 Kurs mit	100 Studenten	=	100 Studenten
1 Kurs mit	140 Studenten	=	140 Studenten
1 Kurs mit	200 Studenten	=	200 Studenten
100 Kurse mit	insgesamt	=	2000 Studenten

In dem Beispiel des obigen Kursverzeichnisses liegt die Kursgröße in der Tat bei zwanzig Studenten (50 + 60 + 70 + 80 + 90 + 100 + 1100 + 100 + 140 + 200 = 2000 : 100 = 20). Auch die Kursgröße erstreckt sich von fünf bis zweihundert, und die meisten (60 Prozent) haben zehn Studenten oder weniger.

Aus Gründen der Einfachheit wollen wir annehmen, dass jeder Student nur einen Kurs belegt. (Wenn Sie sich Extrameriten verdienen wollen, können Sie sich überlegen, warum dieser Algorithmus auch für Studenten gilt, die mehr als einen Kurs belegen, wobei Sie unser Drei-Kurse-College als Beispiel nehmen. Der Durchschnittsstudent kommt immer auf eine durchschnittliche Kursgröße, die größer ist als der Durchschnittskurs. Die beiden «Durchschnittsgrößen» können nur dann gleich sein, wenn alle Kurse die gleiche Größe haben. Also – viel Spaß beim Rechnen.)

Nun treffen Sie auf dem Campus ein und stellen fest, dass die durchschnittliche Kursgröße bei dreiundfünfzig Teilnehmern liegt! Wie kommt dieses Ergebnis zustande? Unter Verwendung des obigen Kursverzeichnisses ergeben sich die folgenden Zahlen. (Wenn es zehn Kurse mit fünf Studenten gäbe, dann wären fünf Studenten jeweils zu fünft, und das zehnmal – 5 × 5 × 10 = 250.)

50	Studenten haben eine Kursgröße von	5	=	250
60	Studenten haben eine Kursgröße von	6	=	360
70	Studenten haben eine Kursgröße von	7	=	490
80	Studenten haben eine Kursgröße von	8	=	640
90	Studenten haben eine Kursgröße von	9	=	810
100	Studenten haben eine Kursgröße von	10	=	1000
1110	Studenten haben eine Kursgröße von	30	=	33300
100	Studenten haben eine Kursgröße von	100	=	10000
140	Studenten haben eine Kursgröße von	140	=	19600
200	Studenten haben eine Kursgröße von	200	=	40000
2000	Studenten haben insgesamt eine Kursgröße von 106450			

Da 106450:2000 = 53,225 ist, haben die Kurse des Durchschnittsstudenten eine Größe von mehr als dreiundfünfzig Teilnehmern (einschließlich seiner Person).

Bei dem Versuch, diese Verhältnisse zu verstehen, sollten Sie sich klarmachen, dass es sich nicht um ein Zahlenkunststück oder einen Taschenspielertrick handelt. Wir haben es mit einer realen Situation zu tun, die der Gesetzmäßigkeit unterliegt, dass sich unsere Erfahrung häufig nicht mit unseren Einschätzungen deckt. Derartige Diskrepanzen treten in allen Lebensbereichen auf, mit besonders fatalen Folgen in finanziellen Angelegenheiten. Wenn wir diese Unstimmigkeiten verstehen, wird uns auch klar sein, warum Statistiken so irreführend sein können – egal, ob sie mit der Absicht, uns zu täuschen, zusammengestellt werden oder nicht. Darum geht es im nächsten Teil dieses Buches.

Ein echtes Paradoxon

Falls Sie durch die bisherige Lektüre dieses Buches zu der Überzeugung gelangt sind, Sie würden sich nie wieder durch ein Umfrageergebnis oder die Äußerung eines Politikers hinters Licht führen lassen, so kann ich Ihnen nur raten: Seien Sie sich nicht zu sicher! Bevor wir fortfahren, möchte ich Sie bitten, sich ein echtes Paradoxon anzuschauen – eines, das in der Lage ist, unser Selbstvertrauen und unsere Träume zu vernichten. Nicht ganz so pathetisch erklärt John Allen Paulos dazu: «Spielarten dieses Paradoxons erklären die Den-anderen-geht's-besser-Mentalität, die so häufig bei der Veröffentlichung von Einkommensstatistiken zu beobachten ist.»

▾▾

Liebe Marilyn,
ich soll mich für einen von zwei Umschlägen entscheiden und weiß, dass ein Umschlag (aber nicht welcher) doppelt so viel Geld enthält wie der andere. In dem Umschlag, den ich ausgewählt habe, finde ich 100 Dollar. Soll ich mich für den anderen entscheiden, um meine irdischen Besitztümer zu mehren?

Barney Bissinger
Hershey, Pennsylvania

Lieber Barney,
das ist ein wunderbares Paradoxon. Zwar hat es den Anschein, als sollten Sie sich für den anderen Umschlag entscheiden, weil Sie eine gleiche Chance auf 200 oder 50 Dollar haben – eine Chance, die jeder Spieler begeistert ergreifen würde –, doch tatsächlich hat sich gar nichts geändert. Eine gleiche Chance hätten Sie nur, wenn Sie die Wahl zwischen *zwei* weiteren Umschlägen hätten, einem mit 200 Dollar und einem anderen mit 50 Dollar. So aber liegt dort einfach ein weiterer Umschlag, in dem sich entweder die doppelte Summe des Geldes befindet, das Sie in Händen halten, oder die halbe Summe. Und dass es sich so verhält, wussten Sie bereits, bevor Sie sich zum ersten Mal für einen Umschlag entschieden haben. Also haben Sie keinerlei Information hinzugewonnen, die Ihre Chancen verbessert.

Zur Verdeutlichung müssen Sie sich einfach klarmachen, dass die Logik, die Sie veranlasst, Ihre Entscheidung zu ändern (weil Sie plötzlich eine gleiche Chance auf 200 und 50 Dollar zu haben scheinen), Sie jedes Mal dazu bringen würde, Ihre Meinung zu ändern (egal, was sie im ersten Umschlag fänden). Der zweite Umschlag würde folglich ebenso zufällig ausgewählt wie der erste!

Oder noch extremer: Stellen Sie sich vor, der eine Umschlag

enthielte eine *Million Mal* mehr Geld als der andere. Im ersten Umschlag finden Sie einen Dollar. (Das heißt, in dem anderen Umschlag ist entweder eine Million Dollar oder ein bisschen Kupferstaub.) Sollen Sie Ihre Entscheidung ändern?!

Ich wette, dass Sie diese letzte Frage um den Schlaf bringen wird. Auch aus diesem Grund war es vielleicht eine große Dummheit von mir, meine Adresse in diesem Buch abzudrucken.

2. Teil

IRREFÜHRENDE ZAHLEN UND STATISTIKEN

3
Statistische Missverständnisse

Ist jemand mit einem IQ von 200 «doppelt so klug» wie jemand mit einem IQ von 100? Nein. Selbst wenn Sie Intelligenztests mehr Glauben schenken, als sie es verdienen, und die Auffassung vertreten, die menschliche Intelligenz lasse sich angemessen und auf wirklich sinnvolle Weise quantifizieren, ist ein IQ von 200 nicht «doppelt so viel» wie ein IQ von 100. Aber warum? Unsere Intuition sagt uns, dass zweihundert von etwas doppelt so viel wie hundert von diesem Etwas ist. Das ist einer der Gründe, warum statistische Angaben so häufig sinnlos sind. Nicht selten sind sogar die offenkundigsten «Schlussfolgerungen» grundfalsch. Daher hat unsere informationsorientierte Gesellschaft auch so große Schwierigkeiten, all die Probleme in den Griff zu bekommen, die in der einen oder anderen Weise durch Zahlen beschrieben werden. Und das werden sie fast alle.

- Staatsverschuldung
- Sozialsystem
- Kriminalität
- Bildungssystem
- Inflation
- Gesundheitswesen
- Arbeitslosigkeit
- Armut
- Umweltprobleme
- Steuerreform

Die Liste ließe sich natürlich noch beliebig fortsetzen. Fast jedes Mal, wenn wir einen Artikel über diese Probleme lesen, werden zur Bekräftigung der Argumente statistische Angaben angeführt – egal, worum es geht. In der Mehrzahl der Fälle sind diese Statistiken zumindest irreführend. Doch wir wollen die meisten dieser Probleme den Ausführungen im letzten Teil dieses Buches überlassen und zunächst einmal auf die Frage von Intelligenztests zurückkommen. Das folgende Beispiel zeigt, wie leicht sich eine einfache Statistik missverstehen lässt. Ist jemand mit einem IQ von 200 «doppelt so klug» wie jemand mit einem IQ von 100?

Normalverteilungen

Viele menschliche Eigenschaften folgen einer so genannten «Normalverteilung» (unter Mathematikern auch als Gauß'sche Verteilung bezeichnet). Zu ihnen gehört der IQ. Das heißt, der Wert der meisten Menschen ist irgendwo in der Mitte angesiedelt, und die Zahl der Menschen nimmt umso stärker ab, je weiter wir uns von diesem Mittelbereich entfernen und uns dem hohen oder niedrigen Extrem nähern. Es gibt also nur sehr wenige Menschen, die sehr intelligent oder sehr dumm sind, und kaum jemand befindet sich im höchsten und im niedrigsten Extrem. Graphisch kommt diese Anordnung in einer «Glockenkurve» zum Ausdruck, die in etwa wie eine Glocke geformt ist – daher der Name – und sich zur Mittellinie symmetrisch verhält. Im Falle des IQ geht diese Mittellinie durch einen Punktwert von 100 – den häufigsten IQ.

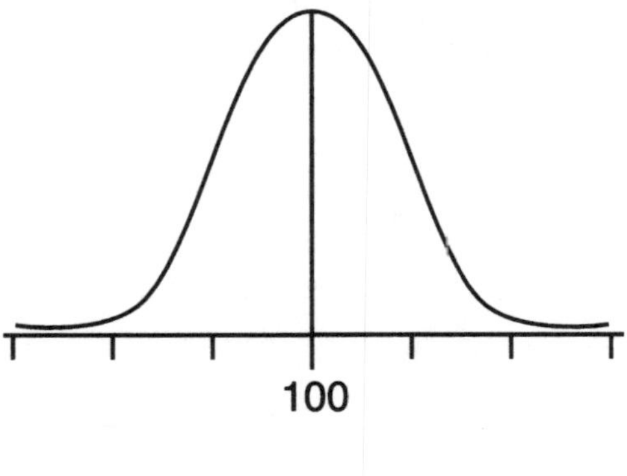

Doch was bedeutet dieser Wert von 100? Einhundert *was*? Zentimeter? Pfund? Nein, wie wir gleich sehen werden, ist diese «100» eine willkürliche Zahl – die Zuweisung einer runden

Zahl, um die Intelligenz einer Durchschnittsperson darzustellen. Daher können wir unserer Glockenkurve um diesen Mittelwert jede beliebige Ausdehnung verleihen, je nachdem, wie viele Fragen wir in unseren Test aufnehmen und wie viele Punkte wir für jede richtige Antwort vergeben.

In den meisten Tests steht die 50 für sehr geringe und 150 für sehr gute Leistungen. Die Konstrukteure von Intelligenztests versuchen, sich an die üblichen Standards zu halten, und zwar aus dem gleichen Grund wie Modedesigner – um ein Vergleichschaos zu vermeiden. Doch im Grunde spielt das keine Rolle. Wenn die Extreme etwas näher zusammenrücken, verdickt sich die Glockenkurve in der Mitte ein bisschen, wenn sie weiter auseinander liegen, tritt der gegenteilige Effekt ein. In jedem Fall bleibt der Prozentrang einer Testperson relativ zur Gesamtpopulation gleich.

Bedeutet nun aber ein IQ von 200, dass der Betreffende «doppelt so klug» ist wie jemand mit einem IQ von 100? Nun, was wäre gewesen, wenn ein früher Testkonstrukteur seine Ergebnisse in dem Bereich von 90 bis 110 dargestellt hätte und *dieser* Bereich zum Standard geworden wäre? Dann würde man heute den IQ allgemein in Zehnteln angeben (wie die Körpertemperatur) und die besten Ergebnisse würden im Bereich von, sagen wir, 110 liegen.* Obwohl der gleiche Personenkreis beteiligt ist, würde niemand auf die Idee kommen, jemand mit einem IQ von 110 sei «doppelt so klug» wie jemand mit einem IQ von 100!

Festzuhalten ist außerdem, dass wir uns hier nicht auf Tests mit Höchstwerten beziehen. Die Werte solcher Tests lassen sich nicht als Glockenkurve darstellen. Vielmehr wird das obere Ende abgeschnitten, weil der Test nicht streng genug ist, um auch die immer seltener werdenden Werte zu erfassen. Das heißt, zu viele Testpersonen erreichen den Höchstwert. Vergleichen wir einen Wert

* Die tatsächliche Zahl würde durch die so genannte «Standardabweichung» festgelegt, ein Maß für die Streuung *in* einer Stichprobe aus einer Population, in der das getestete Merkmal normalverteilt ist. Vergleicht man einen Wert von 150 – bei einem Test mit einer Standardabweichung von 15 – mit einem Wert von 150 – bei einem Test mit einer Standardabweichung von 30 –, so ist das auch ein Fehler, allerdings von anderer Art.

von 150 – bei einem Test mit einem Höchstwert von 150 – mit einem Wert von 150 – bei einem Test mit einem Höchstwert von 200 –, begehen wir ebenfalls einen Fehler, wenn auch von anderer Art.

Doch nicht alle Verteilungskurven sind normal. Zur Verwirrung trägt noch der Umstand bei, dass Statistiken häufig unerklärlich plump, unvollständig und schief sind.

Hier machen sich die statistischen Konzepte «Mittelwert», «Medianwert» und «Modalwert» bemerkbar. Alle drei werden fälschlicherweise als «Durchschnitt» bezeichnet, manchmal absichtlich und manchmal nicht. Dabei beschreiben sie höchst unterschiedliche Phänomene. Wenn wir nicht wissen, welcher «Durchschnitt» verwendet wird, sind wir auf Gedeih und Verderb von unserer Informationsquelle abhängig. Dann ist von entscheidender Bedeutung, ob es sich um einen seriösen Nachrichtenjournalisten handelt oder um einen mit allen Wassern gewaschenen Politiker.

Mittelwert, Medianwert und Modalwert

Der «Mittelwert» ist das arithmetische Mittel – der Wert, der uns am vertrautesten ist. Wenn wir uns beispielsweise über das Einkommen einer Bevölkerungsgruppe unterhalten, addieren wir das Einkommen aller Personen, teilen durch die Anzahl der Personen und erhalten so das «mittlere» Einkommen. Vielleicht. Die Einbeziehung von Kindern kann irreführend sein. Deshalb sollten wir lieber das Einkommen aller Personen addieren und durch die Zahl der Erwachsenen teilen. *Das* wäre dann unser mittleres Einkommen. Aber auch das nur vielleicht. Denn die Einbeziehung von Arbeitslosen könnte wiederum irreführend sein, daher sollten wir lieber alle Einkommen zusammenrechnen und durch die Zahl der Erwachsenen teilen, die einen Arbeitsplatz haben, um so endlich unser mittleres Einkommen zu erhalten. Doch halt! Sollen wir bei den Arbeitslosen tatsächlich davon ausgehen, dass sie gar kein Einkommen haben? Was ist denn mit denen, die es gar nicht nötig haben, einen Arbeitsplatz zu suchen?

Doch nehmen wir an, wir müssten keine solchen Entscheidungen fällen. Wir wollten lediglich das Durchschnittseinkommen ermitteln, das die Arbeitnehmer des Unternehmens X verdienen. Es folgt die Auflistung der Gehälter (in Dollar):

470 000	verdient der Präsident des Unternehmens
100 000	verdient seine Frau
80 000	verdienen die drei Brüder der Frau
50 000	verdient die beste Schulfreundin der Frau
30 000	verdient der Betriebsleiter
25 000	verdient jeder der sechs Facharbeiter

Sie müssten vor Freude bei der Arbeit singen! Der durchschnittliche Mitarbeiter der Firma X verdient nämlich 80 000 Dollar! (Die jährlichen Lohnzahlungen von 1 040 000 Dollar verteilt auf dreizehn Mitarbeiter macht 80 000 Dollar.) Die Frau des Präsidenten sagt nichts als die Wahrheit, wenn sie erklärt, ihre Brüder würden nicht mehr als ein durchschnittlicher Mitarbeiter verdienen. Und denken Sie nur, wie glücklich alle sein werden, wenn der Präsident im nächsten Jahr 990 000 Dollar verdient. Dann klettert der Verdienst des durchschnittlichen Mitarbeiters nämlich auf 120 000 Dollar! (Die jährliche Lohnsumme von 1 560 000 Dollar geteilt durch dreizehn Mitarbeiter ergibt 120 000 Dollar.) Nun könnte die Frau des Präsidenten wahrheitsgemäß sagen, dass sie weniger als der durchschnittliche Mitarbeiter verdient.

Das soll keineswegs heißen, dass es Unsinn sei, mit dem Mittelwert zu arbeiten. Ganz im Gegenteil! Wir verwenden ihn täglich. Nehmen wir an, die dreizehn Mitarbeiter der Firma X hätten letzte Woche 182 Aspirintabletten geschluckt. Nehmen wir weiter an, wir wollten nun den Vorrat für nächste Woche kaufen. Da erübrigt sich natürlich eine langwierige Rechnung – wir kaufen einfach die gleiche Menge. Doch dem liegt folgende Überlegung zugrunde:

Diese 182 Tabletten geteilt durch dreizehn Mitarbeiter ergibt einen Mittelwert von vierzehn Aspirin pro Mitarbeiter. Wenn wir voraussetzen, dass in der nächsten Woche die gleiche Anzahl von Mitarbeitern in der Firma tätig ist, dann können wir einen wahrscheinlichen Aspirinverbrauch von 182 Tabletten annehmen. Natürlich ist das vernünftig. Denn das ist genau die Menge, die die Mitarbeiter in der letzten Woche verbraucht haben. Wir werden auf das Beispiel später zurückkommen. Doch zunächst einmal weiter.

Der «Medianwert» ist ein anderer Durchschnittswert, der gern von den Leuten verwendet wird, die unsere Meinung beeinflussen wollen. Streng genommen ist er die numerische Mitte. Im Beispiel der Firma X liegt der Medianwert des Einkommens bei 30 000 Dollar. Das heißt, sechs Mitarbeiter verdienen mehr und sechs Mitarbeiter weniger. Die meisten Menschen glauben, jeder Durchschnitt müsse mit dem arithmetischen Mittel errechnet werden, und sprechen der numerischen Mitte jeden Aussagewert ab – was ganz offensichtlich nicht richtig ist. Schließlich liegt das mittlere Einkommen der Mitarbeiter in Firma X bei 80 000 Dollar, während der Medianwert 30 000 Dollar entspricht. In diesem Fall ist der Medianwert doch wohl viel aufschlussreicher für uns.

Andererseits ist der Medianwert nicht immer so geeignet. Ganz und gar nicht. Kehren wir zu dem Beispiel zurück, in dem die dreizehn Mitarbeiter der Firma X in der letzten Woche 182 Aspirintabletten geschluckt haben. Es folgt eine Aufstellung, aufgeschlüsselt nach der Menge der verbrauchten Aspirintabletten:

40	genommen von Tom, einem Bruder der Frau
40	genommen von Dick, einem Bruder der Frau
40	genommen von Harry, einem Bruder der Frau
30	genommen von der Frau
20	genommen von dem Präsidenten des Unternehmens
5	genommen vom Vertriebsleiter Doc
2	genommen vom Facharbeiter Mürrisch
1	genommen vom Facharbeiter Schnupfig
1	genommen vom Facharbeiter Schüchtern
1	genommen vom Facharbeiter Glücklich
1	genommen vom Facharbeiter Schläfrig
1	genommen vom Facharbeiter Dämlich
0	genommen von der Schulfreundin der Frau

Hier liegt der Medianwert der eingenommenen Aspirintabletten bei zwei. Das heißt, sechs Mitarbeiter nehmen mehr als zwei und sechs Mitarbeiter nehmen weniger. Doch wenn wir beim Kauf des Aspirinvorrats für die nächste Woche vom Medianwert des Verbrauchs ausgehen – zwei Aspirin mal dreizehn Mitarbeiter –, dann kaufen wir nur sechsundzwanzig Tabletten, zweifellos zu wenig.

Der «Modalwert» ist noch eine weitere Durchschnittsart, die sich wunderbar zu Manipulationszwecken eignet. Im Prinzip ist er die Zahl, die am häufigsten vorhanden ist. In der Firma X ist der Modalwert der geschluckten Aspirintabletten eins. Das heißt, die Zahl der Mitarbeiter (fünf), die ein Aspirin in der Woche nehmen, ist größer als die Zahl der Mitarbeiter, die irgendeine andere Zahl von Aspirintabletten zu sich nehmen. Die nächsthäufige Zahl eingenommener Aspirintabletten ist vierzig (drei Mitarbeiter). Wenn also die fünf Mitarbeiter, die ein Aspirin schlucken, die Marke Exasperin nehmen, kann der Hersteller verkünden, dass «Exasperin von mehr Menschen genommen wird als irgendeine andere Marke», zumindest in Firma X. Nehmen wir an, ähnliche Zahlen würden in einer weit größeren Studie ermittelt. Fünf*tausend* Mitarbeiter nehmen ein Aspirin, drei*tausend* vierzig und so fort. Abermals dürfte der Hersteller behaupten, dass «Exasperin von mehr Menschen genommen wird als irgendeine andere Marke», und könnte sich dazu noch auf eine repräsentative Umfrage berufen. Doch stellen wir uns vor, nur *diese* Mitarbeiter würden Exasperin nehmen und wir würden mit dem Gedanken spielen, Aktien der Exasperin Corporation zu kaufen. Wäre da nicht die Tatsache interessant für uns, dass der Exasperinabsatz nur einen Marktanteil von drei Prozent ausmacht?!

Andererseits hat der Modalwert auch seine Vorteile. Kehren wir noch einmal zu unserem Aspirinbeispiel zurück. In der Firma X beträgt der Modalwert der eingenommenen Aspirintabletten eins. Doch der Modalwert der eingenommenen *Aspirinmarken* ergibt ein ganz anderes Bild. Nehmen wir an, wir wollen einen Wochenvorrat Aspirin für die Firma X kaufen und haben uns klugerweise dazu entschlossen, mindestens 182 Tabletten zu erstehen (und vielleicht ein paar mehr, falls der Jahresbericht kurz vor seinem Abschluss steht). Wenn wir uns auf eine Marke beschränken wollen, für welche sollen wir uns entscheiden? Sagen wir, wir hätten bereits beschlossen, den Preis außer Acht zu lassen und uns nur um die Zufriedenheit der Mitarbeiter zu kümmern. Es folgt die Liste der Lieblingsmarken:

40	Roboprin genommen von Tom, einem Bruder der Frau
40	Roboprin genommen von Dick, einem Bruder der Frau
40	Roboprin genommen von Harry, einem Bruder der Frau
30	Nouveauprin genommen von der Frau
20	Exasperin genommen von dem Präsidenten des Unternehmens
5	Exasperin genommen vom Vertriebsleiter Doc
2	Exasperin genommen vom Facharbeiter Mürrisch
1	Exasperin genommen vom Facharbeiter Schnupfig
1	Exasperin genommen vom Facharbeiter Schüchtern
1	Exasperin genommen vom Facharbeiter Glücklich
1	Exasperin genommen vom Facharbeiter Schläfrig
1	Exasperin genommen vom Facharbeiter Dämlich
0	genommen von der Schulfreundin der Frau

Wir haben die Wahl zwischen zwei Modalwerten, und beide können uns von Nutzen sein. Roboprin ist die Aspirinmarke, die in größter Zahl konsumiert wird (je vierzig von den drei Brüdern der Frau, also insgesamt 120 Tabletten), während Exasperin die Marke ist, die *von* der größten Zahl genommen wird (dem Präsidenten des Unternehmens, seinem Betriebsleiter und den sechs Facharbeitern – insgesamt acht Mitarbeitern). Das heißt, wir können uns entweder für Roboprin entscheiden (weil es in größer Zahl genommen wird) oder für Exasperin (weil es *von* der größten Zahl eingenommen wird). Oder wenn wir rechtzeitig zur Vernunft kommen, können wir Nouveauprin wählen (was vielleicht ungeachtet aller Modalwerte die klügste Wahl ist).

Die Missdeutung und der Missbrauch von Durchschnittswerten sind höchst fatal, weil sie unser Verständnis einschränken und untergraben. Unlängst las ich in einem Artikel, dass Frauen nach einer Vergewaltigung im Durchschnitt ein Jahr brauchen, um jemandem davon zu erzählen. Die Psychologin, die den Artikel geschrieben hatte, wertete das als Indiz für die Angst vor einem Rechtssystem, das solche Frauen erniedrigenden Prozeduren unterwirft, und für die nach wie vor fatalistische Einstellung der Frauen gegenüber ihrer unveränderten Opferrolle.

Schon dieser Auffassung begegnete ich mit einiger Skepsis, doch als die Autorin im Fortgang ihrer Ausführungen dann die zeitliche Verzögerung von einem Jahr darauf zurückführte, dass angeblich jahreszeitliche Veränderungen (wie Frühlingsdüfte oder herbstliche Laubfärbung) bei den Betroffenen lebhafte Erinnerungen an das Verbrechen auslösten, legte ich die Zeitschrift weg und schlug in den Quellen nach, die die Autorin zitierte. Tatsächlich hatte sie die wiedergegebenen *Durchschnittswerte* zitiert und nicht überprüft, auf was für Daten sie zurückgingen. Es erwies sich, dass die große Mehrzahl der Frauen die Vergewaltigung fast sofort angezeigt hatte, während nur eine kleine Minderheit sich so schämte, dass sie oft zehn oder zwanzig Jahre verstreichen ließ, bevor sie sich jemand anders anvertraute. Und was für eine «Durchschnittszeit» ergab sich bei der Addition der beiden Gruppen? Ein Jahr. (Ein entsprechendes Beispiel könnte wie folgt aussehen: Neun Frauen zeigen die Vergewaltigung sofort an, und eine Frau wartet zehn Jahre, bis sie ihrer besten Freundin davon berichtet. Zehn Jahre geteilt durch zehn Frauen ergibt einen durchschnittlichen Zeitraum [Mittelwert] zwischen Vergewaltigung und Bericht von einem Jahr.) Dabei hatte keine Frau *tatsächlich* ein Jahr lang gewartet. Die Situation wurde in eine Fiktion verwandelt und mit einer haltlosen Schlussfolgerung gekrönt.

Bei all diesen Vorbehalten kann eigentlich nicht verwundern, dass keine der drei Durchschnittsarten unseren Interessen wirklich dient. Wir können leicht ertrinken, wenn wir ein Gewässer durchqueren, das im Durchschnitt einen halben Meter tief ist – egal, ob es sich um den Mittel-, Median- oder Modalwert handelt. Noch weniger ist uns allerdings bewusst, dass uns auch *andere* Ergebnisse statistischer Erhebungen nicht immer – oder auch nur meistens – brauchbare Informationen liefern, egal wie sorgfältig die Daten erhoben und wiedergegeben werden.

Entscheidend ist also nicht, dass Statistiken «lügen» – was sie natürlich auch tun –, sondern wie suggestiv sie sind. Denn es ist zu beobachten:

- Selbst wenn Statistiken irrelevant sind, fesseln sie unsere Aufmerksamkeit, und je weniger in einer bestimmten Situation zitiert werden, desto größer die Wirkung. Eine vereinzelte Statistik ist wie ein Fernsehapparat, der über der Bar läuft – fast nicht zu übersehen.
- *Wenn* Statistiken relevant sind, beschränken wir uns häufig darauf, nur die anzuführen, die verfügbar sind, als wären die Aspekte, die zufällig statistisch erfasst worden sind, die einzigen Gesichtspunkte, die es zu berücksichtigen gelte.
- Doch relevant oder nicht, es ist noch schwerer, Statistiken selektiv zu ignorieren, als sie ganz zu ignorieren. Das heißt, wenn ein halbes Dutzend Statistiken vorliegen, ist die Wahrscheinlichkeit groß, dass wir sie alle für unsere Entscheidung heranziehen.

Wahrscheinlich geben wir ihnen sogar allen ungefähr das gleiche Gewicht, obwohl dieser letzte Fehler mit der bloßen Menge der Statistiken zunehmen dürfte, was eigentlich nicht überraschen sollte. (Zu viele Statistiken und zu wenig Zeit!)

Langweilige Zahlen*

- Durchschnittliche Testosteronkonzentration im Speichel männlicher Prozessanwälte in Nanogramm pro Deziliter: 6,7
- Durchschnittliche Testosteronkonzentration im Speichel männlicher Anwälte ohne Prozesstätigkeit in Nanogramm pro Deziliter: 5,7
- Durchschnittliche Zahl der Einkaufswagen, die pro Stunde in amerikanischen Supermärkten gestohlen werden: 38

* Diese statistischen Daten stammen aus *Harper's Index*, der von *Harper's Magazine* herausgegeben wird. Mehr über die ursprünglichen Quellen am Schluss des Buches.

- Durchschnittliche Sekundenzahl, die ein Autodieb in New York City braucht, um einen abgeschlossenen Wagen aufzubrechen: 27
- Prozentsatz der Amerikaner, die glauben, «Espresso» sei ein «privater Paketdienst»: 7
- Prozentsatz der Amerikaner, die nicht wissen, wie lange es dauert, ein Hühnerei hart zu kochen: 74
- Prozentsatz der Amerikaner, die sagen, sie seien «ausgezeichnete» oder «sehr gute» Köche: 63
- Höchstgeschwindigkeit der Teilchen, die beim Niesen ausgestoßen werden, in Kilometer pro Stunde: 166
- Prozentsatz der Kanadier, die erwarten, dass ihr Land in den nächsten fünfzig Jahren den Vereinigten Staaten eingegliedert wird: 37
- Prozentsatz der Amerikaner, die glauben, dass der Präsident in Kriegszeiten die garantierten Bürgerrechte aussetzen kann: 23
- Prozentsatz der männlichen Collegestudenten, die glauben, unsere Existenz sei «eine sinnlose Hölle»: 27
- Veränderung des Prozentsatzes der Deutschen, die nach eigenen Angaben unter Darmträgheit leiden, seit dem Fall der Mauer 1989: +5
- Veränderung des Prozentsatzes der Ostdeutschen, die nach eigenen Angaben unter Darmträgheit leiden, im gleichen Zeitraum: –12
- Prozentsatz der Fernsehzuschauer, die sagen, sie würden das Fernsehen für keine noch so große Geldsumme aufgeben: 25
- Prozentsatz der Super-Bowl-Zuschauer, die nicht in den Vereinigten Staaten leben: 88
- Durchschnittliche Zahl der Tage, die sich ein Amerikaner im Laufe eines Jahres in schlechter Stimmung befindet: 110
- Durchschnittliche prozentuale Zunahme in der Elastizität eines Golfballs, der in einem Elektronenstrahlbeschleuniger gewesen ist: 5
- Durchschnittsgeschwindigkeit von Heinz-Ketchup in der Öffnung einer auf den Kopf gestellten Flasche, in Kilometern pro Jahr: 40

- Wahrscheinlichkeit, dass zu einem Trauerzug in Taiwan eine Stripperin gehört: 1/3
- Durchschnittliche Geldsumme, die ein Amerikaner auszugeben bereit wäre, um lebendige Dinosaurier zu sehen: 15 Dollar
- Prozentsatz der Amerikaner, die sagen, sie würden dafür gar nichts ausgeben: 55
- Verhältnis der Zahl wilder Truthähne in den Vereinigten Staaten zur Zahl der Truthahnjäger: 2 zu 1

Das sind «lustige» Statistiken, die die Leser amüsieren sollen – was sie auch tun. Doch bevor wir uns ernsthafteren Daten zuwenden, wollen wir aus diesen der Unterhaltung dienenden Zahlen einige Lehren ziehen.

Wie um alles in der Welt kommt jemand zur Durchschnittszahl der Einkaufswagen, die stündlich gestohlen werden? Ganz einfach. Sie beginnen mit den nüchternen Fakten, dass es laut dem Food Marketing Institute in Washington landesweit etwa 30 400 Supermärkte gibt und dass jeder durchschnittlich (Mittelwert) elf Einkaufswagen im Jahr verliert. Multiplizieren Sie diese Zahlen, und Sie stellen fest, dass im letzten Jahr 334 400 Einkaufswagen gestohlen worden sind. Dann teilen Sie durch 8760 (Stunden im Jahr), um die gewünschte Angabe zu erhalten – die «durchschnittliche Zahl der Einkaufswagen, die pro Stunde in amerikanischen Supermärkten gestohlen werden: achtunddreißig». Das ist eine sehr viel flottere Präsentationsweise ansonsten langweiliger Zahlen. Trotzdem entspricht sie der Wahrheit.

Das gilt nicht ganz in gleichem Maße für den «Prozentsatz der Super-Bowl-Zuschauer, die nicht in den Vereinigten Staaten leben: 88». Die Vorstellung, dass die ganze Welt ein so uramerikanisches Ereignis gebannt am Fernsehschirm verfolgt, ist überraschend und amüsant zugleich. Doch wenn wir uns überlegen, dass der Super Bowl, also das Endspiel der American-Football-Liga, fast in alle Länder der Erde übertragen wird und dass die US-amerikanische Bevölkerung nur einen kleinen Prozentsatz der Erdbewohner umfasst, dann erscheint diese Zahl weit weniger überraschend. Selbst wenn die Beliebtheit des Super Bowls in den Vereinigten Staaten *gewaltig* ist (und sie ist es), muss die Zahl der amerikanischen Zuschauer von der der anderen erdrückt werden.

Laut A. C. Nielsen Media Research haben 1993 etwa 91 Millionen Amerikaner den Super Bowl gesehen, und nach einer groben Schätzung der American-Football-Liga dürften es weltweit etwa 750 Millionen gewesen sein. Mit anderen Worten, rund 12 Prozent der insgesamt geschätzten Zuschauer waren Amerikaner – woraus folgt, dass es 88 Prozent nicht waren, was sich mit der ursprünglichen Statistik deckt. Diese Zahlen lassen sich jedoch auch anders beschreiben: Die 91 Millionen amerikanische Zuschauer bei einer Gesamtbevölkerung der Vereinigten Staaten von 250 Millionen Einwohnern bedeutet, dass 1993 ungefähr 36,4 Prozent der Amerikaner den Super Bowl eingeschaltet haben. Die 659 Millionen nichtamerikanischen Zuschauer (750 Millionen Zuschauer in der Welt minus 91 Millionen Zuschauer in den Vereinigten Staaten = 659 Millionen) ergeben bei einer nichtamerikanischen Weltbevölkerung von insgesamt 5134 Millionen (5384 Millionen Menschen minus 250 Millionen US-Amerikaner = 5134 Millionen), dass ungefähr 12,8 Prozent der nichtamerikanischen Bevölkerung den Super Bowl eingeschaltet hatte.

Kurzum, laut den oben genannten Quellen haben 36,4 Prozent der Amerikaner den Super Bowl angeschaut, aber nur 12,8 Prozent der Nichtamerikaner. Um uns noch klarer von der ursprünglichen Statistik abzugrenzen, können wir einfach 36,4 durch 12,8 teilen und zu dem Schluss gelangen, dass der Super Bowl in den Vereinigten Staaten etwa dreimal so beliebt ist wie beim Rest der Welt. Sie hängen also noch nicht gebannt am amerikanischen Fernsehen (noch nicht). Trotzdem scheint doch der Anteil ausländischer Zuschauer ziemlich hoch zu sein. 12,8 Prozent heißt immerhin, dass jeder Achte zu ihnen zählte. Wie hat man die weltweiten Zuschauerzahlen abgeschätzt?

Zunächst riefen wir Nielsen an, aber dort hat man keinerlei Möglichkeiten, direkte oder indirekte Daten im Ausland zu erheben. Man konnte uns noch nicht einmal eine amerikanische oder ausländische Organisation nennen, die dazu in der Lage ist.

Dann wendeten wir uns an ESPN International, die einen Großteil aller einschlägigen Erhebungen im Ausland durchführen, und fragten, ob sich die Zahl der nichtamerikanischen Fernsehzuschauer des Super Bowl in irgendeiner Weise abschätzen lasse. Ihres Wissens nicht, sagten sie. Es gebe allerdings viele *mögliche* ausländische Zuschauer. Also riefen wir bei der NFL, der National Football League, an und fragten, wie sie auf die von ihnen geschätzte Zahl von 750 Millionen Zuschauer weltweit gekommen sei. Und da kam alles ans Licht! Wir wollten ganz sicher gehen und riefen daher noch einmal bei ESPN an, um in Erfahrung zu bringen, wie viele *mögliche* ausländische Zuschauer es gebe. Hier sind die Zahlen:

Mögliche Haushalte in Europa	48,40 Millionen
Mögliche Haushalte in Lateinamerika	3,50 Millionen
Mögliche Haushalte in Asien	2,00 Millionen
Mögliche Haushalte im Nahen Osten und Afrika	0,05 Millionen
Mögliche Haushalte insgesamt	53,95 Millionen

Zwar sind die Daten nicht vollständig genug, um eine exakte Antwort zu geben, doch die grobe Richtung wird klar. (Es gibt noch weitere Fernsehsender, aber ihre Zahl ist relativ klein.) Wenn wir die Zahl der möglichen Haushalte auf 60 Millionen abrunden, dann kann die Zahl von 659 Millionen nichtamerikanischen Zuschauern nur stimmen, wenn jeder nichtamerikanische Haushalt (mit einem Fernsehapparat) den Super Bowl eingeschaltet hatte und wenn sich vor dem Apparat elf Menschen versammelt hatten! (Natürlich können die Zahlen keine Angaben darüber machen, ob tatsächlich jeder Haushalt eingeschaltet hatte, doch für jeden Haushalt, in dem das Spiel nicht gesehen wurde, müssen in einem anderen 22 Menschen vor dem Bildschirm gesessen haben!)

Wie sieht es mit dem Prozentsatz der Amerikaner aus, die «Espresso» für einen «privaten Paketdienst» halten? Wie sich herausstellte, war die Sieben noch ein bisschen unzuverlässiger als das vorangehende Beispiel, aber doch so amüsant, dass man den Meinungsforschern vergeben sollte, die dafür verantwortlich sind. Ich nahm an, dass das Resultat auf eine Frage mit Multiple-Choice-Antworten zurückging, bei der eine der Antwortvorgaben eben der lustige «private Paketdienst» war. Damit machten sich die Meinungsforscher – vielleicht unbeabsichtigt – den Umstand zunutze, dass für einen wachsenden Prozentsatz von Amerikanern Englisch nicht ihre Muttersprache ist. In einigen spanischen Dialekten bedeutet «Expreso» so viel wie «Eilbeförderung». (Und viele Amerikaner ersetzen die Schreibweise «Espresso» durch «Expresso», was die Situation zusätzlich kompliziert.)

Also riefen wir bei Patrice Tanaka and Company an, der Werbeagentur der Kaffeefirma Krups North America, die die Telefonumfrage in Auftrag gegeben hatte, um nähere Einzelheiten in Erfahrung zu bringen. Es hatte sich tatsächlich um Multiple-Choice-Antworten gehandelt, und «ein privater Paketdienst» war die erste Antwortvorgabe gewesen. Die ganze Frage hat folgendermaßen ausgesehen:

Was ist «Espresso»? Ist es ...
... ein privater Paketdienst?
... ein rasch wirkendes Abführmittel?
... eine italienische Oper?
... ein Kaffeegetränk?
... ein neues italienisches Automodell?

Auch den Cappuccino haben die Meinungsforscher nicht vergessen!

Was ist «Cappuccino»? Ist es
... ein Mönch, der ein Schweigegelübde abgelegt hat?
... eine französische Schauspielerin, die sich in den siebziger Jahren großer Beliebtheit erfreut hat?
... ein espressoartiges Getränk?
... eine Pilzart?
... eine auf Hügeln gelegene Stadt in der Toscana?

Ich nehme an, die Leute, die diesen Fragebogen entworfen haben, taten das in Schwarzarbeit, denn ihr offizielles Einkommen verdienen sie sicherlich als Gagschreiber für die *Late Show with David Letterman.* (Falls nicht, sollten sie Letterman, das amerikanische Vorbild von Harald Schmidt, sofort anrufen; vielleicht können sie für *ihn* schwarz arbeiten.) Was in der Rückschau so unfreiwillig komisch wirkt, war aus ihrer Sicht wahrscheinlich lediglich der Versuch, unvoreingenommen zu ermitteln, was die Menschen wissen. Und sie haben es doch ermittelt, oder?!

Tun wir nun den kleinen Schritt vom Erhabenen zum Lächerlichen. Die beiden nächsten statistischen Angaben sind ein Beispiel für *Post-hoc*-Fehlschlüsse der schlimmsten Sorte. Natürlich sollen sie nur der Unterhaltung dienen (und nicht der Information), aber sie sind ein schöner Beleg für einen sehr häufigen logischen Fehler. Wir lesen dort, dass seit dem Fall der Mauer im Jahr 1989 der Prozentsatz der *West*deutschen, die angeben, unter Darmträgheit zu leiden, um 5 Prozent *zu*genommen hat, während der Prozentsatz der *Ost*deutschen, die angeben, unter Darmträgheit zu leiden, um 12 Prozent *ab*genommen hat. Gut, es reizt die Lachmuskeln, aber was bedeutet es tatsächlich? Nichts. Ohne eine Information über die ursächlichen Zusammenhänge sind diese Daten praktisch zur Bedeutungslosigkeit verurteilt. (Was hingegen Angaben über die durchschnittliche Testosteronkonzentration im Speichel männlicher Anwälte angeht – nun, die scheinen doch sehr einleuchtend zu sein!)

Wenn wir die statistischen Daten über die Deutschen und ihre politisch bedingte Darmträgheit mit einer gesunden Portion Skepsis betrachten, dann sagt uns im Grunde schon die Intuition, dass sie ohne Bedeutung sind. Doch das liegt einfach daran, dass die Faktoren, die die Statistik in Beziehung zu setzen versucht – in diesem Falle die Berliner Mauer und Verdauungsstörungen –, einfach zu verschieden sind.

Daraus lässt sich eine Gesetzmäßigkeit ableiten: Je näher die Kategorien zusammenliegen, denen die verschiedenen Faktoren angehören, desto mehr Menschen *denken*, dass sie ursächlich miteinander zu tun haben, unabhängig von den Beweisen, die es dafür gibt (oder nicht gibt). Mit anderen Worten, wenn die Faktoren alle in das Gebiet der Musik, Medizin oder Mathematik fallen, dann lässt uns nach meiner Beobachtung unsere kognitive Fähigkeit im Stich, sie als separate Gegebenheiten wahrzunehmen. Dann verhalten wir uns so, als würden wir annehmen, dass Luciano Pavarotti zunimmt, wenn Plácido Domingo ein Stück Torte isst.

Fakten über Fehlschlüsse

Der Begriff des Fehlschlusses betrifft den Kern der Intuition (und Kontraintuition), weil ein Fehlschluss nicht einfach ein Denkfehler ist, sondern eine Schwäche in einem Argument, das vernünftig erscheint. Vielleicht wäre unsere Intuition mit weniger Fehlschlüssen durchsetzt, wenn wir uns schon in jüngeren Jahren gründlicher mit der Logik auseinander setzen oder nicht so früh damit aufhören würden.

Zwar gibt es weit mehr Möglichkeiten, zu einer falschen Antwort zu gelangen, als eine richtige zu finden, trotzdem habe ich im Folgenden einige Grundbegriffe zusammengestellt. (Es sei darauf hingewiesen, dass viele Beispiele mehr als eine Art von Fehlschlüssen enthält. Wenn Sie bei jedem Beispiel prüfen, wie viele Fehlschlüsse es enthält, unterziehen Sie sich einer hübschen Übung in logischem Denken.)

Sprachliche Fehlschlüsse erwachsen aus der Mehrdeutigkeit der Wörter, mit denen ein Argument zum Ausdruck gebracht wird.

Der Fehlschluss der *Mehrdeutigkeit* findet statt, wenn wir ein Wort mit verschiedenen Bedeutungen verwenden. Einige Beispiele mögen zur Erläuterung dienen:

- «Jemand kann den Keim einer Idee haben. Keime können Krankheiten verursachen. Also können Ideen Krankheiten verursachen.»
- «Beine sind zum Laufen da. Tische haben Beine. Also können Tische laufen.»
- «Ein Bett ist zum Schlafen da. Ein Fluss befindet sich in seinem Bett. Also verbringt ein Fluss seine Zeit mit Schlafen.»

- «Schuftige Menschen werden manchmal Hunde genannt. Ein Hund altert in dem Zeitraum um sieben Jahre, in dem ein Mensch nur um ein Jahr altert. Also altern schuftige Menschen schneller als andere Menschen.»
- «Bärte werden von Männern getragen. Schlüssel haben Bärte. Also sind Schlüssel Männer.»

Das sind Beispiele für offenkundige Fehlschlüsse, doch das muss nicht immer so sein. Weniger offensichtliche Beispiele können dazu führen, dass wir die Botschaft eines Kollegen missverstehen und uns entsprechend verhalten. Wenn der Irrtum entdeckt wird, lachen wir (oder seufzen) und sagen: «Ach, *das* hast du gemeint!» Oder Familienangehörige streiten sich, weil einer negativ auf ein Wort reagiert, das ein anderer positiv gemeint hat.

Der Fehlschluss der *Amphibolie* kommt zustande, wenn die Satzkonstruktion einen Doppelsinn erzeugt. Drei Beispiele:

- «Ich mag Freunde zum Mittagessen.»
- «Der rücksichtslose Autofahrer verfehlte den Radfahrer ganz knapp. Was für ein Schwein!»
- «Der Mann betrachtete die Fotos der Frauen. Sie hätten besser entwickelt sein können.»

Der Fehlschluss der *Betonung* ergibt sich, wenn durch Hervorhebung eines falschen Wortes ein irreführender Eindruck entsteht:

- «Eine Schlange kann nur grüne Frösche fressen.» Heißt das, dass sie nichts *anderes* mit ihrer Zeit anzufangen weiß? Heißt es, dass sie grüne Frösche nur nicht *hören* kann? Heißt es vielleicht, dass sie keine *braunen* Frösche fressen kann? Oder heißt es, dass sie keine grünen *Hunde* fressen kann?

Der Fehlschluss der *Redefigur* kommt zustande, wenn wir annehmen, dass Wörter von gleicher Form auch gleiche Bedeutung haben:

- «Man kann feststellen, dass Wollpullover schrumpfen, wenn sie nass werden. Also werden Schafe kleiner, wenn sie in den Regen kommen.»

- «Viele mögen Truthahn am liebsten mit Soße. Daher sind wilde Truthähne, die mit Soße bedeckt sind, ein Leckerbissen für Raubtiere.»
- «Viele Menschen lieben Gerichte, die mit Petersilie garniert sind. Daher sollten sich Menschen, die geliebt werden möchten, eine Petersiliengarnierung zulegen.»
- Betrachten Sie das folgende Beispiel: «Bei einem körperlichen Problem wie Bluthochdruck würden Sie bereitwillig ein Arzneimittel nehmen. Also sollten Sie auch bei einem psychischen Problem ein Arzneimittel nehmen.» Das klingt nicht unsinnig. Doch liegt darin ein elementarer logischer Fehlschluss. Gut möglich, dass Sie bei einem psychischen Problem ein Medikament nehmen *sollten*, aber nicht aus *diesem* Grunde.
- Wie klingt diese Aussage? «Sie würden einen Psychiater konsultieren, wenn Sie ein psychisches Problem wie etwa eine Depression hätten. Daher sollten Sie auch bei einem körperlichen Problem einen Psychiater konsultieren.» Das stimmt natürlich nicht. Aber es handelt sich um den gleichen logischen Fehlschluss. Und wie klingt die folgende Aussage? «Sie würden bereitwillig eine Brille tragen, um besser zu sehen. Daher sollten Sie auch eine Brille tragen, um besser zu hören.»

Der Fehlschluss der *Zusammensetzung* ergibt sich, wenn wir annehmen, was für die Teile wahr sei, müsse auch für das Ganze gelten. Auf den ersten Blick scheinen dieser Fehlschluss und der folgende (der so genannte Fehlschluss der *Teilung*) formale Fehlschlüsse zu sein (und keine sprachlichen), doch beide gelten als Spielarten der Mehrdeutigkeit. Beim Fehlschluss der Zusammensetzung werden die Begriffe, die die Individuen einer Gruppe bezeichnen (zum Beispiel die Mitglieder eines Komitees), unscharf mit dem Kollektivbegriff (in diesem Falle dem Komitee) verwechselt. Beim Fehlschluss der Teilung verhält es sich umgekehrt. Es folgen Beispiele für den Fehlschluss der Zusammensetzung:

- «Eine Spinne ist ein nützliches Mitglied eines Ökosystems. Daher wäre es von Vorteil, wenn man Millionen von Spinnen in ein Ökosystem bringen würde.» Da fällt uns natürlich auf, dass etwas nicht stimmen kann. Doch was ist hiermit? «Eine neue Steuer kann Milliarden an zusätzlichem Steueraufkommen bedeuten. Daher könnten viele neue Steuern das Haushaltsdefizit beseitigen.» Das ist der gleiche Fehlschluss.

- Oder dieser? «Eine Elritze kann großen Raubfischen leicht ausweichen. Daher könnte ein Schwarm Elritzen leicht unter ihnen leben.» Auch da scheint der Fehler auf der Hand zu liegen, aber wie ist es mit der folgenden Aussage? «Ein Politiker kann bei der Wahl in seinem Bezirk eine wichtige Persönlichkeit bestechen, ohne erwischt zu werden. Folglich kann ein Politiker viele wichtige Persönlichkeiten bestechen, ohne erwischt zu werden.» Ganz im Gegenteil, mit jeder weiteren Bestechung wächst die Gefahr, dass der skrupellose Politiker ertappt wird.
- Oder dies hier? «Ein Delphin ist ein sehr intelligentes Tier und begreift sogar einfache Zahlbegriffe. Daher wäre ein Schwarm Delphine in der Lage, einfache mathematische Operationen auszuführen.» Auch hier springt der Fehler ins Auge. Doch was ist mit der folgenden Aussage? «Jedes Mitglied der Präsidentenmannschaft ist sehr intelligent und beherrscht bestimmte Aspekte des Gesundheitswesens. Zusammen wären sie folglich in der Lage, das Gesundheitssystem des ganzen Landes erfolgreich zu reformieren.» Vielleicht ist es einfach Wunschdenken, aber ein Fehlschluss bleibt es trotzdem.

Der Fehlschluss der *Teilung* ergibt sich, wenn wir annehmen, dass auch für die Teile gilt, was für das Ganze gilt. Hier einige Beispiele:

- «Eine Gruppe von Musikern macht gute Musik und ist außerordentlich populär. Also wird jeder einzelne von ihnen als Solist gut spielen und außerordentlich populär werden.» (Man könnte hier auch vom «Beatles-Fehlschluss» sprechen.)
- «Eine Comedy-Gruppe ist witzig und außerordentlich erfolgreich. Also wird auch jedes einzelne Mitglied der Gruppe wit-

zig und außerordentlich erfolgreich sein.» (Das wäre dann der «Monty-Python-Fehlschluss».)

- Wie sieht es mit dem folgenden Argument aus: «Heerscharen tödlicher Wanderameisen können Menschen aus ihren Häusern vertreiben. Daher bringt auch eine einzelne Wanderameise die Menschen dazu, um ihr Leben zu laufen.» Ganz klar, das stimmt nicht. Und dieses Argument: «Die Führungsmannschaft eines Unternehmens sorgt dafür, dass für die Bedürfnisse der Arbeiter gesorgt wird. Wenn das Unternehmen wächst, kann man daher erwarten, dass jedes Mitglied der Führungsmannschaft gut für seine Abteilung sorgt.» Da ist der Fehler nicht ganz so offenkundig.
- Oder die folgende Aussage: «Eine Termitenkolonie kann große Lehm- und Erdbauten bauen, die sogar Belüftungssysteme und so etwas wie Klimaanlagen haben. Daher kann eine einzelne Termite einen Bau von respektabler Größe für sich selbst errichten.» Wohl kaum.
- Und das folgende Argument? «Ein größeres Unternehmen, das aus mehreren Abteilungen besteht, stellt Produkte von hoher Qualität her und erwirtschaftet Gewinne. Daher ist zu erwarten, dass jede Abteilung Produkte von hoher Qualität mit Gewinn herstellt.» Hier ist der logische Fehler nicht ganz so offenkundig.

Formale Fehlschlüsse erwachsen aus der Struktur (oder «Form»), die das Argument aufweist.

Der Fehlschluss der *Bejahung der Konsequenz* kommt zustande, wenn wir annehmen, das Antezedens (das «Wenn», das vorangeht) definiere die einzige Weise, in der die Folge(rung) oder Konsequenz (das «Dann», das folgt) auftreten könne. Zum Beispiel:

- «Wenn jemand an Aids erkrankt ist, dann hat er eine verminderte Zahl von T-Zellen. Nun wird bei jemand eine verminderte Zahl von T-Zellen festgestellt. Folglich hat er Aids.» Das aber stimmt nicht. Auch andere Erkrankungen können die Zahl der T-Zellen einschränken.

Ganz ähnlich verhält es sich mit der *Verneinung des Antezedens*. Auch hier nehmen wir an, das Antezedens lege die einzige Bedingung fest, unter der die Konsequenz eintreten könne. Beispiel:

- «Wenn jemand an Aids erkrankt ist, dann hat er eine verminderte Zahl von T-Zellen. Nun wird festgestellt, dass jemand kein Aids hat. Folglich hat er keine verminderte Zahl von T-Zellen.» Abermals ist das nicht der Fall, und zwar aus dem gleichen Grund. Auch andere Krankheiten können die Zahl der T-Zellen einschränken.

Die vier letzten formalen Fehlschlüsse haben mit dem «Syllogismus» zu tun, einer Form des deduktiven Schlusses. Der Syllogismus besteht aus zwei Prämissen – dem Obersatz und Untersatz –, aus einem «Mittelbegriff» und einem Schlusssatz (Konklusion). (Der «Mittelbegriff» tritt sowohl im Ober- wie im Untersatz auf und verbindet die beiden miteinander.) Der wohl berühmteste Syllogismus lautet: «Jeder Mensch ist sterblich. Sokrates ist ein Mensch. Folglich ist Sokrates sterblich.»

Fast jeder, der daran interessiert ist, die öffentliche Meinung zu beeinflussen – vor allem Funktionäre und Politiker –, kommt mithilfe von Syllogismen zu falschen Schlussfolgerungen, und es ist kaum anzunehmen, dass es immer unabsichtlich geschieht. Schließlich «beweist» der Schlusssatz fast immer, worauf sein Urheber hinauswill. Ich möchte sogar behaupten, dass noch nie in der Geschichte der Vereinigten Staaten die Bürger durch logische Tricks so häufig und so gründlich an der Nase herumgeführt worden sind wie heute – oft mit dem Ergebnis, dass sie nicht mehr in der Lage sind, vernünftige Entscheidungen zu treffen. Man nehme als Beispiel nur die unglaublichen Geschworenenurteile, die manchmal gefällt werden. Indem wir uns jedes logischen Fehlschlusses bedienen, den die Menschheit jemals ersonnen hat, sind wir bestrebt, unsere Eigeninteressen durchzusetzen, und ernten, was wir gesät haben – die Früchte logischer Schwäche und geistiger Verwirrung.

Der Fehlschluss der *Vierheit der Begriffe (Quaternio Terminorum)* tritt in einem Syllogismus auf, der sich eine Mehrdeutigkeit im Mittelbegriff zunutze macht:

- «Unter anderem unterscheiden sich Pflanzen von Tieren dadurch, dass einige Pflanzen im Frühjahr aufblühen. Doch einige Menschen blühen ebenfalls im Frühjahr auf. Folglich sind diese Menschen Pflanzen.»
- «Wenn Zweige brechen, gehen sie kaputt. Auch Menschen, die unter Übelkeit leiden, brechen. Also gehen Menschen, die unter Übelkeit leiden, kaputt.»

Der Fehlschluss des *nichtdistribuierten Mittelbegriffs* ist in einem Syllogismus vorhanden, wenn der Mittelbegriff die beiden Prämissen in unzulässiger Weise verbindet. (Ein Ausdruck ist «distribuiert», wenn er etwas *über jedes einzelne* Element der von ihm beschriebenen Menge aussagt. Ein «nichtdistribuierter» Ausdruck betrifft nur einen Teil von ihnen, sodass alle Verallgemeinerungen unzulässig sind.) Es folgen zwei Beispiele:

- «Einige Pilzarten können ihr eigenes Licht erzeugen und leuchten in der Dunkelheit. Alle Glühwürmchen können ihr eigenes Licht erzeugen und leuchten in der Dunkelheit. Also sind Glühwürmchen eine Pilzart.» Hier ist «können ihr eigenes Licht erzeugen und leuchten in der Dunkelheit» der Mittelbegriff. Als nichtdistribuiert gilt er, weil keine der Prämissen eine Aussage macht wie «Alle Dinge, die in der Lage sind, ihr eigenes Licht zu erzeugen und in der Dunkelheit zu leuchten, sind Pilze». Die Verknüpfung des Ober- und Unterbegriffs (Pilze und Glühwürmchen) durch den Mittelbegriff ist unzulässig. Ober- und Unterbegriff haben einfach ein bestimmtes Merkmal gemeinsam.
- «Trüffel werden von Hunden entdeckt, die abgerichtet worden sind, sie durch ihren Geruchssinn zu entdecken. Auch Kriminelle werden durch Hunde entdeckt, die abgerichtet worden sind, sie durch ihren Geruchssinn zu entdecken. Folglich sind Kriminelle Trüffel.»

Der Fehlschluss des *ungültigen Mittelsatzes* tritt auf, wenn das Subjekt des Schlusssatzes einen größeren Begriffsumfang hat, als der Untersatz erlaubt. Beispiel:

- «Mammutbäume sind die größten lebenden Organismen. Alle Mammutbäume sind Bäume. Also sind alle Bäume die größten lebenden Organismen.» In dem Untersatz ist «Bäume» distribuiert, wird aber im Schlusssatz «ungültig» distribuiert (*«alle* Bäume»).

Der Fehlschluss des *ungültigen Hauptsatzes* entsteht, wenn das Prädikat des Schlusssatzes umfänglicher ist, als die Prämisse erlaubt, beispielsweise:

- «Bananenbäume gehören in Wirklichkeit zu den krautartigen Pflanzen und nicht zu den Bäumen. Alle Bananen sind Obst. Daher wächst kein Obst auf Bäumen.» In dem Hauptsatz ist «zu den krautartigen Pflanzen und nicht zu den Bäumen» nichtdistribuiert, wird aber wiederum «ungültig» auf den Schlusssatz distribuiert.

Materiale Fehlschlüsse erwachsen aus dem «Material», mit dessen Hilfe ein Argument zum Ausdruck gebracht wird.

Der Fehlschluss der *Ignoratio Elenchi* (des irrelevanten Schlusssatzes) tritt in vielerlei Formen auf. Eine ist das Argument gegen die Person (*Argumentum ad Hominem*), wo anstelle des Arguments der Gegner angegriffen wird. Ein Beispiel:

- «Darwins Theorie der Evolution durch natürliche Selektion ist falsch, weil er mit allem gescheitert ist, was er versucht hat.»

Tu quoque heißt, dass der Gegner zum Ziel eines Gegenangriffs gemacht wird, etwa:

- «Darwins Evolutionstheorie ist falsch, weil er sie erst veröffentlicht hat, nachdem ein anderer Naturforscher eine ähnliche Idee vorgeschlagen hatte und sich anschickte, allen Ruhm dafür einzustreichen.»

Eine andere Form der *Ignoratio Elenchi* ist das *Argumentum ad Populum*, der Appell an das gesunde Volksempfinden:

- «Die Evolutionstheorie ist nichts als dummes Geschwätz, von einer Horde gottloser Wissenschaftler in die Welt gesetzt, die dieses gottesfürchtige Land in ein neues Sodom und Gomorrha verwandeln wollen.»

Beim *Argumentum ad Verecundiam* beruft man sich stattdessen auf Autoritäten, wie zum Beispiel in der folgenden Aussage:

- «Alle Geschöpfe der Erde wurden genau so, wie wir sie heute erblicken, gleichzeitig erschaffen, denn so steht es in der Bibel.»

In der Form des *Argumentum ad Misericordiam* appelliert man an das Mitleid:

- «Die Schöpfungsgeschichte ist die Wahrheit. Wie kann die Menschheit ihren Vater verleugnen? Wie würdet *ihr* euch fühlen, wenn sich eure eigenen Kinder von euch abwenden würden?»

Im *Argumentum ad Baculum* wird Gewalt angedroht:

- «Die Schöpfungslehre ist wahr, und wenn du das nicht glaubst, brech ich dir sämtliche Knochen.»

Diese «Berufung auf Gewalt» erscheint äußerst komisch, solange wir uns nicht klarmachen, wie vorherrschend sie tatsächlich ist. Sie wirkt nicht nur in isolierten Fällen von Entführung, wo die hilflosen Opfer durch brutale Gewalt zu Parteigängern des Täters gemacht werden, sondern auch in den Situationen, in denen ganze Gesellschaften in totalitäre Albträume versetzt und zu der Überzeugung gebracht werden, sie *müssten* glauben, was ihnen gesagt wird, um ohne Angst vor anderen Nationen leben zu können.

Eine letzte Form der *Ignoratio Elenchi* ist das *Argumentum ad Ignorantiam*. Dabei wird die Behauptung aufgestellt, dass eine Prämisse, nur weil nicht bekannt sei, dass sie unwahr ist, wahr sein könne. Zum Beispiel:

- «Es gibt keinen Beweis für die Hypothese, dass der Mensch von der Entenmuschel abstammt, andererseits weist auch nichts in den fossilen Belegen darauf hin, dass es nicht stimmt. Jeden Tag werden neue Entdeckungen in der Paläozoologie gemacht, und wer weiß, was die nächste Expedition ans Licht bringt.»

Der Fehlschluss der *Petitio Principii* (Forderung des Beweisgrundes) ist ein Argument, das auf einem Zirkelschluss beruht: Der Schlusssatz erscheint als Voraussetzung, wenn auch in veränderter Form. Es folgt ein raffiniertes Beispiel:

- «Das Evolutionskonzept als eine lange Reihe von Zufallsmutationen verschiedener Organismen muss falsch sein, weil eine solche Ereignisfolge den Wahrscheinlichkeitsgesetzen widerspricht.» Doch die Feststellung, dass der Zufall den Wahrscheinlichkeitsgesetzen widerspricht, ist ein schwaches Argument. Genauso gut könnte man sagen: «Wunder können nicht geschehen, weil sie den Naturgesetzen widersprechen.» Ein ebenso schwaches Argument. Der Schlusssatz erscheint als allgemeines Prinzip bereits in der Prämisse.

Ein Sonderfall des Zirkelschlusses ist der *Circulus in probando*, auch *Circulus vitiosus* oder «Teufelskreis» genannt. Hier finden wir Argumente wie «Die Geschichte der göttlichen Schöpfung, wie sie in der Genesis erzählt wird, muss wahr sein, weil Gott uns nicht täuschen würde» und «Die Evolutionstheorie muss stimmen, weil so viele Wissenschaftler nicht irren können». Das ähnelt der Vorgehensweise von René Descartes, dem französischen Philosophen, der im 17. Jahrhundert gelebt hat und oft als Vater der modernen Philosophie bezeichnet wird. Erst hat er die Existenz Gottes durch das Denken bewiesen und sich anschließend davon überzeugt, dass ihn das Denken nicht in die Irre führen könne, weil Gott ihn nicht täuschen werde.

Der Fehlschluss des *Secundum quid* hat zwei häufige Erscheinungsformen. Die eine ist das *direkte Akzidens*, bei dem die Wahrheit eines abstrakten Grundsatzes in ungültiger Form auf einen besonderen Umstand angewendet wird. Beispielsweise:

- «In der Wissenschaft ist man der Meinung, dass Fische Lungen entwickelt, das Meer verlassen und das Land kolonisiert haben. Daher wird der Fisch, der jetzt noch fröhlich in unserem Aquarium schwimmt, eines Tages auf dem Sofa sitzen.»

Die andere ist das *inverse Akzidens*, also die umgekehrte Vorgehensweise. Zum Beispiel:

- «Da wir den Fisch, der fröhlich in unserem Aquarium herumschwimmt, niemals auf dem Sofa sitzen sehen werden, haben nie irgendwelche Fische Lungen entwickelt und das Land kolonisiert.»

Der Fehlschluss des *Post hoc, ergo propter hoc* («nach diesem Ereignis, folglich aufgrund dieses Ereignisses») ist für einen Großteil unseres Aberglaubens verantwortlich. Bei diesem Fehlschluss hält man ein bestimmtes Ereignis für das Resultat eines früheren und nicht für ein unabhängig und zufällig stattfindendes Ereignis. Etwa:

- «Ein Festredner, der unter freiem Himmel sprach, wurde vom Blitz erschlagen, als er den Kreationismus verunglimpfte. Folglich wurde er für die Verunglimpfung des Kreationismus bestraft.»

Beim Fehlschluss der *Reductio ad absurdum* wird behauptet, dass eine Prämisse falsch ist, wenn sich ein Widerspruch aus ihr ableiten lässt:

- «Wissenschaftler sind unvoreingenommen. Da Darwin ein Wissenschaftler war, war er unvoreingenommen. Doch jeder, der die Autorität der Kirche kategorisch in Abrede stellt, ist voreingenommen. Da Darwins Evolutionstheorie die Autorität der Kirche kategorisch in Abrede stellt, ist Darwin voreingenommen. Daher ist Darwin kein Wissenschaftler.»

Beim Fehlschluss des *Plurimum interrogationum* wird eine Antwort auf eine Frage verlangt, die so formuliert ist, dass jede direkte Erwiderung die Implikation der Frage bestätigt:

- «Seit wann haben Sie aufgehört, Ihre Frau zu schlagen, Mr. Darwin?»

Beim Fehlschluss des *Non sequitur* schließlich folgt der Schlusssatz nicht aus dem Argument. Zum Beispiel:

- «Da Fische Kiemen und Vögel Flügel haben, da Dinosaurier ausgestorben sind und Schlangen nicht, da das Schnabeltier und der Ameisenigel die Merkmale von Reptilien wie Säugetieren besitzen, da Tiere das Abfallprodukt der Pflanzenatmung und Pflanzen das Abfallprodukt der tierischen Atmung zum Leben brauchen, da Pflanzen manchmal Insekten zur Befruchtung brauchen, ein Regenwurm aber noch nicht einmal einen anderen Regenwurm, da Wale singen können und Delphine intelligent sind, da Krebstiere wie große Käfer und Primaten wie Menschen aussehen und da fast alles Fleisch auf unserem Planeten sich in seinem Geschmack nicht sonderlich von Hähnchen unterscheidet, ist die Evolutionstheorie richtig.»

Das ist wohl kaum als folgerichtig zu bezeichnen!

Fehlschlüsse über Fakten

Die suggestive Wirkung von Statistiken wird verstärkt, weil sie inhärent irreführend sind, was auch bei größter Aufmerksamkeit immer wieder Verwirrung stiften kann. Meist kommen wir noch nicht einmal zu dem *Versuch*, die Tatsachen von den Fiktionen zu trennen. Ohne die Daten kritisch (und manchmal unter größten Schwierigkeiten) zu zergliedern, sie in den richtigen Zusammenhang zu bringen und ganz neue Schlussfolgerungen zu ziehen, müssen wir am Ende einen trügerischen Eindruck oder eine falsche Antwort haben. Numerische Beispiele gibt es in Hülle und Fülle. Es folgt eine Auswahl von «Schlagzeilen». Sie sind außerordentlich typisch für bestimmte Arten naiver Fehler und decken alle Schattierungen bis hin zur unverblümten Lüge ab. Beginnen wir mit dem Fluch gut gemeinter Intuition: den Durchschnitten.

- *Menschen, die bei einem Schnupfen keinen Arzt konsultieren, werden schneller gesund als Menschen, die den Arzt aufsuchen.*

Diese Aussage impliziert, dass wir besser daran tun, bei einem Schnupfen keinen Arzt aufzusuchen, als ob das den Krankheitsverlauf in irgendeiner Weise verschlimmern würde. Nun suchen aber die meisten Menschen bei einer Erkältung keinen Arzt auf, wenn sich keine Komplikation einstellt und Sekundärinfektionen die Grunderkrankung überlagern. Menschen, die den Arzt aufsuchen, gehören daher zu den ernsthafter erkrankten Patienten des betrachteten Personenkreises. Wenn wir die Krankheitstage der Patienten mitteln, die keinen Arzt in Anspruch zu nehmen brauchten, und mit der Zahl der Krankheitstage von Patienten vergleichen, die sich in ärztliche Behandlung begeben haben, dann muss sich natürlich zeigen, dass die, die den Arzt konsultiert haben, länger brauchten, um gesund zu werden.

- *Im Krankenhaus sterben mehr Menschen als an jedem anderen Ort.*

Kein Wunder, dass wir so ungern ins Krankenhaus gehen. Das muss ja ein schrecklich gefährlicher Ort sein! Diese Aussage beschwört die Vorstellung von unhygienischen Verhältnissen, nachlässigen Schwestern, unfähigen Ärzten und einer ganzen Reihe Schrecken erregender Unfälle herauf – vertauschten Medikamenten oder der unangenehmen Entdeckung, dass einem in Vollnarkose nicht, wie vorgesehen, die Gallenblase, sondern das linke Bein entfernt worden ist. Tatsache ist aber, dass man im Krankenhaus mehr kranke und verletzte Menschen findet als an jedem anderen Ort. (Wenn Sie ein Rettungssanitäter aus Ihrem zusammengequetschten Auto zieht, nimmt er Sie dann zu sich *nach Hause*?) Daher spricht die Wahrscheinlichkeit dafür, dass mehr Menschen im Krankenhaus sterben.

• *Im Bett sterben mehr Menschen als an jedem anderen Ort.*

Ältere Menschen, denen diese Feststellung zu Ohren gekommen ist, fürchten sich manchmal vor dem Schlafengehen, weil sie Angst haben, dass sie nie wieder wach werden. Nun beruht diese Aussage aber auf der einleuchtenden Tatsache, dass wir, wenn wir krank werden, nicht Tennis spielen gehen, kein Restaurant aufsuchen oder das Auto waschen. Wir gehen zu Bett. Überdies verbringen wir fast ein Drittel unseres Lebens dort, woraus auch folgt, dass sich dort mehr Menschen *beim Aufstehen* gesund fühlen als an jedem anderen Ort. Überlegen Sie mal, wie wenig Menschen es gibt, die auf dem Fußboden schlafen.

• *Zu Hause geschehen mehr Unfälle als an jedem anderen Ort.*

Folglich ist es gefährlicher, zu Hause zu sein als an irgendeinem anderen Ort. (Unter diesen Umständen ist es erstaunlich, dass wir uns dort so wohl fühlen.) Aber wie kommt das? Wie kommt es, dass für mich *mein* Zuhause gefährlicher ist und für meinen Nachbarn *sein* Zuhause? Trotzdem klingt es wahrscheinlich. Schließlich habe ich die meisten Unfälle meines Lebens zu Hause erlebt. Es gibt auch einen guten Grund dafür. Obwohl ich in meinem Leben viel gereist bin, habe ich doch mehr Zeit zu Hause verbracht als an irgendeinem anderen Ort. Also selbst wenn es der sicherste Ort wäre, an dem ich je gewesen bin, dürfte ich dort trotzdem mehr Unfälle haben als anderswo.

• *Gewalttaten werden häufiger gegenüber Familienmitgliedern verübt als gegenüber anderen Menschen.*

Das könnte den Eindruck erwecken, dass das Zusammensein mit Angehörigen gefährlicher ist als der Umgang mit Fremden. (Man sollte sein Verhalten gegenüber der Verwandtschaft gründlich überdenken, nicht wahr?) Doch das stimmt im Grunde nicht. Die Aussage erklärt sich aus dem Umstand, dass wir viel häufiger mit unseren Angehörigen zusammen sind als mit anderen Menschen. Wenn einer unserer Angehörigen psychische Probleme hat, dann laufen wir natürlich erhöhte Gefahr, Schwierigkeiten mit einem Angehörigen zu bekommen. Würden Sie Ihre Angehörigen komplett mit einem Fremden tauschen, dann würden Sie feststellen, dass Ihr Risiko, mit *seinen* Angehörigen Schwierigkeiten zu bekommen, anstiege.

- *Während des Berufsverkehrs passieren mehr Unfälle als zu irgendeiner anderen Zeit.*

Das legt die Annahme nahe, es sei gefährlicher, während des Berufsverkehrs Auto zu fahren. Doch der Grund dafür, dass in diesen Stunden so viele Autounfälle stattfinden, hat einen ganz einfachen Grund: Zu dieser Zeit fahren viel mehr Menschen Auto. Ein anderes Beispiel mag es verdeutlichen: Während des Berufsverkehrs werden viel mehr Scheibenwischer betätigt als zu irgendeiner anderen Zeit. Das bedeutet jedoch nicht, dass es zu dieser Tageszeit häufiger regnet!

- *Gemessen an den Kilometern pro Passagier ist Fliegen die sicherste Form der Personenbeförderung.*

Die folgenden Überlegungen sind keine Rechtfertigung für jene Art von Flugangst, die die Fluggesellschaften mit solchen und ähnlichen Feststellungen zu besänftigen trachten, aber die Kilometer pro Passagier sind beileibe kein so makelloses Kriterium, wie wir gerne glauben möchten. In einem Flugzeug können wir Tausende von Kilometern zurücklegen, die wir mit einem anderen Verkehrsmittel nicht bewältigen könnten, daher dürfen wir nicht sagen, dass wir im Flugzeug sicherer reisen als mit dem Finger auf der Landkarte.

Die Sache lässt sich auch anders betrachten: Nehmen wir an, wir hätten uns endgültig entschieden, von New York nach London zu reisen. Natürlich geht es nicht mit dem Auto, folglich können wir nicht die Kilometer pro Fluggast mit den Kilometern pro Autofahrer vergleichen. Wir müssen die Kilometer pro Schiffspassagier zum Vergleich heranziehen. Was ist bei *einer* Atlantiküberquerung sicherer? Ohne Zweifel würden wir das Flugzeug vorziehen, auch wenn wir der Einfachheit halber annehmen wollen, dass sie vom Sicherheitsstandard her gleich wären. Das Flugzeug erlaubt uns, alle zwei Wochen hin- und herzupendeln, um unsere internationalen Geschäfte abzuwickeln, was mit dem Schiff nie möglich wäre. (Wir müssten unsere Verhandlungen per Telefon führen, zwei Büros unterhalten oder nach weiteren Lösungen suchen.) Bei der Entscheidung für das Schiff wären wir dem Risiko all dieser Flüge nicht ausgesetzt. Kurzum, Fliegen schneidet bei Kilometer pro Passagier hervorragend ab, doch wenn wir fliegen – und wenn es nur einmal um die Welt ist –, sind wir einer weit höheren Zahl von Kilometern pro Passagier ausgesetzt als bei jedem anderen Verkehrsmittel. Schließlich würden wir mit dem *Auto* nie um die Welt fahren, oder?

- *Während des Golfkriegs lag die Sterblichkeit der amerikanischen Soldaten unter der der Zivilisten.*

Nicht ohne behagliches Vergnügen nehmen viele Amerikaner die Tatsache zur Kenntnis, dass es bei diesem leichten Sieg ungefährlicher war, an den Kampfhandlungen teilzunehmen, als zu Hause zu bleiben. Richtig ist, dass dieser Krieg einen glücklichen Verlauf nahm, aber diese irreführende Sicherheitsstatistik träfe genauso auf die Sterblichkeit der Navyangehörigen während des Spanisch-Amerikanischen Krieges Ende des 19. Jahrhunderts zu – eine Sterblichkeit, zu der immerhin auch die Versenkung des US-Schlachtschiffs *Maine* im Hafen von Havanna beigetragen hat. Damals betrug die Sterblichkeit bei der Navy ungefähr neun pro tausend; die Sterblichkeit bei Zivilisten lag bei rund sechzehn pro tausend.

Solche trügerischen Argumente sind sehr beliebt bei Werbetreibenden. Wir wollen sie uns ein bisschen genauer ansehen. Würde die Sterblichkeit der Allgemeinbevölkerung sinken, wenn wir alle zur Navy gingen? Natürlich nicht. Wie kommen dann diese Zahlen zustande? Nun, bei der Navy dienen kerngesunde junge Männer und Frauen, die eine geringe Sterblichkeit haben, *egal*, welcher Beschäftigung sie nachgehen. Zur Allgemeinbevölkerung dagegen gehören ältere Menschen, Säuglinge und Menschen, die chronisch und/oder akut erkrankt sind. Um der Wahrheit auf die

Spur zu kommen, müssen wir die Sterblichkeit in der Navy mit der Sterblichkeit kerngesunder junger Männer und Frauen in der Zivilbevölkerung vergleichen – und nicht mit der Sterblichkeit der Gesamtbevölkerung.

Sicherlich würden Sie nicht an den Verlautbarungen so angesehener Institutionen wie der California Highway Patrol, der National Traffic Safety Administration, des National Safety Council und der Drug Enforcement Administration zweifeln, die unabsichtlich zur folgenden Statistik beigetragen haben. A. K. Dewdney zitiert sie in *200 % of Nothing.*

- 20 Prozent der tödlichen Verkehrsunfälle werden durch Kokain verursacht.
- 20 Prozent werden durch technische Fehler verursacht.
- 25 Prozent werden durch Marihuana verursacht.
- 35 Prozent werden durch Müdigkeit am Steuer verursacht.
- 35 Prozent werden durch Selbstmord verursacht.
- 50 Prozent werden durch Rauchen verursacht.
- 50 Prozent werden durch Alkohol verursacht.
- 85 Prozent werden durch überhöhte Geschwindigkeit verursacht.

Dazu fragt Dewdney: «Wie sind solche Prozentsätze möglich? Wenn sich die verschiedenen Kategorien überhaupt nicht überschnitten, würde man erwarten, dass die Addition der Prozentsätze nicht mehr als 100 Prozent ergibt. Doch diese Prozentsätze ergeben zusammengerechnet 320 Prozent. Die Zahl ergibt nur dann einen Sinn, wenn die große Mehrzahl der Unfälle mehrere separate ‹Ursachen› hat, deren jede einen wesentlichen Beitrag zum tödlichen Ausgang der Geschehnisse geleistet hat.» Stellen Sie sich den Gesamtprozentsatz vor, wenn wir Faktoren einbeziehen wie gefährliche Fahrbahnverhältnisse, schlechte Sicht, Leichtsinn und die ganz einfachen, dummen Fehler, zu denen wir Menschen nun einmal neigen.

Dewdney fährt fort: «Danach könnte der typische Unfall sehr gut aus der folgenden Ursachenkombination erwachsen: Der Fahrer nimmt zunächst etwas Kokain und Marihuana, trinkt dann eine Flasche Wein, macht sich mit einem technisch fehlerhaften Fahrzeug auf den Weg, zündet sich eine Zigarette an, bringt den Wagen auf Touren, hält unter dem Einfluss eines selbstmörderischen Impulses auf einen Brückenpfeiler zu und fällt kurz vor dem Aufprall in Schlaf. Eine einfachere Erklärung könnte sein, dass die Behörden, die für diese Zahlen verantwortlich sind, übertrieben haben. Warum? Solche Behörden konkurrieren um Haushaltsgelder, indem sie sich bemühen, ihren individuellen Aufgabenbereich möglichst wichtig erscheinen zu lassen.»

Mein Lieblingsbeispiel für «schlechte», weil eingeschränkte Logik stammt aus einem Artikel über Katzen, der am 22. August 1989 in der wöchentlichen Wissenschaftsbeilage «Science Time» der *New York Times* erschien. Dort hieß es: «Die Fachleute haben einen weiteren verblüffenden Beweis für die notorische Überlebensfähigkeit von Katzen erbracht. Diesmal unter den besonderen Wohnverhältnissen von New York City, wo Katzen in dieser Jahreszeit häufig aus den offenen Fenstern von Hochhäusern fallen. In der Wissenschaft bezeichnet man es als das Hochhaussyndrom von Katzen.»

Mich interessierte vor allem, wie es den Tieren gelingt, den Sturz zu überleben. Dazu führte der Autor aus: «... Vom 4. Juni bis zum 4. November 1984 wurden 132 Tiere, die einen solchen Sturz hinter sich hatten, in das Animal Medical Center eingeliefert ... Die meisten Katzen waren auf Beton gelandet. Und die meisten hatten den Fall überlebt. Dafür verantwortlich sind nach Meinung der Fachleute die physikalischen Gesetze, ein hervorragender Gleichgewichtssinn und etwas, was man als Eichhörnchen-Flugverhalten bezeichnen könnte ...

[Veterinärmediziner] haben die Fallhöhen von 129 der 132 Katzen dokumentiert. Die Stürze fanden statt aus den Stockwerken 2 bis 32 ... 17 der Katzen wurden auf Bitten ihrer Eigentümer eingeschläfert, in den meisten Fällen nicht wegen lebensbedrohlicher Verletzungen, sondern weil die Eigentümer erklärten, sie könnten sich die Behandlungskosten nicht leisten. Von den verbleibenden 115 starben 8 an Schock und Verletzungen des Brustraums.

Noch überraschender ist der Umstand, dass die Überlebenschancen umso größer sind, je tiefer der Sturz. Von den 22 Katzen, die mehr als 7 Stockwerke heruntergefallen sind, kam nur eine ums Leben. Bei den 13 Tieren, die einen Sturz von mehr als 9 Stockwerken hinter sich hatten, gab es nur einen einzigen Bruch. Sabrina, die Katze, die 32 Stockwerke tief auf Beton fiel, erlitt [nur] einen winzigen Lungenriss und brach sich einen Zahn ab ...

... Warum kamen Katzen, die tiefer stürzten, besser davon? Eine Erklärung sei, dass die Fallgeschwindigkeit nur bis zu einem gewissen Punkt anwachse, erklärten [die Veterinärmediziner] ... Dieser Punkt, die ‹Endgeschwindigkeit›, wird von Katzen relativ rasch erreicht. Die Endgeschwindigkeit einer Katze liegt bei knapp 100 Kilometern pro Stunde, bei einem ausgewachsenen Menschen hingegen bei nicht ganz 200 Kilometern pro Stunde. Bevor die Katze die Endgeschwindigkeit erreicht habe, so vermuteten die beiden Wissenschaftler, reagiere die Katze auf die Beschleunigung mit einer reflexhaften Streckung der Beine, was sie anfälliger für Verletzungen mache. Nachdem jedoch die Endgeschwindigkeit erreicht sei, entspanne sich die Katze wahrscheinlich und halte die Beine wie ein fliegendes Eichhörnchen, wodurch der Luftwiderstand erhöht und der Aufprall gleichmäßiger verteilt werde.» Das leuchtete mir ein, daher heftete ich den Artikel ab, um ihn später zu verwenden.

Einige Zeit später schrieb mir ein Leser einen Brief, in dem er mich bat: «Erklären Sie doch bitte, warum eine Katze immer auf den Pfoten landet, wenn sie aus großer Höhe fällt.» Ich kam seiner Bitte nach, indem ich die Studie in meiner Kolumne erwähnte und hinzufügte, weil ich es sehr interessant fand: «Erstaunlicherweise kamen die Katzen, die mehr als 7 Stockwerke tief fielen, besser davon als die anderen Tiere. Von den 22 Katzen, die mehr als 7 Stockwerke tief fielen, überlebten 21. Von den 13 Katzen, die mehr als 9 Stockwerke tief fielen, überlebten alle. Sabrina, die einen Sturz aus dem 32. Stockwerk überlebte, erlitt einen winzigen Lungenriss und einen Zahnbruch; ich bin sicher, dass sie an diesem Tag eine ganze Schüssel voll Thunfisch bekommen hat.»

Als ich diese Statistik später in der veröffentlichten Kolumne las, störte mich etwas, aber ich wusste nicht, was. Ich war nie auf die Idee gekommen, die Aussagen des ursprünglichen Artikels etwas genauer zu untersuchen. Erst als mir meine Assistentin eine Hand voll Briefe zum Thema auf den Schreibtisch legte, fiel es mir wie Schuppen von den Augen. Der erste kam von Pamela Marx aus Brooklyn, New York, die schrieb: «Mir sind zwei Katzen zu verschiedenen Zeiten von Dachterrassen gefallen. Im ersten Fall handelte es sich um eine Terrasse im zehnten Stock, im zweiten um eine im vierzehnten Stock. Leider haben beide den Sturz nicht überlebt. Ich habe diese Unglücksfälle nie in irgendeiner Tierklinik gemeldet und glaube auch nicht, dass andere Menschen die Todesstürze ihrer Katzen irgendwo zu Protokoll geben. Sie können meine beiden Katzen zu Ihrer Liste hinzufügen und berichten, dass mindestens zwei Katzen, die mehr als neun Stockwerke tief fielen, den Sturz nicht überlebt haben.» Hier schien mir der Denkfehler so offenkundig zu sein, dass ich nicht begreifen konnte, wie ich ihn hatte übersehen können.

▼▼

Zu Ihrer Antwort bezüglich der Fähigkeit von Katzen, auf allen vier Füßen zu landen, möchte ich eine Einschränkung machen. Sie haben über eine Untersuchung berichtet, die zu dem scheinbar kontraintuitiven Ergebnis kam, dass Katzen, die aus großen Höhen fallen, weit weniger zustößt. Wie Sie wissen, kann man nur dann verallgemeinernd auf die Gesamtpopulation der Katzen schließen, die aus Fenstern fallen, wenn man sicher ist, dass man von einer repräsentativen Stichprobe dieser Population ausgeht. Leider wird die selbst selektierte Stichprobe der Katzen, die in die Tierklinik gebracht wurden, dieser Bedingung nicht gerecht. Sicherlich gibt es *viele* Katzen, die Stürze aus relativ geringer Höhe tun und ihren Eigentümern unverletzt erscheinen, sodass diese sie nicht in die Tierklinik bringen. Entsprechend dürfte es eine ganze Anzahl von Katzen geben, die aus größeren Höhen fallen, den Sturz nicht überleben, ein Begräbnis im Schuhkarton erhalten und ebenfalls nicht in die Tierklinik kommen. Wir haben es also in Ihrem Beispiel mit einer verzerrten Stichprobe zu tun, die für die Gesamtpopulation nicht repräsentativ ist.

Gregory Hancock
Auburn, Alabama

Ich wusste nicht, ob ich amüsiert oder entsetzt sein sollte. Ich weiß auch nicht genau, wann mir all die Fehlinformation, Desinformation und die unverhohlene Täuschung der Öffentlichkeit aufzufallen begann, deren Mangel an elementarer logischer und mathematischer Bildung man skrupellos ausnützt, aber eines weiß ich genau, man entdeckt sie *überall.* Es ist keineswegs so, dass ich irreführende Statistiken und Behauptungen nur hier und da entdeckt hätte. Ich fand (und finde) sie jeden Tag, in jeder erdenklichen Form, verlautbart durch die angesehensten Informationsquellen des Landes, vor allem aber durch – wen überrascht es? – die Regierung. Das Phänomen ist nicht die Ausnahme, sondern die Regel.

4

Warum wir uns selbst hinters Licht führen

In seinem Buch *How To Lie With Statistics* schreibt Darrell Huff:

> Der Titel des Buches und einige der Dinge, die darin zu lesen sind, scheinen den Gedanken nahe zu legen, dass alle diese Maßnahmen einer direkten Täuschungsabsicht dienen. Aus diesem Grund hat mich der Präsident einer Landesgruppe der American Statistical Association einmal angerufen. In den meisten Fällen, sagte er, stecke keine Absicht dahinter, sondern einfach Unfähigkeit. Er mag damit bis zu einem gewissen Grade Recht haben, aber ich weiß nicht, ob damit der Ehrenrettung der Statistiker besser gedient ist. Doch vielleicht sollten wir daran denken, dass die Entstellung und die Manipulation statistischer Daten zu bestimmten Zwecken nicht immer das Werk professioneller Statistiker ist. Was in lauterster Absicht von Statistikern erhoben worden ist, kann in der Hand von Marketingstrategen, Reklamefachleuten, Journalisten und Werbetextern verzerrt, übertrieben, gröblich vereinfacht oder selektiert werden.

Hätte Huff das Buch in den Neunzigern (und nicht in den Fünfzigern) geschrieben, dann hätte er, dessen bin ich sicher, in diese Aufzählung auch noch die Politiker aufgenommen. Doch dazu kommen wir im nächsten (und letzten) Abschnitt dieses Buches. Hören wir zunächst wieder Huff:

> Doch gleichgültig, wer im Einzelfall die Schuld haben mag, es fällt schwer, ihm vollkommene Unschuld zu attestieren. Falsche Tabellen in Zeitschriften und Zeitungen versuchen häufig durch Übertreibungen sen-

sationelle Effekte zu erzielen. Selten kommt es vor, dass sie etwas untertreiben. Nach meiner Erfahrung findet man selten statistische Argumente zugunsten der Industrie, die die Situation von Arbeitnehmern oder Konsumenten in einem günstigen Licht zeigen. Häufiger wird ihre Lage schlechter dargestellt. Welche Gewerkschaft käme auf die Idee, einen Statistiker zu beschäftigen, der so ungeschickt wäre, der eigenen Klientel den Wind aus den Segeln zu nehmen?
Solange die Fehler einseitig bleiben, fällt es schwer, sie auf Unfähigkeit oder Zufall zurückzuführen.

Doch untersuchen wir zunächst, warum wir manche Fehler *ohne* die Hilfe Dritter machen.

Subjektive Mathematik und Logik

Egozentrisches Denken ist ein ernstes Problem. Wir neigen alle zu dem Glauben, dass wir Recht haben. Wenn wir uns also einen ersten Eindruck bilden, fällt es uns schwer, ihn zu revidieren, selbst wenn wir genügend Zeit haben. Künftige Informationen deuten wir dann so, dass sie zu dem passen, was wir bereits zu wissen glauben.

Vielleicht ist der Wunsch, Recht zu haben, ein instinktiver Bestandteil im tierischen Erbe des Menschen. Schließlich hat der Narzissmus einen außerordentlichen Überlebenswert für den Einzelnen, und das könnte der Mechanismus sein, der erklärt, warum Menschen selbst bei unbedeutenden Fehlern ein so starkes emotionales Unbehagen verspüren.

Wunschdenken ist eine weitere gewichtige Ursache für Irrtümer und Denkfehler, allerdings nicht ganz so offensichtlich. Nehmen wir beispielsweise an, wir alle wünschten uns eine erstarkende Wirtschaft. Nehmen wir weiter an, wir sympathisierten mit der Partei der Demokraten. Wenn ein Demokrat Präsident ist, interpretieren wir alle Zahlen nach Möglichkeit als Anhaltspunkte für ein Erstarken der Wirtschaft. Ist dagegen ein Republikaner im Amt, interpretieren wir die Zahlen nach Möglichkeit als Hinweise auf eine Schwächung der Wirtschaft.

Nehmen wir nun an, wir wären Republikaner. Wenn ein Republikaner Präsident ist, legen wir die Zahlen möglichst positiv aus; ist ein Demokrat im Amt, sehen wir in den Zahlen, wenn irgend möglich, Indizien für einen Niedergang der Wirtschaft. Das ist eine intellektuelle Unaufrichtigkeit, die wir zugleich erkennen und leugnen.

Intuitives Denken ist die hintergründigste Ursache für alle logischen Fehler, die daher wohl auch am schwersten abzustellen ist. Die folgende Anekdote aus A. K. Dewdneys Buch *200% of Nothing* ist ein gutes Beispiel dafür:

> Ein Physiklehrer fragte seine High-School-Schüler einmal, ob sie an das Gesetz von der Erhaltung der Energie glaubten. Ja, das taten sie. Daraufhin führte der Lehrer sie in eine Turnhalle, wo er an einem Deckenbalken eine 50-Kilo-Eisenkugel aufgehängt hatte. Er forderte einen der Schüler auf, sich in einiger Entfernung von der gefährlich aussehenden Kugel aufzustellen. Dann führte er die Kugel langsam mit der Hand, bis sie zwei Zentimeter von der Nase des Schülers entfernt war, ließ sie los und sprang rasch aus dem Weg. Schwerfällig schwang die Kugel von dem Schüler fort, strich über den Boden der Turnhalle und gewann an Geschwindigkeit. «Glaubst du an das Gesetz von der Erhaltung der Energie?», wiederholte der Lehrer seine Frage wie einen Katechismusspruch. Der Schüler bejahte unablässig. Die Kugel kehrte mit großer Geschwindigkeit zurück und hielt geradewegs auf den Kopf des Schülers zu. Mit einem Entsetzensschrei sprang der beiseite, kurz bevor die Kugel vorübergehend zum Stillstand kam – drei oder vier Zentimeter von dem Punkt entfernt, wo sich eben noch seine Nase befunden hatte, zwei Zentimeter vor der Stelle, wo die Kugel ihre Pendelbewegung begonnen hatte.

Gegen unsere Intuition zu handeln fällt uns sehr schwer, bedeutet es doch möglicherweise, dass wir einen ererbten Instinkt verleugnen müssen. Doch selbst wenn das der Fall ist, so hat das Verleugnen einen noch *höheren* Überlebenswert, denn es schafft einen *besseren* Instinkt und eröffnet uns die überlegenen Möglichkeiten, die im logischen Denken liegen. Wir können und sollten diese Fähigkeit trainieren.

Erinnern Sie sich, welch ein Aufschrei durch die Öffentlichkeit ging, als Mattels Barbiepuppe 1992 mit süß zirpender Stimme bekannte: «Mathematik ist schwer»? Jeder hielt die Äußerung für sexistisch. Vielleicht war sie es auch. Ihr Pendant Ken hätte es wahrscheinlich nie zugegeben. Doch GI Joe, der «Schütze A... im dritten Glied», hätte durchaus zugeben können: «Mathematik ist schwer.» Vermutlich hätte niemand daran Anstoß genommen. Mathematik und Logik sind tatsächlich schwer. (Wir wissen alle, dass Barbie wohl kaum noch zur Grundschule geht. Also wird der Gegenstand ihrer Klage zumindest die Algebra sein.)

Warum sollen wir es nicht zugeben? Wir tun niemandem einen Gefallen, wenn wir fröhlich behaupten, dass Mathematik und Logik keinen Deut schwieriger seien als andere Fächer und dass es nur an unserer Einstellung liege. Das veranlasst die Menschen lediglich dazu, ihre Intelligenz infrage zu stellen und sich insgeheim Unfähigkeit vorzuwerfen, wenn ihnen der Stoff nicht gerade leicht fällt oder sie ihn immer noch nicht «kapiert» haben – was häufig geschieht und Vermeidungsverhalten Vorschub leistet. Würden wir offen zugeben, dass Mathematik und Logik schwierig sind und dass wir hart arbeiten müssen, um sie zu bewältigen, würden sich Anfänger eher mit der nötigen Geduld wappnen.

Passives Denken bringt uns zurück zu Huffs Bemerkung über «Marketingstrategen, Reklamefachleute, Journalisten und Werbetexter». Menschen verhalten sich selten wie passive Tiere. Kulturen, die sich in Regionen mit gemäßigtem Klima und ausreichendem Nahrungsangebot entwickelt haben, mussten sich weniger anstrengen als Kulturen, die sich unter schwierigeren Bedingungen entwickelt haben. Man möchte meinen, dass Kulturen, die unter eher angenehmen Bedingungen entstanden sind, Kulturtechniken wie Lesen, Schreiben und Rechnen als Erste ausgebildet haben. Doch das war keineswegs der Fall. Ganz im Gegenteil.

Aktives Denken verlangt ein hohes logisches Vermögen, das sich von unserem heutigen Bildungssystem rasch in drei Schritten vermitteln ließe. (Das vorliegende Buch versucht diese Schritte umzusetzen, wenn auch nicht in der entsprechenden Reihenfolge.)

Erstens, in den frühen Jahren – Grundschule bis High School – müssten wir eine gründliche mathematische Ausbildung erhalten. Letztlich ist Mathematik nichts anderes als Logik, die mit Zahlen arbeitet. (Allerdings glaube ich, dass ein späteres Mathematikstudium, so schön es natürlich ist, wenig Einfluss auf die weitere logische Entwicklung hat, weil es zu eng an den Zahlen klebt.)

Zweitens, in High School und College sollten wir uns mit logischen Prozessen beschäftigen, unter besonderer Berücksichtigung der Fehlschlüsse, die mit Beispielen aus ganz verschiedenen Bereichen erläutert werden könnten. Die systematische Förderung unserer logischen Fähigkeiten kann uns helfen, unsere Ziele im Leben zu verwirklichen. Wer die Grundregeln des Denkens beherrscht, dem eröffnen sich in unserer immer komplexer werdenden Gesellschaft ganz neue Erfolgsaussichten.

Drittens, in College und Hochschule sollten wir uns mit der praktischen Anwendung des logischen Denkens beschäftigen, besonders in den verzweigten Feldern von Politik und Wirtschaft. Am leichtesten fällt diese Aufgabe, wenn wir Beispiele aus dem Leben nehmen – Politiker verwenden falsche Argumente mehr als jede andere Berufsgruppe, daher spielen sie in diesem Buch eine besondere Rolle – und diese Beispiele den Gesetzen des logischen Denkens unterwerfen. Da wir als Bürger demokratischer Staaten großen Einfluss auf die Geschicke unseres Landes nehmen können, ist es von entscheidender Bedeutung, dass wir mit dieser Fähigkeit vernünftig umgehen.

Wir sind geneigt zu glauben, was man uns sagt, es sei denn, wir machen uns die Mühe, der Sache auf den Grund zu gehen. Doch nur wenige von uns haben die Bereitschaft, die Zeit oder auch die Mittel, um eine solche Untersuchung durchzuführen. Das ist eine der größten Schwächen von Demokratien, die dem Prinzip huldigen «ein Mann (oder eine Frau), eine Stimme». Allzu gern sind wir bereit, die Leute zu wählen, die sagen, was wir hören möchten. Dadurch heben wir Menschen in Führungspositionen, die Wählerstimmen als Mittel zur Machtausübung und nicht als Auftrag zur Verwirklichung bestimmter politischer Vorstellungen ansehen. Die womöglich größte Ironie dieser Verhältnisse liegt darin, dass ausgerechnet die Menschen, die den geringsten wirtschaftlichen Erfolg haben, den größten Einfluss auf unsere Wirtschaft ausüben.

Zum Anhang

Wir sollten uns eingehender mit der Frage beschäftigen, welche Mechanismen für Denkfehler verantwortlich sind. Kurz nachdem die Aufregung um die Monty-Hall-Geschichte ihren Höhepunkt überschritten hatte, erhielten wir einen Brief von Donald Granberg, Soziologieprofessor und Forscher am Center for Research in Social Behavior der University of Missouri in Columbia. Donald Granberg, Koautor und Mitherausgeber zweier Bücher und Verfasser von etwa achtzig wissenschaftlichen Artikeln und Aufsätzen, trat mit der Bitte an uns heran, die Briefe untersuchen zu dürfen, die wir zu den Gameshow-Kolumnen erhalten hatten. Also überließen wir ihm Körbe von Zuschriften. Mit der Unterstützung vieler Hilfskräfte nahm er eine gründliche Untersuchung vor, deren Ergebnisse im Anhang dieses Buches aufgeführt sind. Ich kann Ihnen die Lektüre nur empfehlen.

5
Selbst unsere Gesundheit wird in Mitleidenschaft gezogen

Nehmen wir an, Sie leiden an einer schweren Krankheit, bei der die Sterblichkeit zehn Prozent beträgt: Für neunzig von hundert Patienten bleibt das Leiden ohne Folgen, doch zehn sterben ziemlich rasch daran. Ein Arzt bietet Ihnen eine Operation an, die Ihre Erkrankung beseitigen kann, doch das Verfahren ist nicht ohne Risiko. Drei von hundert Patienten überleben es nicht. Unterziehen Sie sich der Operation?

Stellen wir uns nun vor, Sie litten unter der gleichen Krankheit mit der gleichen Sterblichkeit von zehn Prozent. Doch diesmal schlägt Ihnen Ihr Arzt ein anderes chirurgisches Verfahren vor, eines, das vollkommen sicher ist, bei dem kein Patient ums Leben kommt und das die zehnprozentige Sterblichkeit auf vier Prozent absenkt. Unterziehen sie sich dieser Operation?

Wenn Sie sich für den zweiten Eingriff und nicht den ersten entscheiden, stehen Sie aufseiten der Mehrheit. Bei der ersten Operation meinen viele Befragte, sie würden sich lieber nicht für ein so riskantes chirurgisches Verfahren entscheiden, das drei Prozent der Patienten das Leben kostet. Schließlich hätten sie ja auch so eine Chance von 90 Prozent, zu den Glücklichen zu gehören, die die Krankheit am Leben lasse. Doch beim zweiten Eingriff meinen die Befragten, sie würden sich ganz sicher für ein vollkommen sicheres Verfahren entscheiden, das die Sterblichkeit so erheblich verringere – von zehn auf vier Prozent.

Doch bei ansonsten gleichen Bedingungen wäre der erste Eingriff die beste Option. Unterzögen sich alle an diesem Leiden erkrankten Menschen dem Eingriff, würden 97 Prozent von ihnen geheilt. Die restlichen drei Prozent würden an der Operation sterben. Entschieden sich hingegen alle Betroffenen für den zweiten Eingriff, würden 96 Prozent überleben und vier Prozent sterben.

Nachdem wir uns ein bisschen eingestimmt haben, wollen wir ein zweites kontraintuitives Problem betrachten.

Drogen- und Aidstests

Der folgende Briefwechsel ist bei «Ask Marilyn» erschienen:

▼▼

Liebe Marilyn,
eine besonders interessante und wichtige Frage ist heute der Drogentest. Nehmen wir an, dass ungefähr fünf Prozent der Allgemeinbevölkerung Drogen nimmt. Man verwendet einen Test, der eine Genauigkeit von 95 Prozent besitzt, das heißt, wenn der Getestete Drogenkonsument ist, dann ist der Test in 95 Prozent der Fälle positiv, ist der Getestete kein Konsument, fällt der Test in 95 Prozent der Fälle negativ aus. Jemand wird zufällig ausgewählt und dem Test unterzogen. Das Ergebnis ist positiv. Was sagt das Ergebnis aus? Würden Sie daraus schließen, dass der Getestete mit hoher Wahrscheinlichkeit ein Drogenkonsument ist?

Charles Feinstein, Ph. D.
Santa Clara University

Lieber Charles,
unter den von Ihnen genannten Bedingungen ist es egal, ob der Test ein positives Ergebnis zeigt oder ob Sie eine Münze werfen. Die Wahrscheinlichkeit beträgt in beiden Fällen 50 Prozent. (Die zugrunde liegenden Annahmen, die Beschaffenheit der Testgruppe und die tatsächliche Genauigkeit der Tests sind weitere Faktoren, die zu berücksichtigen wären.) Genau diese Art von Missverständnissen sollte die Leute, die für derartige Tests verantwortlich sind, nachdenklich machen.

Kurz darauf erhielten wir den folgenden Brief. Der Leser hatte uns nicht gebeten, anonym zu bleiben. Wir hielten es trotzdem für besser.

▼▼

Liebe Marilyn,
mit großer Betroffenheit habe ich Ihre Kolumne über Drogentests gelesen. Ich bin Fernfahrer. Bei einem Drogentest fiel das Ergebnis fälschlicherweise positiv aus, und ich habe meinen Job verloren. Jetzt bin ich in einem Drogenrehabilitierungsprogramm. Weder mein Chef noch die Klinik, die den Test durchgeführt hat, noch die Verkehrsbehörde ist bereit, auch nur die Möglichkeit eines falschen positiven Ergebnisses in Betracht zu ziehen. Ich brauche unbedingt genauere Angaben, um meinen Job zu retten und meine Papiere in Ordnung zu bringen.

T. M.
Chicago

In unserer Eigenschaft als Statistikprofessoren fanden wir Ihre Antwort auf die Frage zu Drogentests verblüffend und, um die Wahrheit zu sagen, falsch.

Man könnte die Frage auch wie folgt formulieren: «Wie viele Konsumenten befinden sich tatsächlich unter allen Testpersonen mit positivem Ergebnis?» Beim ersten Test lautet die richtige Antwort 95 Prozent, das heißt, der Test ist nur in fünf Prozent der Fälle falsch. Das entspricht *nicht* einer Wahrscheinlichkeit von 50 Prozent. Wir meinen auch, dass der Test zweimal durchgeführt werden sollte. Die Wahrscheinlichkeit eines Fehlers bei zwei aufeinander folgenden Tests beträgt nur noch $^{25}/_{10\,000}$. Wir hoffen, dass Sie eine Richtigstellung bringen werden.

Paul A. Susen, Ph. D.
Herman Gelbwasser, Ph. D.
Mount Wachusett Community College

Anlass zur Besorgnis wäre die Wahrscheinlichkeit, dass ein Nichtkonsument zu Unrecht als Konsument eingestuft wird. Diese Wahrscheinlichkeit beträgt fünf Prozent. Ein zweiter Drogentest würde die Wahrscheinlichkeit, einen Nichtkonsumenten falsch zu beurteilen, auf ein Viertel von einem Prozent absinken lassen. Ein Risiko, das wir für vertretbar halten.

Eric J. Villavaso, Ph. D.
Gerald H. McKibbin, Ph. D.
U.S. Department of Agriculture
Mississippi State, Mississippi

Das nächste Mal, wenn Sie auf eine solche Frage antworten, sollten Sie Ihre politische Meinung lieber für sich behalten.

Steve Kovler
Monroe, New York

Liebe Leser,
zu verlangen, dass die Leute, die über solche Tests entscheiden, wissen, was sie tun, ist keine politische Stellungnahme. Es handelt sich um eine komplizierte und wichtige Frage; sie muss eingehend untersucht werden. Drogentests sind eine folgenreiche Maßnahme, und wie alle folgenreichen Maßnahmen müssen auch sie sorgfältig gehandhabt werden. Schon der Verzehr von Mohnkuchen kann zu einem positiven Ergebnis im Morphintest führen. Gleiches gilt für kodeinhaltigen Hustensaft. Sogar rezeptfreie Arzneimittel können zu entsprechenden Problemen führen.

Die ursprüngliche Fünfzig-zu-fünfzig-Antwort ist richtig. Oft hilft es nicht, den gleichen Test zu wiederholen, weil die falschen Ergebnisse nicht zufällig zustande kommen. Viel eher kommen sie durch analytische Sensitivität (den Anteil positiver Ergebnisse in tatsächlich positiven Stichproben) und analytische Spezifität (den Anteil negativer Ergebnisse in tatsächlich negativen Stichproben) zustande. Die werden durch biochemische und nicht durch statistische Faktoren bestimmt. Mit anderen Worten, es geht hier nicht um «Laborfehler».

Schauen wir, wie die Fünfzig-zu-fünfzig-Antwort zustande kommt. Nehmen wir an, die Allgemeinpopulation besteht aus 10 000 Menschen. Weiterhin gehen wir für unser Beispiel davon aus, dass 95 Prozent von ihnen (9500) Nichtkonsumenten und fünf Prozent von ihnen (500) Konsumenten sind.

Von den 9500 Nichtkonsumenten erzielen 95 Prozent (9025) negative Testergebnisse. Das heißt, bei fünf Prozent von ihnen (475) fällt der Test positiv aus. Von den 500 Konsumenten erzielen 95 Prozent (475) ein positives Testergebnis. Mit anderen Worten, fünf Prozent von ihnen (25) erhalten ein negatives Resultat. Es folgen noch einmal alle Werte:

9025	wahr	negativ	(Nichtkonsumenten)
475	falsch	positiv	(Nichtkonsumenten)
475	wahr	positiv	(Konsumenten)
25	falsch	negativ	(Konsumenten)
10 000	Bevölkerung		insgesamt

Es gibt 475 «falsche positive» und 475 «wahre positive», also insgesamt 950 positive Ergebnisse. Wenn wir also ein Individuum in der positiven Gruppe betrachten, besteht lediglich eine Chance von fünfzig zu fünfzig, dass es sich um einen Konsumenten handelt (50 Prozent).

Doch nehmen wir stattdessen an, eine zufällig herausgegriffene Testperson schneidet negativ ab. Aus obiger Berechnung geht hervor, dass es 25 «falsche negative» und 9025 «wahre negative – also insgesamt 9050 negative – Ergebnisse gibt. Für ein Mitglied der *negativen* Gruppe besteht also eine überwältigende Wahrscheinlichkeit (mehr als 99 Prozent), dass es tatsächlich *kein* Konsument ist.

Noch ein Brief:

Liebe Marilyn,
Ihre Antwort bezüglich der Drogentests ist richtig. Drogentests sollten anders gehandhabt werden, weil ihre Ergebnisse weit reichende Konsequenzen für Arbeitsverhältnisse, Haftpflichtfra-

gen und Ähnliches haben können. Es gibt [in den USA] rund 105 Labors, die vom Forensic Urine Drug Testing Program und/oder dem National Institute of Drug Abuse empfohlen werden. In diesen Labors werden die Proben, die bei der ersten Prüfung positive Ergebnisse erzielen, noch einmal mit spezifischeren Methoden untersucht, wodurch sich der Vorhersagewert eines positiven Tests erheblich erhöht.

Ihre Leser müssen unbedingt wissen, dass die Situation, die Ihr Leser beschreibt, durchaus entstehen kann, wenn die Tests von Labors durchgeführt werden, die nicht durch die genannten Institutionen geprüft und empfohlen werden. Solche Fälle können ausgeschlossen werden, wenn die Tests von einem geprüften Labor durchgeführt werden.

David A. Mulkey, M. D.
W. Howard Hoffman, M. D.
David A. Miller, M. D.
Peter A. Scully, M. D.
Desert West Drug Testing Consultants
Las Vegas, Nevada

Liebe Leser,
nehmen wir an, die allgemeine Testzuverlässigkeit könne auf 99 Prozent hinaufgeschraubt werden. Wäre *das* gut genug? Nein!

Die Centers for Disease Control (CDC) erklären, dass zwei Testverfahren (*enzyme immunoassay* oder «EIA» und *Western blots* oder «WB») bei kombinierter Anwendungsweise insgesamt eine Analysegenauigkeit bei der Erkennung des Human-Immunodefizienz-Virus Typ 1 (HIV-1) von 99 Prozent haben, allerdings nur bei wiederholter Durchführung. (Die *actual rate* ist unbekannt.) Diese Rate ist der Prozentsatz richtiger Testergebnisse bei allen getesteten Proben. Bei einer Rate von 99 Prozent würden in einer Population von 10 000 Personen 9900 richtige Ergebnisse erhalten. Doch 100 bekämen falsche Testergebnisse – falsche positive oder falsche richtige, darunter auch indeterminierte.

In Bezug auf die Fehler stellen die CDC im Übrigen fest, dass sie keine Daten haben, die erkennen lassen, wie das Verhältnis von falschen positiven zu falschen negativen Ergebnissen aussieht. Doch wenn wir 99 Prozent als Beispiel nehmen, müssten die falschen positiven Ergebnisse weniger als $^{4}/_{10}$ der inkorrekten Resultate ausmachen, weil nach Schätzung der CDC 0,4 Prozent der Amerikaner «HIV-positiv» sind. Das heißt, wenn die falschen positiven Ergebnisse die gesamten vier Zehntel der Testfehler erklären würden, dann wären die 0,4 Prozent, die HIV-positiv sind, allesamt «falsche Positive». Leider wissen wir, dass das nicht der Fall ist.

Gehen wir einmal von der Annahme aus, dass falsche positive Ergebnisse nur $^{2}/_{10}$ dieser Fehler ausmachen, sodass falsche negative Ergebnisse die restlichen $^{8}/_{10}$ erklären. Von den 100 Leuten mit falschen Testergebnissen wären also 20 «falsche Positive» und 80 «falsche Negative». Zwar wären diese «falschen Negativen» unabsichtlich eine Gefahr für ihre Sexualpartner, doch die meisten Menschen wissen heute wohl, dass «negativ» noch lange nicht «sicher» bedeutet.

Aber unsere Überlegungen haben noch eine weitere Konsequenz: Die CDC schätzen, dass 0,4 Prozent der Amerikaner «HIV-positiv» sind. In einer Population von 10 000 Personen sind das 40. Doch in dieser Zahl müssen alle falschen Positiven enthalten sein, die wir auf zwanzig geschätzt haben, was bedeuten würde, dass 20 Personen tatsächlich infiziert wären. Das führt zu einer interessanten Schlussfolgerung.

In diesem 99-Prozent-Szenario gibt es ebenso viele «falsche Positive» wie «richtige Positive». Selbst wenn die Ergebnisse beider Aidstests (EIA und WB) positiv ausfallen, ist die Chance, dass die betreffende Person tatsächlich infiziert ist, fünfzig zu fünfzig. Daher müssen die HIV-Tests bei Menschen mit positiven Ergebnissen in den folgenden Monaten unbedingt wiederholt werden. Macht man nur zwei Tests, ist die Fehlerquote hoch. (Der wöchentliche Bericht der CDC über Krankheits- und Sterblichkeitsraten zeigt eine *Analysegenauigkeit* beim *Western-blot-Test* allein von lediglich 98,4 Prozent, weit schlechter als in unserem

Beispiel.) Sogar nach Jahren werden Sie möglicherweise noch gesund sein. Vielleicht bekommen Sie nie Aids. Vielleicht sind Sie nur ein «Test-Positiver».

Das hat weit reichende Folgen für zufällig getestete Personen. So wurde ich beim Abschluss einer Versicherung routinemäßig getestet. Da ich zu keiner Risikogruppe gehörte, machte ich mir wegen des Aidstests an sich keine Sorgen. Doch ich machte mir Sorgen, dass ein falsches positives Ergebnis herauskommen könnte – ein Risiko, dem wir alle ausgesetzt sind. (In dem 99-Prozent-Beispiel beträgt die Wahrscheinlichkeit $^{20}/_{10000}$.) Ein solches Ergebnis hätte mir jede Aussicht auf die Versicherung genommen und möglicherweise mein privates und berufliches Leben ruiniert. Glücklicherweise war mein Test negativ. Doch jeder kann das Pech haben, zu den «falschen Positiven» zu gehören, und darin liegt das enorme Risiko dieser Tests.

Außerdem besteht die Gefahr, dass «falsche Positive» glauben, sie brauchten sich nun nicht mehr beim sexuellen Kontakt mit «HIV-Positiven» zu schützen – womit sie auf dem besten Wege sind, sich die Infektion zuzuziehen, die sie noch *nicht* haben (sodass der falsche Test zu einer sich selbst erfüllenden Prophezeiung wird).

Es gibt allerdings auch Grund zum Optimismus in diesen Statistiken. Jemand, der zufällig «positiv» ist, kann daraus Hoffnung schöpfen. Das heißt natürlich nicht, dass er das Leben anderer Menschen aufs Spiel setzen darf. Vielmehr muss er sich so verhalten, als stünde schon fest, dass er sich tatsächlich angesteckt hätte. Doch innerlich hat der zufällig HIV-Positive Grund zu vorsichtigem Optimismus.

Die Reaktionen auf diese Kolumne waren gemischt. Ein Leser (Howard Laitin, Ph. D., Hughes Aircraft) schrieb: «Im Rahmen meiner Doktorarbeit an der Harvard University (1956) habe ich die damalige Genauigkeit (und potenzielle Genauigkeit) einer ganzen Reihe von medizinischen Diagnosetests untersucht. Außerdem habe ich die Genauigkeit beschrieben, die erforderlich wäre, ... um verschiedene Gruppen vorgeschlagener Tests tatsächlich als vernünftige, kosteneffektive Diagnosehilfen einzusetzen. In den vierzig Jahren, die inzwischen vergangen sind, ist Ihre Kolumne meines Wissens die erste Veröffentlichung, die eine einfache und genaue Erklärung liefert. Kompliment. Ich hoffe, dass Ihre Kolumne zur Aufklärung der Öffentlichkeit beiträgt und auch den Medizinern in Forschung und Praxis auf die Sprünge hilft.»

Ein anderer Leser (George Dellaportas, M. D.) schrieb: «Ich bin froh, dass Sie diese Frage [in der Öffentlichkeit] zur Sprache gebracht haben. Sie spielt auch in der Medizin eine Rolle, weil alle Diagnosetests und -verfahren Sensitivitäten und Spezifitäten haben, die unter der Einheit liegen. Daher können Ihre Resultate die Krankheit vorhersagen oder auch nicht, je nach ihrer Prävalenz. Da diese Tests zunächst an einer Stichprobe der Bevölkerung erprobt werden, in denen die Krankheit sehr verbreitet ist, werden überaus genaue Ergebnisse erzielt. Daher werden die Tests mit großer Begeisterung eingeführt. Doch sobald sie an einer allgemeinen Population vorgenommen werden, produzieren sie eine große Zahl falscher positiver – und sehr unglücklicher – Personen, wie der Fall Ihres drogengetesteten [Lastwagenfahrers] zeigt.»

Keineswegs erfreut zeigten sich die Centers for Disease Control. Ihre Bedenken brachte der folgende Leser (K. Barton Farris, M. D., ein Pathologe) zum Ausdruck: «Ich habe Ihre Kolumne über Drogen- und Aidstests gelesen und muss zugeben, die Erklärung ist absolut richtig. Doch ich mache mir Sorgen, dass Ihre Leser jetzt das Vertrauen in Labortests eingebüßt haben.

... Der positive Vorhersagewert hängt nicht nur von den Merkmalen des Testsystems ab (das heißt der Testsensitivität und -spezifität), sondern von der Prävalenz der Krankheit, für die der Test bestimmt ist. Prävalenz ist die Zahl der Krankheitsfälle zu einer gegebenen Zeit an einem gegebenen Ort. Mit wachsender Verbreitung nimmt auch die Zahl richtiger positiver Ergebnisse zu und falscher positiver Ergebnisse ab. Auf diese Weise erhöht sich der positive Vorhersagewert und die Nützlichkeit eines positiven Testergebnisses.

Jedes Jahr bringe ich dieses Konzept ... Medizinstudenten nahe ... Es ist vor allem ein Punkt, um den es mir geht und den ich Ihren Lesern gerne vor Augen führen möchte: Wenn ein Arzt die Krankengeschichte aufnimmt, eine angemessene Untersuchung vornimmt und eine Liste der Differenzialdiagnosen aufstellt, ergänzt er damit die Verbreitungsdaten und trägt zur Aussagefähigkeit der Testergebnisse bei. Nur wenn die Tests zufällig durchgeführt werden ... gibt es Probleme mit ihrem Vorhersagewert.»

Ich möchte meinen Lesern jedoch ans Herz legen, die oben stehenden Ausführungen nicht als medizinische Stellungnahme zu werten.* Vielmehr verwenden wir dieses Beispiel, um ein faszinierendes mathematisch-logisches Phänomen zu illustrieren. Der Leser sollte auch nicht glauben, dass es sich um eine Besonderheit der Drogen- und Aidstests oder um ein sehr ungewöhnliches Phänomen handelt. Tatsächlich ist unser ganzes Leben mit kontraintuitiven Problemen durchsetzt, die Laien und Wissenschaftler gleichermaßen verwirren.

Vorsorge bei Brustkrebs

Dr. Scott Plous, Psychologiedozent an der Wesleyan University, der viel veröffentlicht und viele Auszeichnungen bekommen hat, unter anderem ein Stipendium der MacArthur Foundation für Internationalen Frieden und Zusammenarbeit, beschrieb uns in einem Brief eine faszinierende Fallstudie:

▼▼

Liebe Ms. vos Savant,
neulich wiesen Sie in Ihrer Kolumne über die Fehlinterpretation von Aids- und Drogentests darauf hin, dass «das Problem nicht

* Inzwischen hat die amerikanische Arzneimittelbehörde eine Immunfluoreszenzuntersuchung zugelassen, mit der sich die beim Western-blot-Test undeterminiert gebliebenen Fälle recht gut klären lassen. Er lässt sich auch als Alternative zum Western blot und der Enzym-Immunountersuchung einsetzen. Doch auch diese zusätzlichen Restergebnisse müssen sorgfältig untersucht und interpretiert werden.

hypothetisch ist». Wie Recht Sie haben! In meinem Buch erörtere ich eine Studie, in der man Ärzten ein ähnliches Problem vorlegte, wie Sie es in Ihrer Kolumne beschreiben. Man fragte sie, wie hoch die Wahrscheinlichkeit für Brustkrebs sei, wenn sich bei einer Frau, bei der man ursprünglich ein einprozentiges Brustkrebsrisiko angenommen habe, ein positives Mammographieresultat ergebe (die Mammographie erkennt 80 Prozent der Krebstumoren und 90 Prozent der gutartigen Tumoren). Obwohl die richtige Antwort rund acht Prozent lautet, schätzen fünfundneunzig von hundert Ärzten, denen man diese Frage stellte, die Krebswahrscheinlichkeit auf ungefähr 75 Prozent. Fehlinterpretationen wie diese könnten, wenn sie unberichtigt blieben, zur Empfehlung überflüssiger Mastektomien führen.

Scott Plous, Ph. D.
Wesleyan University

An diesem Punkt wird der sorgfältige Leser vielleicht zurückblättern und sich fragen: «Acht Prozent? Könnte das ein Tippfehler sein? Müsste es nicht 80 Prozent heißen?» Plous erklärt den Zusammenhang in seinem Buch *The Psychology of Judgment and Decision Making*, für das er den William James Book Award der American Psychological Association bekommen hat.

> Nehmen Sie an, Sie sind ein Arzt, der soeben eine Frau auf Brustkrebs untersucht hat. Die Frau hat einen Knoten in der Brust, aber aufgrund Ihrer langjährigen Erfahrung schätzten Sie die Wahrscheinlichkeit einer Malignität auf 1/100 ein. Doch um sicher zu gehen, schlagen Sie eine Mammographie vor. Das ist eine Röntgenaufnahme, die 80 Prozent der bösartigen Tumoren und 90 Prozent der gutartigen Tumoren richtig erkennt. Als Sie den Befund erhalten, erfahren Sie zu Ihrer Überraschung, dass der Radiologe den Knoten für bösartig hält.
>
> *Frage:* Wie würden Sie angesichts der Tatsache, dass die Wahrscheinlichkeit eines bösartigen Tumors nur ein Prozent beträgt und dass die Mammographieergebnisse eine Zuverlässigkeit von 80 bis 90 Prozent haben, die Aussichten einschätzen, dass tatsächlich eine Bösartigkeit vorliegt?
>
> Laut David Eddy ... beziffern fünfundneunzig von hundert Ärzten (95%), denen diese Frage vorgelegt wurde, die Wahrscheinlichkeit von

Krebs angesichts des positiven Mammographiebefunds mit 75 Prozent. Tatsächlich beträgt jedoch die ... richtige Antwort nur sieben oder acht Prozent – ein Zehntel der häufigsten Antwort in Eddys Untersuchung. Offenbar nahmen die Ärzte an, dass die Wahrscheinlichkeit von *Krebs* bei Vorliegen eines *positiven Befunds* in etwa genauso hoch war wie die Wahrscheinlichkeit eines *positiven Befunds* bei Vorliegen von *Krebs*. Der Entscheidungsforscher Robyn Dawes nennt diesen Denkfehler «Verwechslung der umgekehrten Reihenfolge».

(Um einzusehen, warum die richtige Antwort lediglich sieben bis acht Prozent beträgt, muss man ein ziemlich kompliziertes Wahrscheinlichkeitsgesetz verstehen, das «Theorem von Bayes»*.)

Für viele Menschen sind diese Ergebnisse sehr überraschend, doch genauso überraschend ist, wie die Ärzte in Eddys Untersuchung reagierten, als sie über ihren Fehler informiert wurden. Laut Eddy: «Die im Irrtum befindlichen Ärzte berichteten gewöhnlich, sie seien davon ausgegangen, dass die Krebswahrscheinlichkeit bei einem positiven Röntgenbefund der Patientin ... ungefähr genauso groß gewesen sei wie die Wahrscheinlichkeit eines positiven Röntgenbefunds bei einer Patientin

* Nach dem Theorem von Bayes lässt sich die Krebswahrscheinlichkeit bei Vorliegen positiver Befunde wie folgt berechnen:

$$p\ (\text{Krebs} \mid \text{positiv}) = \frac{p\ (\text{positiv} \mid \text{Krebs})\ p\ (\text{Krebs})}{p\ (\text{positiv} \mid \text{Krebs}) + p\ (\text{positiv} \mid \text{gutartig})\ p\ (\text{gutartig})}$$

«*p* (Krebs)» ist zu lesen als «die Krebswahrscheinlichkeit A») und «*p* (Krebs positiv)» als «die Krebswahrscheinlichkeit, *wenn* die Befunde positiv sind». Die erste Größe ist eine *einfache* Wahrscheinlichkeit, die zweite eine *bedingte* Wahrscheinlichkeit.

Die Wahrscheinlichkeit auf der linken Seite der Gleichung ist die Größe, die zu schätzen Eddy die Ärzte aufgefordert hat, und die Werte auf der rechten Seite der Gleichung ergaben sich aus der Aufgabenstellung wie folgt:

p (Krebs) = 0,01	(die ursprüngliche Einschätzung der Krebswahrscheinlichkeit auf ein Prozent)
p (gutartig) = 0,99	(die Aussichten, keinen Krebs zu haben)
p (positiv | Krebs) = 0,80	(eine 80-prozentige Wahrscheinlichkeit für einen positiven Befund bei Vorliegen von Krebs)
p (positiv | gutartig) = 0,10	(eine 10-prozentige Wahrscheinlichkeit für die falsche Einordnung eines gutartigen Tumors als bösartig)

Sobald diese Werte bekannt sind, kann man sie ohne Schwierigkeiten in die Gleichung einsetzen und die bedingte Wahrscheinlichkeit für Krebs bei Vorliegen eines positiven Befunds ausrechnen.

$$p\ (\text{Krebs} \mid \text{positiv}) = \frac{(0{,}80)\ (0{,}01)}{(0{,}80)\ (0{,}01) + (0{,}10)(0{,}99)} = \frac{0{,}008}{0{,}107} = 0{,}075 = 7{,}5 \text{ Prozent}$$

mit Krebs … Die letztere Wahrscheinlichkeit wird in klinischen Forschungsprogrammen ermittelt und ist allgemein bekannt, doch für die klinische Entscheidungsfindung muss erstere Wahrscheinlichkeit zugrunde gelegt werden. Offenbar verwechseln viele, wenn nicht die meisten Ärzte diese beiden.»

Obwohl die Verwechslung der umgekehrten Reihenfolge keineswegs auf Ärzte beschränkt ist, gibt es wohl nur wenige Bereiche, wo sie von größerer Bedeutung ist als in der medizinischen Diagnose. Wenn Entscheidungen über Leben und Tod getroffen werden müssen, liegt wenig Trost in der Feststellung, dass hier die falsche Frage richtig beantwortet wurde.

Was kann man tun in einer solchen Situation, wenn sich die Anwendung des Theorems von Bayes aus praktischen Gründen verbietet? Die Antwort lautet, der «Priorwahrscheinlichkeit», wie die Statistiker sagen, besondere Aufmerksamkeit zu schenken. Die Priorwahrscheinlichkeit ist die beste Wahrscheinlichkeitsschätzung eines Ereignisses, bevor eine neue Information (z. B. ein Mammographiebefund) vorliegt. Beim Brustkrebsproblem ist die Priorwahrscheinlichkeit die ursprüngliche Einschätzung der Brustkrebswahrscheinlichkeit auf ein Prozent. Da die Priorwahrscheinlichkeit außerordentlich gering ist und die Mammographie nur eine Zuverlässigkeit von 80 bis 90 Prozent aufweist, sollte die Schätzung nach der Mammographie nicht viel höher liegen als die Priorwahrscheinlichkeit. Das gleiche Prinzip ist auf jedes Resultat anzuwenden, das ursprünglich für außerordentlich unwahrscheinlich (oder wahrscheinlich) gehalten wurde und dann durch eine nicht vollkommen zuverlässige Information «aktualisiert» wird. Nach Wahrscheinlichkeitsgesetzen wie dem Theorem von Bayes sollte die absolute Differenz zwischen der revidierten Wahrscheinlichkeit und der Priorwahrscheinlichkeit nicht allzu groß sein.

Wir möchten noch einmal darauf hinweisen, dass wir hier keine medizinische Feststellung treffen. Doch die Erkenntnis, wie wichtig mathematische und logische Grundkenntnisse für unseren Alltag wären, kann, um es vorsichtig auszudrücken, beunruhigend sein. Wie viel Prozent der Wähler in unserem Land können schließlich mit einer natürlichen Begabung für oder einer gründlichen Ausbildung in Logik aufwarten?

Fragen, die wir stellen sollten

- Hat unser Informant die Zahlen selbst ermittelt?
- Wenn nicht, aus welcher Quelle stammen die Daten?
- Handelt es sich um eine seriöse Quelle, etwa eine Universität, ein Institut oder eine medizinische Organisation?
- Wenn ja, stammt die Interpretation oder Schlussfolgerung aus derselben Quelle? Oder nur die Rohdaten?
- Verfolgt der Informant irgendwelche beruflichen oder persönlichen Interessen mit der Präsentation der Daten?
- Gibt es eine bewusste Tendenz? (Die Vorstellung, dass die Position einer Zeitung nur in den Kommentaren zum Ausdruck komme, ist mehr als naiv; sie ist töricht.)
- Gibt es eine unbewusste Tendenz?

- Werden die Zahlen im Kontext präsentiert?
- Wenn ja, ist der Kontext wirklich relevant?
- Werden die genannten Zahlen in Vergleiche gesetzt?
- Wenn es sich um einen Vergleich handelt: Sind die Maßeinheiten wirklich gleichwertig?
- Wird der Begriff «Durchschnitt» verwendet?
- Wenn ja, wird mitgeteilt, ob es sich um einen Mittel-, Median- oder Modalwert handelt? Sind die oberen und unteren Grenzen angegeben?

- Würde es unserem Verständnis nutzen, wenn wir mehr von dem Sachgebiet verstünden?
- Würde es unserem Verständnis nutzen, wenn wir vergleichbare Zahlen über andere Zeiträume hätten?
- Würde es unserem Verständnis nutzen, wenn wir vergleichbare Zahlen über andere Regionen hätten?

- Werden günstige Daten hervorgehoben und ungünstige unterschlagen?
- Wie haben Sie das herausgefunden?
- Wird ein ungünstiger Begriff durch einen anderen ersetzt, der lediglich schöner klingt?

- Ließe sich aus denselben Zahlen eine völlig andere Aussage ableiten?

- Wird ein Index ohne seine Grundzahl verwendet?
- Werden Prozentsätze ohne die absoluten Zahlen präsentiert?
- Wenn gesagt wird, dass eine Zahl um einen bestimmten Prozentsatz gestiegen oder gefallen sei, wird dann auch die Ausgangszahl genannt?
- Wenn eine Zahl eine Zu- oder Abnahme im Laufe der Zeit beziffert, ist dann davon auszugehen, dass die Fachleute dieses Gegenstandsbereichs (im Laufe des gleichen Zeitraums) neue Erkenntnisse gewonnen haben, ein Prozess, der sich in diesen Zahlen niedergeschlagen haben könnte?
- Wenn Vergleiche zwischen verschiedenen Zeitpunkten angestellt werden, hat sich inzwischen die Definition verändert, sodass sie unter Umständen mehr Dinge einschließt?
- Ist davon auszugehen, dass alle Fälle erfasst worden sind?
- Könnte ein Kausalfaktor unterschlagen worden sein, um den Eindruck hervorzurufen, ein anderer Faktor sei die Ursache der Veränderung?
- Wenn eine Zahl (oder die Veränderung einer Zahl) mit einer anderen Zahl korreliert wird, welchen Beweis gibt es dafür, dass die eine wirklich für die andere verantwortlich ist?

- Können Zahlen aus Gegenwart oder Vergangenheit künftige Zahlenwerte genau vorhersagen? Oder sind sie inhärent nur von begrenztem Aussagewert?
- Zu welchem Zweck wurde eine Untersuchung durchgeführt?
- Scheinen die Ergebnisse mit dem übereinzustimmen, was eine gegebene Organisation gerne bewiesen hätte?
- Ist es denkbar, dass es den Befragten einer Untersuchung widerstrebte, gegenüber Fremden an der Tür, per Telefon oder in einem Brief politisch unkorrekte Äußerungen zu tun?

Es dürfte hinreichend klar geworden sein, dass *jede* Zahl mit Vorsicht zu genießen ist.

3. Teil

WIE SICH POLITIKER UNSERE NAIVITÄT ZUNUTZE MACHEN

6

Die Wahl von 1992 (Anbruch der «Fehlerherrschaft»)

In den Vereinigen Staaten war 1992 ein Wahljahr. Im Präsidentschaftswahlkampf ging es um wirtschaftliche Fragen. Für jeden US-Bürger stand viel auf dem Spiel. In einer landesweiten Befragung der Amerikaner zum Verständnis wirtschaftlicher Fragen kamen das National Center for Research in Economic Education und die Gallup Organization zu dem Ergebnis, «... dass die meisten Befragten nur über unzulängliche Voraussetzungen zum Verständnis und zur Diskussion der meisten wirtschaftlichen Fragen verfügen. *Diese wirtschaftliche Unbildung birgt die Gefahr, die öffentliche Meinung in Wirtschaftsfragen zu verzerren und einen negativen oder kontraproduktiven Einfluss auf die Wirtschaft auszuüben.*»

In dem Bericht heißt es weiter: «Bei Stichproben der allgemeinen Bevölkerung, älterer High-School-Schüler und höherer Collegesemester zeigte sich eine verbreitete Unwissenheit in Bezug auf grundlegende wirtschaftliche Tatsachen, die notwendig sind, um volkswirtschaftliche Ereignisse und Veränderungen zu verstehen. Nach grundlegenden wirtschaftlichen Sachverhalten befragt, gaben nur 35 Prozent der Schüler, 39 Prozent der allgemeinen Bevölkerung und 51 Prozent der Studenten richtige Antworten.» Beispielsweise «... kannten nur 22 Prozent die aktuellen Arbeitslosenzahlen; und von denen, die eine Antwort gaben, schätzten die meisten die Zahlen höher ein, als sie tatsächlich sind». Außerdem «... kannten nur 11 Prozent die aktuelle Inflationsrate».

Und wer wusste Bescheid? Viele Leser werden entzückt oder entsetzt sein, wenn sie die folgenden Resultate lesen:

- «Im Allgemeinen erzielten die männlichen Teilnehmer in jeder der erfassten Gruppe höhere Punktwerte als die weiblichen Teilnehmer. Am besten schnitten die männlichen Collegestudenten ab. Die High-School-Schülerinnen und die Frauen aus der allgemeinen Bevölkerungsstichprobe erzielten die geringsten Punktwerte.»
- «Konservative Wähler zeigten im Allgemeinen bessere wirtschaftliche Kenntnisse als die Mitte-links-Wähler. Das galt für alle drei Stichproben.»
- «Es zeigte sich auch ein Zusammenhang zwischen den wirtschaftlichen Kenntnissen und dem Einkommen der Befragten. Besser verdienende Befragte erzielten im Durchschnitt mehr Punkte für wirtschaftliche Kenntnisse als Befragte aus den unteren Einkommensklassen.»
- «Gegenwärtig wird das US-amerikanische Haushaltsdefizit für das Jahr 1992 (1. Oktober 1991 bis 30. September 1992) auf 400 Milliarden Dollar geschätzt. Ungefähr zwei Drittel der Befragten in jeder Gruppe nahmen an, das Defizit werde 700 Milliarden oder eine Billion Dollar betragen. Tatsächlich gaben 43 Prozent der allgemeinen Bevölkerung, 43 Prozent der High-School-Schüler und 48 Prozent der Collegestudenten an, das Haushaltsdefizit belaufe sich auf rund eine Billion Dollar.»
- «Die Eigenkapitalrendite hat bei den meisten großen amerikanischen Unternehmen während der letzten zehn Jahre im Durchschnitt 13 Prozent betragen. Die Befragten aus der allgemeinen Bevölkerungsstichprobe meinten im Durchschnitt, die amerikanischen Unternehmen hätten in diesem Zeitraum Gewinne von durchschnittlich 32 Prozent erzielt.»

Die Befragten gingen mit ihren Vermutungen nicht nur in die Irre, sie gingen auch alle in die gleiche Richtung in die Irre: Sie hielten die Situation für viel schlimmer, als sie war. Der Präsidentschaftswahlkampf von 1992 begann im Schatten einer Rezession. Doch dass sie bereits überwunden war, hatte sich im Bewusstsein der Öffentlichkeit noch nicht durchgesetzt. So war es kein Wunder, dass die persönliche finanzielle Situation und Sorgen über die Zukunft der Volkswirtschaft im Vordergrund standen und hemmungslos von den Leuten ausgenutzt wurden, die sich einen Vorteil davon versprachen.

Und so brach zweihundert Jahre nach jener Periode der Französischen Revolution, die man als «Schreckensherrschaft» bezeichnet, die Periode in der modernen Politik an, die ich als «Fehlerherrschaft» bezeichnen möchte. Die beiden Herausforderer von Präsident Bush – Gouverneur Bill Clinton aus Arkansas und H. Ross Perot, ein milliardenschwerer Geschäftsmann aus Texas – veröffentlichten Bücher, in denen sie Vorschläge zur Verringerung des Haushaltsdefizits und zur Belebung der Wirtschaft unterbreiteten. Diese sei, so die Herausforderer, seit zehn Jahren von Bush und seinem Amtsvorgänger Ronald Reagan systematisch vernachlässigt und zugrunde gerichtet worden.

Nie zuvor hat in einer Präsidentschaftswahl der Versuch, die amerikanischen Wähler mit Informationen, Fehlinformationen und Desinformationen zu füttern und an der Nase herumzuführen, eine so wichtige Rolle gespielt. Perot hat sogar Werbezeiten landesweiter Fernsehprogramme gekauft, um seine Diagramme, Schaubilder und vereinfachenden Lösungen zu präsentieren, und sich auf diese Weise die Aufmerksamkeit der amerikanischen Öffentlichkeit gesichert. Alle Kandidaten bombardierten die Wähler mit Zahlen über Arbeitsmarktpolitik, Einkommensverhältnisse, *Deficit-Spending* und viele andere volkswirtschaftliche Aspekte.

Trugen alle diese Bemühungen zur Aufklärung bei? Oder war es ein unverhohlener Versuch, die mathematische Naivität der Amerikaner als Sprungbrett zur Macht zu benutzen? Sicher war es beides. Doch entscheidend ist die Frage, wie viel Prozent Aufklärung war und wie viel Prozent Manipulation. Und diese Prozentsätze sind nicht gerade schmeichelhaft für die Kandidaten. Besonders wenn Zahlen von Politikern benutzt werden, dann bedeuten sie häufig nicht das, was sie zu bedeuten scheinen. Die wirtschaftlichen Sachverhalte – und besonders die Zahlen, die die Regierung veröffentlicht, um diese Sachverhalte zu erklären – lassen sich oft nicht so eindeutig und einfach ausdrücken, wie die Kandidaten vorgeben. Sowohl ihre Interpretation der jüngeren Wirtschaftsgeschichte als auch ihre Zukunftsentwürfe werden verzerrt durch unzulässige Annahmen, logische Fehler, eindeutige Falschaussagen und immanente Messungenauigkeiten.

Um nachzuholen, was die Kandidaten versäumt haben (und vermutlich niemals vorhatten), wollen wir uns den Wahlkampf von 1992 etwas genauer ansehen – der sicherlich eines Tages als klassisches Beispiel für Wählermanipulation zitiert werden wird. Er zeigt uns, wie die Kandidaten die Zahlen zu ihrem Vorteil genutzt haben. Wir können dabei lernen, in Zukunft mit solchen Wahlsituationen besser umzugehen. Wenn Politiker über Zahlen sprechen, reden sie über wirtschaftliche Zusammenhänge. Die Kombination aus Zahlenblindheit und volkswirtschaftlicher Unwissenheit, die in der amerikanischen Öffentlichkeit zu beobachten ist, ergibt ein sicheres Rezept für Wählerunmündigkeit.

Bei der Materialsammlung haben wir uns auf die bekanntesten und/oder einflussreichsten Veröffentlichungen vor der Wahl von 1992 beschränkt:

Putting People First von Bill Clinton und Al Gore
United We Stand von Ross Perot
The New York Times
The Wall Street Journal
Time
Newsweek
U.S. News and World Report
Business Week

Die meisten Ausschnitte aus Zeitungen und Zeitschriften werden chronologisch aufgeführt, damit sich der Leser eine bessere Vorstellung vom Ablauf der Ereignisse machen kann. Die Passagen aus den Büchern zum Wahlkampf werden dort zitiert, wo sie am besten in den Zusammenhang passen. Mit dem ersten dieser Zitate beginnen wir den vorliegenden Abschnitt, weil es so viele der Begriffe erklärt, die für das Verständnis des Rests von großer Bedeutung sind.

Die schlechteste Wirtschaftsbilanz seit fünfzig Jahren?

«Die Republikaner in Washington legen die schlechteste Wirtschaftsbilanz seit fünfzig Jahren vor: das langsamste Wirtschaftswachstum, die langsamste Arbeitsmarktentwicklung und das langsamste Einkommenswachstum seit der Großen Depression.»

Putting People First
von Bill Clinton und Al Gore
1992

Während des Wahlkampfs haben unsere populären Baby-Boomer einen Großteil ihrer rhetorischen Energie darauf verwandt, ein möglichst düsteres Bild von der wirtschaftlichen Situation zu malen: ein zunehmend hinfälliges Gebilde, das von den mittleren und oberen Einkommensklassen in den zwölf Jahren, während deren die Republikaner an der Macht waren, fast zugrunde gerichtet worden sei. Ferner beschrieben sie diese Jahre als eine Zeit wirtschaftlicher Not für die Bevölkerungsschichten, die näher an der Basis der Einkommenspyramide angesiedelt waren. Seit den dreißiger Jahren hatten die Demokraten beide Häuser des Kongresses beherrscht – mit einer einzigen Ausnahme: Eisenhowers erste Amtszeit in den fünfziger Jahren. Erst während der Reagan-Administration in den achtziger Jahren haben die Republikaner die Mehrheit im Senat gewonnen, konnten sie aber während seiner zweiten Amtszeit nicht halten.

Im politischen System der Vereinigten Staaten ist allein der Kongress in der Lage, Haushalts- und Steuergesetze einzubringen und zu verabschieden – die Maßnahmen, mit denen die Bundesregierung die Volkswirtschaft und die wirtschaftliche Situation des einzelnen Bürgers am nachhaltigsten beeinflussen kann. Zwar schlägt der Präsident den Haushalt vor, doch im Endeffekt hat er nur die Möglichkeit, den veränderten Staatshaushalt, den ihm der Kongress zurückreicht, anzunehmen oder abzulehnen. Zum Beispiel überschritten die Staatsausgaben während der Amtszeit von Reagan jedes Jahr, ausgenommen 1984, die Vorgaben des Präsidenten. In einem Fall beliefen sich die zusätzlichen Ausgaben sogar auf 50 Milliarden Dollar.

Wie das Beispiel von Clinton und Gore zeigt, verstehen sich Politiker auf Äußerungen, die sprachlich so strukturiert sind, dass sie den Eindruck eines sehr genauen Umgangs mit Zahlen hervorrufen, der in Wahrheit gar nicht vorliegt. Wachstum ist eine Größe, die von einem Zeitraum zu einem anderen gemessen werden muss. Tatsächlich nennen Clinton und Gore den Zeitraum, den sie als Vergleichsmaßstab heranziehen: die vorangegangenen zwölf Jahre, in denen die Republikaner das höchste Staatsamt innehatten. Doch dabei fassen sie die Präsidentschaftsjahre von Reagan und Bush zusammen, was irreführend ist. Die Amtszeiten dieser beiden Präsidenten stehen für unterschiedliche Maßnahmen zur Bewältigung wirtschaftlicher Probleme wie Wirtschaftswachstum, Arbeitsmarkt und Einkommen. Beispielsweise nahmen die realen Inlandsausgaben unter Reagan im Durchschnitt jährlich nur um 1,0 Prozent zu, unter Bush dagegen um 8,7 Prozent, ein beträchtlicher Unterschied. Im Übrigen müssen wir bei der Zuweisung von Lob und/oder Tadel berücksichtigen, dass in diesem Zeitraum verschiedene Kongresse mit demokratischen Mehrheiten ihren Einfluss geltend machten und dabei alle ihre eigenen politischen Vorstellungen verfolgten, die sich erheblich von denen der beiden verschiedenen republikanischen Präsidenten unterschieden.

Doch selbst wenn wir die verschiedenen politischen Maßnahmen (und Ergebnisse) außer Acht lassen, die auf das Konto der beiden unterschiedlichen Präsidenten und der verschiedenen Kongresse gehen, bleibt immer noch ein Problem: Wir wissen nicht, mit welchem anderen Zeitraum wir diese zwölf Jahre vergleichen sollen. Clinton und Gore sprechen von dem «langsamsten ... Wirtschaftswachstum seit der Großen Depression», aber sie spezifizieren keine der vielen möglichen Perioden innerhalb dieses langen Zeitraums, mit denen das Wirtschaftswachstum verglichen werden könnte. Das ist ein entscheidender Punkt.

Es gibt noch andere Spezifitätsmängel, die die Überprüfung numerischer Behauptungen erschweren. Der Begriff «Wirtschaftswachstum» lässt sich auf vielerlei Arten definieren. Am beliebtesten ist heute das Bruttoinlandsprodukt (BIP). Doch das Bruttoinlandsprodukt hat erst vor kurzem (im Dezember 1991) den älteren Wert, das Bruttosozialprodukt (BSP), ersetzt. Allerdings ist der Unterschied zwischen diesen umfassenden makroökonomischen Variablen ziemlich gering. (Beim BIP versucht man, die Produktion innerhalb eines Landes zu erfassen, unabhängig von der Nationalität der Arbeiter und der Kapitaleigner, während man beim BSP bemüht war, die Produktion der Arbeiter und Unternehmen eines Landes zu messen, egal, wo sie lebten oder arbeiteten. 1991 betrug der Unterschied zwischen den beiden Werten für die Vereinigten Staaten lediglich 13 Milliarden Dollar, viel Geld für den Durchschnittsbürger, aber relativ wenig für den Staat – nur 0,2 Prozent des BIP. Ein Regierungsvertreter hat mal gesagt: «Eine Milliarde hier, eine Milliarde dort und ehe man sich's versieht, geht es ins Geld.»)

Um zu den BIP-Zahlen zu gelangen – das heißt der Gesamtproduktion an Waren und Dienstleistungen der Volkswirtschaft in den Vereinigten Staaten –, fasst das Handelsministerium unzählige Berichte von anderen Regierungsstellen, Privatunternehmen und Einzelpersonen zusammen und verarbeitet sie zu einer Gesamtstatistik über Volkseinkommen und -produktion. Wir müssen uns also klarmachen, dass wir es bei diesen gesamtwirtschaftlichen Werten keineswegs mit Indizien für den nationalen Wohlstand oder Lebensstandard zu tun haben. Es handelt sich einfach um Dollarzahlen, und zusammenhanglose Dollarzahlen haben keinerlei Aussagewert. Nehmen wir beispielsweise das private Einkommen. Ohne zu wissen, wie hoch die Preise für Nahrung, Kleidung und Unterkunft sind, und ohne die Steuersätze und andere wichtige Zahlen zu kennen, sagen uns die Einkommenszahlen über die finanzielle Situation des Lohnempfängers nichts.

Doch selbst wenn wir das BIP in seinem Kontext betrachten, können wir mit der Information unter Umständen wenig anfangen. Bilanzen können von Person zu Person und Unternehmen zu Unternehmen höchst Unterschiedliches bedeuten. Wohlhabende Privatpersonen und Großunternehmen können über Nacht ruiniert sein. Das passiert oft genug. Es sind also noch viele andere Faktoren zu berücksichtigen.

Nehmen wir beispielsweise an, dass Sie Hausputz und Kochen selbst erledigen und dass es sich bei Ihrer Nachbarin genauso verhält. Das hat keinen Einfluss auf das BIP. Dann haben Sie beruflich so viel zu tun, dass Sie sich nicht mehr um den Hausputz kümmern können. Daher stellen Sie Ihre Nachbarin dafür ein. Das BIP steigt an. Nun hat Ihre Nachbarin so viel zu tun, dass Sie nicht mehr zum Kochen kommt, also stellt sie Sie zum Kochen ein. Abermals steigt das BIP. Kommen die beiden Haushalte nun besser zurecht? Vielleicht. Sonst hätten Sie sich vermutlich nicht auf diese Regelung eingelassen. Doch inwiefern kann davon die Rede sein, dass sich die «gesamtwirtschaftliche Produktion» erhöht hat? Mit dem BIP als Maßstab könnten wir unser Land zwei- bis dreimal so «produktiv» machen wie augenblicklich. Dazu müssten wir uns einfach gegenseitig zu reziproken Dienstleistungen einstellen. Und da das auch ein warmer Regen für das Finanzamt wäre, würde sich das Haushaltsdefizit verringern. Bei hohem BIP und geringem Haushaltsdefizit hätten wir einen Konjunkturaufschwung. Tatsächlich aber wären wir keineswegs produktiver und überdies um das Geld ärmer, das das Finanzamt von uns einziehen würde.

Das führt uns vor Augen, worum es beim Konzept der Beschäftigung geht – Menschen stellen sich gegenseitig ein. Hier zeigen sich die Schwächen des Versuchs, vieldeutige Konzepte wie «Wirtschaftswachstum» in Zahlen zu messen. Tatsache ist jedoch, dass die Menschen sich besser fühlen, wenn die Zahlen «gut» sind – egal, ob es ihnen tatsächlich besser geht –, und dass sie sich schlechter fühlen, wenn auch die Zahlen «schlechter» sind.

Doch nehmen wir die Zahlen, wie sie sind, und schauen wir uns an, wie sich Clintons und Gores Aussage im Licht der Bruttoinlandsprodukte ausnimmt. Wenn wir den Kern ihrer Behauptung untersuchen wollen – dass unterschiedliche wirtschaftspolitische Maßnahmen den Zustand der amerikanischen Volkswirtschaft beeinflusst hätten –, sollten wir die Bush-Jahre und die Reagan-Jahre voneinander trennen. (Schließlich ist Clinton gegen Bush angetreten und nicht gegen Reagan.) Während der Reagan-Jahre von 1981 bis 1989 betrug das durchschnittliche jährliche Wachstum in BIP pro Kopf (das heißt gleichmäßig auf die Gesamtbevölkerung verteilt) 1,99 Prozent. Die Bush-Jahre waren weniger expansiv. Von 1989 bis zum zweiten Quartal 1993 machte das durchschnittliche Wachstum in BIP pro Kopf der Bevölkerung nur 0,33 Prozent aus.

Beschränken wir uns auf Reagan, so ist es nicht schwer, mindestens einen Zeitraum seit der Großen Depression (ab 1929) zu finden, wo das durchschnittliche jährliche Wachstum in BIP pro Kopf der Bevölkerung langsamer gewesen ist. Wenn wir davon ausgehen, dass es um die Zeiträume geht, die durch Präsidentschaften definiert sind, stellen wir fest, dass die Carter-Jahre von 1977 bis 1981 nur ein Wachstum von 1,03 Prozent und die Nixon-Jahre von 1969 bis 1974 ein Wachstum von 1,39 Prozent aufzuweisen haben.

Andererseits ist es nicht schwer, einen Zeitraum zu finden, in dem das durchschnittliche jährliche Wachstum in BIP pro Kopf rascher verlief. Die Johnson-Jahre von 1963 bis 1969 weisen ein Wachstum von 2,39 Prozent auf. Wenn also der Vergleichszeitraum nicht angegeben wird, lässt sich alles beweisen, indem man sich diesen Zeitraum so zurechtlegt, wie er am besten in die Argumentation passt.

Ein anderes Maß für Wirtschaftswachstum ist der durchschnittliche jährliche Zuwachs an realem Privatvermögen, das sowohl den materiellen Besitz wie den finanziellen Wohlstand umfasst. Eine angemessene Erfassungsmethode vorausgesetzt, dürfte dieses Maß aufschlussreicher für das Wohlergehen des einzelnen Bürgers sein als die BIP/BSP-Zahlen. So gesehen war die Reagan-Amtszeit mit einem Wachstum von 3,9 Prozent erfolgreicher als die Carter-Ära mit 3,6 Prozent. Die Kennedy-Jahre mit 1,8 Prozent und die Nixon-Jahre mit 0,4 Prozent lässt sie sogar weit hinter sich. Die Bush-Bilanz ist in dieser Hinsicht geradezu trostlos – ein Wachstum von 0,06 Prozent – und unterstreicht, wie irreführend es ist, die republikanische Politik der zwölf Reagan-Bush-Jahre einfach zusammenzufassen.

Wie sieht es mit dem Wachstum des Arbeitsmarktes aus? Zwischen 1980 und 1990 nahm die Beschäftigung um rund neunzehn Millionen Stellen zu. Doch schauen wir, wie diese Zahlen zustande kommen, damit wir entscheiden können, welche Bedeutung ihnen zukommt. In den Vereinigten Staaten werden die Beschäftigungszahlen vom Bureau of Labor Statistics (BLS) durch verschiedene Verfahren ermittelt. Erstens werden vom Zensusbüro sechzigtausend Haushalte befragt, wobei die Arbeitsverhältnisse aller Haushaltsmitglieder über sechzehn Jahren erfasst werden. Diese Zahlen (die ungefähr ein Tausendstel der tatsächlichen Bevölkerung darstellen) werden hochgerechnet, sodass Aussagen über die Gesamtbevölkerung der Vereinigten Staaten abgegeben werden können. Der Standardfehler für diese Stichprobe beträgt 0,11. Es besteht hierbei eine Wahrscheinlichkeit von ⅓, dass die tatsächlichen Zahlen um mehr als 0,11 Prozent abweichen, womit jede Veränderung von weniger als 0,2 Prozent als statistisch nicht signifikant anzusehen ist.

Außerdem befragt das BLS Arbeitgeber. Dabei geht es um die Zahl der Arbeitnehmer, die Berufe der Beschäftigten, die durchschnittlichen Wochenstunden, die durchschnittlichen Stundenlöhne und dergleichen. Stolz rühmt sich das BLS, dass «die Stichprobe für die Ermittlung der betrieblichen Beschäftigungszahlen und Lohnsummen die größte monatliche Erhebung der Sozialstatistik» sei. (Wenn wir bedenken, was wir bereits über Statistiken wissen, und wenn wir dieses Wissen gar noch auf die *Sozial*statistik anwenden, dann ist Anlass zu einiger Skepsis gegeben.) Schließlich verwendet das BLS noch die offiziellen Arbeitslosenzahlen und die Ergebnisse einiger kleinerer Erhebungen.

Die Wachstumszahlen des privaten Arbeitsmarktes in den Reagan-Jahren blieben etwas gegenüber den Amtszeiten anderer

Präsidenten zurück, und während der Präsidentschaft von Bush gingen die Beschäftigungszahlen in den Jahren von 1989 bis 1991 sogar um 0,2 Prozent zurück. Unter Reagan gab es ein durchschnittliches jährliches Wachstum von 2,0 Prozent, was der Wachstumsrate der Ford-Präsidentschaft entspricht, aber kleiner ist als das Wachstum der Nixon-Zeit (2,2 Prozent) und der Johnson-Zeit (2,4 Prozent). Hingegen konnte Clintons Held John F. Kennedy nur ein durchschnittliches jährliches Wachstum von 1,5 Prozent vorweisen. Wir erkennen ein bestimmtes Muster.

Einkommenswachstum kann sich auf viele Dinge beziehen. Haben Clinton und Gore einen Durchschnitt der Stundenlöhne gemeint? Oder sprechen sie von dem gesamten Zuwachs an Wohlstand, einschließlich des finanziellen Besitzes und der Kapitalgewinne? Oder haben sie an ein ganz anderes Maß gedacht? Das durchschnittliche jährliche Wachstum des verfügbaren persönlichen Pro-Kopf-Einkommens wäre eine vernünftige Entscheidung. Wenn wir Reagan und Bush wieder gesondert betrachten, dann schneidet Reagan bemerkenswert gut ab. Während seiner Amtszeit von 1981 bis 1989 weist dieses Maß ein Wachstum von 1,8 Prozent auf. Unter seinem Amtsvorgänger Carter – von 1977 bis 1981 – wuchs es um 1,6 Prozent. Betrachten wir jetzt Bush alleine. Da hätten Clinton und Gore schon eher Recht. In Bushs Amtszeit von 1989 bis 1991 sank das verfügbare persönliche Pro-Kopf-Einkommen tatsächlich um 0,43 Prozent. (Unabhängig davon ist das verfügbare persönliche Pro-Kopf-Einkommen in der Zeit von 1978 bis 1990 in den Vereinigten Staaten um 21 Prozent gestiegen.)

Welches Muster wird erkennbar? Was sagen diese Zahlen tatsächlich aus? Dass Bush für die Wirtschaft des Landes nicht so gut war wie Reagan? *Das* wollten Clinton und Gore natürlich nicht sagen – sie hatten eine entschiedene Gegenposition zu Reagans Wirtschaftspolitik bezogen. Deshalb warfen sie die beiden einfach in einen Topf.

Steuersenkung in Arkansas?

«Clinton rühmt sich, dass in der Legislaturperiode von '91 [im Bundesstaat Arkansas] *die Steuern für die unteren und mittleren Einkommensgruppen gesenkt worden sind.»*

Newsweek
20. Januar 1992

Sicherlich bringt die Bürger nichts so gegen ihre Regierung auf wie Steuern. Unter Umständen können wir den Politikern manches nachsehen, ihre hohle Rhetorik, die traurige Bilanz an gebrochenen Versprechen, den äußeren Anschein von moralischer Wohlanständigkeit, den sie sich geben, auch wenn sie eine ausgeprägte Vorliebe für Wein, Weib und wohlhabende Gönner zeigen – doch wenn sie uns in die Tasche greifen, um sich die Mittel zu besorgen, mit denen sie Wahlen gewinnen und Macht ausüben, haben wir das Gefühl, Straßenräubern in die Hände gefallen zu sein.

Daher ist es nicht überraschend, dass Politiker so häufig Steuervergünstigungen für bestimmte Bevölkerungsgruppen beschließen. Aber offen gesagt, so fängt man Stimmen. Obwohl die Wahlbeteiligung mit steigenden Einkommen zunimmt, rekrutiert sich die Mehrheit der Stimmen aus den unteren und mittleren Einkommensschichten. Aus diesem Grund werben Politiker mit Steuersenkungen für diese Gruppen. Um aber nicht auch die Ausgaben senken zu müssen, womit ebenfalls große Wählergruppen bei der Stange gehalten werden, können sie nicht die Steuern aller Wähler senken. Daher visieren sie mit ihren Versprechen auf Steuersenkungen und öffentliche Ausgaben speziell die untere und die untere Schicht der mittleren Einkommensgruppe an. In dem Maße, wie sie die Einkommensleiter emporklettern und die Zahl der Wähler abnimmt, blenden sie die Vergünstigungen aus. Die Stimmen in der oberen Schicht der mittleren Einkommensgruppe schlagen noch zu Buche, doch die Stimmen der höchsten Einkommensklasse sind praktisch ohne Bedeutung bei Wahlen.

Nun muss das Geld natürlich irgendwo herkommen. Tatsächlich setzt es sich zusammen aus einem kleinen Betrag, den eine große Zahl von Bürgern in den unteren Einkommensgruppen zahlt, und einem großen Betrag, den eine kleine Zahl von Bürgern in den höheren Einkommensgruppen aufbringt. In dem letzten Zitat hat Clinton behauptet, die Steuern für die unteren und mittleren Einkommensschichten in Arkansas gesenkt zu haben. Das diente sicherlich dem Stimmenfang, lieferte aber nicht das ganze Bild. Die gesamte Steuerbelastung für die Einwohner von Arkansas wurde nämlich nicht kleiner, sondern *größer*. Die Steuerbelastung pro Kopf der Bevölkerung von Arkansas (also Gemeinde- und Bundessteuern nicht mitgerechnet) stieg von 962 Dollar im Jahr 1990 auf 998 Dollar im Jahr 1991 an. Die Steuern der unteren Einkommensgruppen (und einige Steuern für mittlere Einkommensgruppen) wurden gesenkt, aber die öffentlichen Ausgaben erhöht.

Das ist ein klassischer politischer Trick, der sich aber nicht lange durchhalten lässt, weil die Bürger mittleren und höheren Einkommens, die mit höheren Steuern belastet werden, nicht zahlreich genug sind (vor allem nicht in Arkansas, dem viertärmsten Staat der USA gemessen am Pro-Kopf-Einkommen), um diese Wahltaktik immer aufs Neue finanzieren zu können. Daher müssen auch andere Steuern angehoben werden. Im Falle von Arkansas hieß das unter anderem Erhöhung der Mehrwertsteuer und der Steuern auf Benzin und Bier. Ingesamt wuchs die Steuerlast für die Bürger von Arkansas 1991 auf 276,6 Millionen Dollar an – Zusatzeinnahmen, die 11,7 Prozent des gesamten Steueraufkommens von Arkansas ausmachten.

Den Reichen auf Kosten der Armen helfen?

«Mr. Bush hat vorgeschlagen, die Kapitalgewinnsteuer um die Hälfte zu senken. Demokraten haben das als Hilfe für die Reichen auf Kosten der Armen bezeichnet.»

The New York Times
William Safire
27. Februar 1992

Nach amerikanischem Recht fallen unter die Kapitalertragsteuer *(capital gains tax)* vor allem Veräußerungsgewinne, wie sie sich beispielsweise aus dem Verkauf von Vermögenswerten wie einer Farm, einem Haus, einem Geschäft oder Aktienbesitz ergeben. Im Zuge des Tax Reform Act von 1986 wurde die Steuer auf solche Gewinne erhöht, sodass sie der Besteuerung anderer Einkommen entsprach. Damals wurde die effektive Kapitalertragsteuer von 20 auf 28 Prozent angehoben – eine Steuererhöhung um 40 Prozent. Bush hat wiederholt versucht, diesen Steuersatz zu verringern, aber wie das obige Zitat zeigt, haben seine politischen Gegner solche Versuche stereotyp als Maßnahmen hingestellt, die nur den Reichen nützen würden.

Betrachten wir die Zahlen und die Logik, um herauszufinden, ob es sich tatsächlich so verhält. Anscheinend hatte man bei der Erhöhung der Kapitalertragsteuer im Sinn, die Reichen zur Kasse zu bitten. Hat das geklappt? In dem Jahr, bevor die Ertragsteuererhöhung in Kraft trat, hat die Staatskasse aus dieser Steuer ein Aufkommen von 213 Milliarden Dollar gehabt. 1991 ging dieser Betrag auf 108 Milliarden Dollar zurück.

Was war geschehen? Wenn die Absicht dieser Erhöhung einfach gewesen wäre, ein höheres Steueraufkommen zu erzielen, so ist festzustellen, dass sie ihren Zweck nicht erfüllt hat. Es mag kontraintuitiv sein, aber eine Steuererhöhung vermehrt nicht mehr das Aufkommen aus dieser Steuer. In unserem Beispiel wurde die Kapitalertragsteuer erhöht, also vermieden die Steuerzahler Veräußerungsgewinne. Wenn wir keine Lust haben, 28 Prozent des Gewinns beim Verkauf unseres Hauses an den Staat abzuführen – vor allem wenn der «Gewinn» in erster Linie auf die Inflation zurückzuführen ist, das Haus also im Grunde genommen nicht an Wert gewonnen hat –, dann lassen wir es lieber.

Bei der Steuererhöhung hat das Congressional Budget Office (CBO) vorausgesagt, dass das Aufkommen aus der Kapitalertragsteuer 1991 269 Milliarden Dollar erreichen würde. Es belief sich aber lediglich auf 108 Milliarden Dollar. Damit erreichte das Aufkommen aus den Kapitalertragsteuern 1991 – fünf Jahre nach der Steuererhöhung – nur die Hälfte des Stands von 1985, dem Jahr vor der Erhöhung.

Zumindest teilweise war dieser schwerwiegende Vorhersagefehler des CBO daran schuld, dass die Verschuldung des Bundes zwischen 1989 und 1991 überraschend um zusätzliche 100 Milliarden Dollar in die Höhe kletterte. Statische Prämissen sind häufig für Fehler in der Vorhersagestatistik verantwortlich. In diesem Fall hat das CBO nicht berücksichtigt, dass sich mit veränderten Steuern auch die Menschen ändern. Verhalten, das man besteuert, wird entmutigt; Verhalten, das man nicht besteuert, wird ermutigt. (Dieses Prinzip liegt den *sinners' taxes*, den «Sündersteuern», zugrunde, also den Alkohl-, Tabak- und Wettsteuern.) Das hätte eigentlich nicht überraschen dürfen. Bisher hat nämlich jede Senkung der Kapitalertragsteuern (kontraintuitiv) zu erhöhten Einnahmen aus ihnen geführt, während jede Erhöhung das Aufkommen vermindert hat.

Die Steuern selbst wirken sich schon nachteilig genug auf die Wirtschaft aus, doch die irrige Annahme, dass Steuerhöhungen zu einem erhöhten Aufkommen führen, verursachen eine zusätzliche Schwächung. Wenn die Menschen unter dem Eindruck der Steuererhöhung darauf verzichten, alte Vermögenswerte zu verkaufen – und, unter ansonsten gleichen Bedingungen, neue zu kaufen –, kommt die wirtschaftliche Dynamik zum Erliegen, und das Kapital bleibt in alten Investitionen eingefroren, statt für neue zur Verfügung zu stehen. Das heißt, das Geld wechselt nicht mehr die Besitzer. Betrachten wir nur ein Beispiel der möglichen Folgen: Zwischen 1986, als die Kapitalertragsteuer in Kraft trat, und 1991 verringerte sich in den Vereinigten Staaten die Summe des Risikokapitals, das in junge Unternehmen investiert wurde, um zwei Drittel.

Heißt das nun, dass es den Reichen gelungen ist, dem Finanzamt ein Schnippchen zu schlagen? Keineswegs. (Pro Kopf der Bevölkerung zahlen Reiche erstaunlich hohe Steuern.) Nach den Daten des Internal Revenue Service für das Jahr 1987 wurden in 10,3 Millionen Steuererklärungen Kapitalerträge angegeben. Ungefähr zwei Drittel von ihnen stammten von Steuerzahlern mit einem Bruttoeinkommen unter 50 000 Dollar, und innerhalb dieser 50 000-Dollar-Gruppe wies noch einmal ungefähr die Hälfte ein Einkommen von weniger als 25 000 Dollar auf.

Mehr noch, häufig handelt es sich um Veräußerungsgewinne, also plötzliche und einmalige Zusatzeinkommen, die sich unter Umständen nie wiederholen. Wenn jemand sein Haus verkauft und in ein Apartment zieht, erweckt seine Steuererklärung vielleicht den momentanen Eindruck, dass wir es mit einem wohlhabenden Mann zu tun haben. Doch was hat er tatsächlich gewonnen? Er hat vielleicht das Geld, aber kein Haus mehr. (Er hat sogar weniger, nachdem er die Steuer bezahlt hat.) Und er kann diesen Verkauf nicht Jahr für Jahr wiederholen. Doch dieser momentane Eindruck, der sich jedes Jahr zum Fälligkeitstermin der Steuererklärung darbietet – unzählige Male, auf das ganze Land gesehen –, entwirft das aufreizende, aber völlig falsche Bild einer ganzen Klasse von Plutokraten, die auf der faulen Haut liegen, während sich ihr Geld auf der Bank vermehrt.

Werfen wir einen Blick auf das Einkommen von Steuerzahlern, die Veräußerungsgewinne angegeben haben, aber ziehen wir die Veräußerungsgewinne selbst ab. Aus den Daten des Joint Committee on Taxation geht hervor, dass bei Steuerzahlern, die 1985 und 1986 (vor und nach der Erhöhung der Kapitalertragsteuer) der Prozentsatz der Veräußerungsgewinne, die zum Einkommen der Steuerzahler mit Einkünften von 200 000 Dollar jährlich oder mehr beigetragen haben, von 45,3 Prozent auf 25,4 Prozent gefallen ist. Entsprechend ist der Prozentsatz von Veräußerungsgewinnen bei Steuerzahlern mit einem Einkommen von 30 000 Dollar oder weniger von 12,9 auf 26,5 Prozent geklettert.

Bei den Leuten, die von der Kapitalertragsteuer betroffen sind, handelt es sich keineswegs um die Bill Gates dieser Welt – von denen gibt es nur eine Hand voll. Es sind Mutti und Vati und Sie und ich. Die Daten des Internal Revenue Service von 1979 bis 1983 zeigen, dass nur 16 Prozent der Steuerzahler, die Veräußerungsgewinne angegeben haben, dies jedes Jahr tun. 44 Prozent haben sie nur einmal während der gesamten Fünfjahresperiode angegeben.

Auch ein anderer Aspekt schlägt zu Buche. Es war schon die Rede davon im Zusammenhang mit dem Haus, das wir mit einem «Gewinn» verkaufen, der eigentlich keiner ist. Dann ist das Haus nämlich (im Vergleich zu anderen Häusern) nicht mehr wert als früher. Veräußerungsgewinne werden nicht an die Inflationsrate angepasst. Ein Vermögenswert (wie ein Haus), der, sagen wir, vor Jahrzehnten erworben wurde, wird dann zu einem Preis verkauft, der, inflationsberereinigt, nicht höher (oder sogar niedriger) ist als der ursprüngliche Kaufpreis. (Eine durchaus übliche Situation bei Häusern.)

Der Dollar von heute ist nicht mehr ganz der, der er gestern war, ist noch weniger mit dem Dollar vor drei Jahren zu vergleichen und weist nur noch eine entfernte Ähnlichkeit mit dem Dollar vor dreißig Jahren auf. Seinen Wert erhält der Dollar durch die Fähigkeit, die er uns verleiht, ihn gegen Waren oder Dienstleistungen einzutauschen. Die Menge an Waren und Dienstleistungen, die wir mit einem Dollar kaufen können, nimmt mit der Inflation stetig ab. Sie können sich also ein Haus für 20 000 Dollar kaufen und erleben, dass sein Wert im Laufe der Jahre auf 70 000 Dollar anwächst. Leider verhält es sich mit den Preisen für Brot und Butter und alle anderen Dinge entsprechend. Wenn Sie es verkaufen, um in ein Apartment zu ziehen, erzielen Sie keinen Realgewinn, müssen aber trotzdem eine Kapitalertragsteuer zahlen, die einen «Gewinn» von 50 000 Dollar zugrunde legen. So geht es zu in der Welt der «Besserverdienenden».

Wirtschaftswissenschaftler kommen zu inflationsbereinigten Zahlen, indem sie den Dollar eines gegebenen Jahrs in der Vergangenheit mit dem prozentualen Anstieg des Index der Verbraucherpreise (CPI nach englisch *Consumer Price Index*) multiplizieren. Doch die Technik ist viel komplexer. Der Index wird errechnet, indem man einen «Warenkorb» zusammenstellt, dessen Preisveränderungen genau registriert werden. Man geht davon aus, dass diese Veränderungen der veränderten Kaufkraft der Verbraucher entsprechen. Inflationsberechnungen sind notgedrungen etwas verschwommen. Ein Problem des Indexes der Verbraucherpreise ist die Annahme, ein Warenkorb könne einen vernünftigen Maßstab für den Lebensstandard von 250 Millionen Amerikanern in den unterschiedlichsten Lebensverhältnissen abgeben. (Beispielsweise spielen Faxgeräte für einige von uns eine höchst bedeutsame Rolle, für andere dagegen überhaupt keine.)

Ein weiteres Problem liegt darin, dass es (für dieses ausgesprochen numerische Konzept) kein numerisches Verfahren zur Bestimmung von Veränderungen in der Warenqualität gibt, die doch ganz wesentlich für unseren Lebensstandard ist. (Nehmen Sie nur den Unterschied zwischen den primitiven Eisschränken von früher und den Kühlautomaten von heute.) Ein drittes Problem ist unsere Unfähigkeit, den Wandel der Verbraucherwünsche zu erklären – ein Problem, das durchaus nicht so belanglos ist, wie es auf den ersten Blick aussehen mag. (Anfang des 20. Jahrhunderts hatten unsere Urgroßeltern wenig Interesse an Elektrizität; heute ist das Verlangen unwiderstehlich.)

Und wie sieht es mit dem Bedarf aus? Braucht irgendein Mensch wirklich Faxgeräte, moderne Kühlschränke oder auch Elektrizität? Natürlich nicht. Trotzdem würden wir jemanden, der in einem Haus ohne Elektrizität wohnt, als «bedürftig» bezeichnen. Als meine Mutter ein Kind war, hat ihre Mutter alles selbst gekocht und alle Kleidung eigenhändig genäht. Die Familie war dankbar, dass sie alles hatte, was sie brauchte, und alle waren zufrieden. Der einzige Luxus, den die Kinder hatten, war eine Tafel Schokolade pro Woche, worüber sie sich sehr freuten. Doch stellen Sie sich vor, wie es aufgenommen würde, wenn wir die Sozialhilfe heute auf einen Bruchteil ihrer derzeitigen Höhe beschnitten und die Sozialhilfeempfänger stattdessen kostenlos mit Milch, Mehl, Zucker und Kleidung in beliebiger Menge versorgten.

Ein weiteres Problem des CPI ist der Umstand, dass die Inflation in verschiedenen Marktsegmenten zu unterschiedlichen Zeiten auftritt. Die Preise marschieren nicht vereint, wie es das Verfahren der Warenkorbberechnung voraussetzt. Die meisten Güter des täglichen Bedarfs (etwa Leitungswasser) sind außerordentlich preiswert, während die Preise für viele Luxusgüter (wie

Mineralwasser) im Vergleich dazu geradezu schwindelnde Höhen erklommen haben. Außerdem sind die relativen Preise in Hightechbereichen der Wirtschaft gelegentlich sehr irreführend. Beispielsweise kosten die Hochleistungscomputer dieses Jahres ein kleines Vermögen. Kaufen Sie aber den Hochleistungscomputer des letzten Jahres, bekommen Sie ihn für einen Bruchteil dieses Geldes. Während das letztjährige Modell vielleicht so viel kostet wie das Hochleistungsmodell vor fünf Jahren, verfügt das neuere Modell möglicherweise über ebenso viele Funktionen bei zehnfacher Geschwindigkeit. Das Bureau of Labor Statistics versucht, solchen Aspekten durch so genannte «Anpassungen an den hedonistischen Wert» gerecht zu werden (vielleicht sollte man sie besser als «Lustfaktoren» bezeichnen), aber der Erfolg solcher Bemühungen bleibt natürlich begrenzt.

Gelegentlich erkennt das BLS so gravierende Mängel in dem Index, dass es die Berechnungsmethode ändert. (So vernünftig solche Maßnahmen an sich sind, sie sind auch Ursache neuer Verwirrung und Fehler.) Eine solche Änderung, die im Jahr 1983 vorgenommen wurde, lässt jedes vorherige Maß für Armut und Inflation, auch neue Messungen mit alten Zahlen, zweifelhaft erscheinen.

Um die monatlichen Veränderungen in den Wohnkosten zu erfassen, hat der Index die monatlichen Veränderungen spezieller einmal anfallender Kosten beim Kauf eines Hauses berücksichtigt – obwohl natürlich niemand jeden Monat ein Haus kauft. Als man dann dazu überging, stattdessen die monatlichen Veränderungen der Häusermieten zugrunde zu legen, waren die Inflationsraten geringer, als vorher angenommen. Daher muss jede Vergleichsanalyse der US-Lebenskosten, die sich auf (unbereinigte) CPI-Daten vor 1983 stützt, die Inflation überzeichnen.

1994 hat das BLS erneut geplant, die Berechnungsverfahren des CPI zu ändern, ein weiterer Hinweis darauf, dass die Zahlen nicht geeignet sind, ein zutreffendes Bild zu liefern – es aufgrund ihrer immanenten Schwäche vielleicht nie sein werden. Das ist von erheblicher Bedeutung, weil sie Mängel des CPI als Fehler in fast allen Sammlungen gesamtwirtschaftlicher Größen, die wir zu zeitlichen Vergleichen heranziehen, niederschlagen müssen. Eine genaue Inflationsbereinigung ist für solche Analysen unerlässlich.

So vermutet das BLS, dass der CPI die Inflation jedes Jahr um bis zu 0,6 Prozentpunkte überbewertet. Zum Teil liegt es, wie das Büro einräumt, an einem theoretischen Problem: der Annahme, dass ein Warenkorb, der in den Jahren 1982 bis 1984 zusammengestellt worden ist, das Kaufverhalten ein Jahrzehnt später noch angemessen beschreiben könne. (Es ist darauf hinzuweisen, dass das Kaufverhalten wenig mit dem Erwerb der lebensnotwendigen Dinge zu tun hat. In unserer Gesellschaft sind diese Notwendigkeitsgüter sowohl preiswert als auch reichlich vorhanden.)

Ein anderer Aspekt des Problems liegt in einem falschen mathematischen Ansatz, der die Inflationsberechnung bei Preisfluktuationen nachhaltig beeinflusst. Wenn der Preis einer Ware beispielsweise von einem Dollar auf 1,25 Dollar klettert, schlägt das als eine Preissteigerung von 25 Prozent zu Buche, denn bekanntlich sind 25 Cent 25 Prozent von einem Dollar. Doch wenn der Preis von 1,25 Dollar wieder auf einen Dollar zurückgeht, dann erscheint diese Bewegung nur als eine Preissenkung von 20 Prozent, weil 25 Cent eben 20 Prozent von 1,25 Dollar sind. So bleibt im CPI eine Preissteigerung von 5 Prozent erhalten (die 25 Prozent Preissteigerung minus der 20 Prozent Preissenkung), obwohl der Preis haargenau der gleiche ist wie vorher.

Doch ungeachtet der offenkundigen Mängel des CPI weist eine Besteuerung der Veräußerungsgewinne, die nicht inflationsbereinigt ist, weit größere Mängel auf. So wird man unter Umständen nicht nur besteuert für einen «Gewinn», den es gar nicht gibt, sondern wird, wenn man Pech hat, sogar für einen Verlust besteuert. (Was vielen von uns tatsächlich passiert; es handelt sich um eine durchaus übliche Situation.) Nehmen Sie an, sie hätten ein Haus für 20000 Dollar gekauft und der Wert dieser Summe wäre im Laufe der Zeit inflationär auf 70000 Dollar angewachsen, doch Sie hätten das Haus nur für 60000 Dollar verkaufen können. Dann hätten Sie einen Verlust von 10 000 Dollar, würden aber für einen Gewinn von 40 000 Dollar besteuert. Die Welt der Besserverdienenden kann ziemlich unwirtlich sein.

60 Prozent des Wachstums für ein Prozent der Spitzenverdiener?

«Bill Clinton ... weist immer wieder auf eine verblüffende Statistik hin: Die Menschen, die durch ihr Einkommen zu dem einen Prozent der Spitzenverdiener gehören, haben in den letzten zwölf Jahren 60 Prozent des Wirtschaftswachstums eingestrichen.»

The Wall Street Journal
8. April 1992

Dieses Zitat belegt eine der griffigsten Vorstellungen, mit denen Clinton so erfolgreich gegen Bush angetreten ist – dass die Jahre unter Bush und Reagan eine Ära waren, in der die Superreichen ihren Superreichtum weit über ihren zahlenmäßigen Bevölkerungsanteil hinaus und vermutlich auf Kosten aller anderen ausgebaut haben.

Zunächst ist noch einmal darauf hinzuweisen, dass in den zwölf Jahren, von denen hier die Rede ist, die Demokraten die Mehrheit im Kongress hatten und daher eine entscheidende Rolle in der Wirtschaftspolitik spielten, vor allem in der Steuer- und Ausgabenpolitik, und dass Bush und Reagan keineswegs in einen Topf geworfen werden können.

Doch selbst wenn wir diese Gesichtspunkte außer Acht lassen, ist Clintons Behauptung irreführend. Daran ändern auch die beiden konkreten Zahlen nichts, die er anführt. Zum einen personifiziert er das eine Prozent Spitzenverdiener, als wären es immer die gleichen Personen – die gleichen Namen – gewesen, die in den Jahren von 1980 bis 1992 alle Gewinne eingestrichen hätten, was ganz und gar nicht der Fall war. Der Fehler beruht auf einem Trugschluss, dem wir häufig begegnen, wenn wir die Aussagen und Prognosen untersuchen, die Politiker zur wirtschaftlichen

Situation abgeben – dem Trugschluss einer statischen Wirtschaft.

Wenn wir von dem einen oder den fünf oder den zwanzig Prozent der Spitzenverdiener eines längeren Zeitraums sprechen, dann haben wir es im Laufe dieser Zeit nicht mit denselben Personen zu tun, und je kleiner der Prozentsatz, desto größer die Fluktuation innerhalb dieser Gruppen. (Umgekehrt gilt: je größer der Prozentsatz, desto kleiner die Fluktuation. Das heißt, wenn wir 100 Prozent einer Gruppe erfassen, dann haben wir es auch nach längerer Zeit noch mit denselben Individuen zu tun, selbst wenn viele in der Zwischenzeit geboren wurden, umgezogen und gestorben sind. Doch wenn wir nur ein Prozent dieser Gruppe erfassen, ergibt es sehr viel mehr Personen, die, wie kurzfristig auch immer, einen der Plätze einnehmen können, die das eine Prozent der Spitzenpositionen ausmachen.)

Daher setzten sich die 2,5 Millionen Menschen, die dieses oberste eine Prozent 1992 ausmachten, anders zusammen als diejenigen, die es 1991 bildeten, und diese setzten sich wiederum anders zusammen als diejenigen, die es 1990 konstituierten, und so fort. Schließlich verändern sich die Menschen mit der Zeit. Die Leute werden älter, sie arbeiten fleißiger, sie sammeln Erfahrung, sie klettern die Erfolgsleiter empor, sie treten in den Ruhestand und sie sterben – von dem Einfluss ganz zu schweigen, den Glück und Unglück dabei ausüben. Für die Vereinigten Staaten gilt überdies, dass die Spitzenverdiener dort eine weit höhere Fluktuation aufweisen als in irgendeinem anderen Land der Welt. Die besten Untersuchungen der Einkommensmobilität in den USA verdanken wir der «Quintilanalyse», das heißt der Aufteilung der amerikanischen Haushalte nach ihrem Einkommen in Fünftel. (Das Wort leitet sich von lateinisch *quintus* – «der Fünfte» – her.) Allerdings sind Quintilanalysen gespickt mit Missverständnissen, Irrtümern und Denkfehlern.

Vor allem dürfen wir nicht aus den Augen verlieren, dass es sich um eine Unterteilung in Haushalte und nicht Individuen handelt. Bei einer Quintilanalyse dürfen wir nicht als selbstverständlich voraussetzen, dass ein Quintil auch tatsächlich 20 Prozent der Individuen enthält. Beispielsweise waren 1989 in dem «untersten Einkommensquintil» nur 14 Prozent der Individuen unseres Landes enthalten, während sich im «Spitzenquintil» 25 Prozent der Individuen befanden.

Das liegt daran, dass die Haushalte im höchsten Einkommensquintil größer sind. Zwar gibt es eine beträchtliche Zahl von Alleinerziehenden mit relativ vielen Kindern im niedrigsten Einkommensquintil, doch das wird mehr als ausgeglichen durch den Umstand, dass sich in diesem Quintil auch mehr Singles und ältere Menschen befinden, die ihren Partner verloren haben und nicht bei ihren Kindern leben. In dem betrachteten Jahr war die durchschnittliche Haushaltsgröße im höchsten Einkommensquintil um 72 Prozent größer als die Durchschnittsgröße eines Haushalts im niedrigsten Einkommensquintil.

Die Quintilanalyse hat noch viele andere numerische Probleme. Beispielsweise kann die Steigerung eines Einkommens in einer der unteren vier Einkommensquintilien die Durchschnittswerte in anderen Quintilien mehr als im eigenen steigern. Es folgt ein Beispiel für zehn Haushalte:

Einkommensquintil eins
Ein Haushalt verdient 100 000 Dollar im Jahr.
Ein Haushalt verdient 90 000 Dollar im Jahr.
Einkommensquintil zwei
Ein Haushalt verdient 80 000 Dollar im Jahr.
Ein Haushalt verdient 70 000 Dollar im Jahr.
Einkommensquintil drei
Ein Haushalt verdient 60 000 Dollar im Jahr.
Ein Haushalt verdient 50 000 Dollar im Jahr.
Einkommensquintil vier
Ein Haushalt verdient 40 000 Dollar im Jahr.
Ein Haushalt verdient 30 000 Dollar im Jahr.
Einkommensquintil fünf
Ein Haushalt verdient 20 000 Dollar im Jahr.
Ein Haushalt verdient 10 000 Dollar im Jahr.

Sagen wir, der angehende Schriftsteller verdient als Hilfskellner 10 000 Dollar im Jahr und bekommt für sein Buch schließlich einen Vorschuss von 100 000 Dollar. Bisher wies das Einkommensquintil fünf einen Durchschnittswert (Mittelwert) von 15 000 Dollar pro Jahr auf (20 000 Dollar + 10 000 Dollar = 30 000 Dollar : 2 = 15 000 Dollar). Nun klettert es auf den enormen Durchschnitt von 65 000 Dollar, richtig? (20 000 Dollar + 110 000 Dollar = 130 000 Dollar : 2 = 65 000 Dollar.) Ganz falsch! Der Schriftsteller/Kellner wandert vielmehr ins Einkommensquintil eins, sodass wir folgende Verteilung erhalten:

Einkommensquintil eins
Ein Haushalt verdient 110 000 Dollar im Jahr.
Ein Haushalt verdient 100 000 Dollar im Jahr.
Einkommensquintil zwei
Ein Haushalt verdient 90 000 Dollar im Jahr.
Ein Haushalt verdient 80 000 Dollar im Jahr.
Einkommensquintil drei
Ein Haushalt verdient 70 000 Dollar im Jahr.
Ein Haushalt verdient 60 000 Dollar im Jahr.
Einkommensquintil vier
Ein Haushalt verdient 50 000 Dollar im Jahr.
Ein Haushalt verdient 40 000 Dollar im Jahr.
Einkommensquintil fünf
Ein Haushalt verdient 30 000 Dollar im Jahr.
Ein Haushalt verdient 20 000 Dollar im Jahr.

Wir können also feststellen, dass das höchste Einkommensquintil (genau wie alle anderen) auf Kosten des niedrigsten Quintils zugelegt hat. Das ergibt natürlich ein gröblich verzerrtes Bild, doch genau das passiert unablässig.

Was geschieht nun, wenn das höchste Einkommensquintil einen Sprung der gleichen Art macht? Kehren wir zum ursprünglichen Quintil zurück. Nehmen wir diesmal an, dass die angehende Malerin, die als Ärztin 100 000 Dollar pro Jahr verdient, eines ihrer Bilder für 100 000 Dollar an einen dankbaren Patienten verkauft. Wie wirkt sich das auf die anderen Quintilien aus?

Es folgt die veränderte Verteilung:

Einkommensquintil eins
Ein Haushalt verdient 200 000 Dollar im Jahr.
Ein Haushalt verdient 90 000 Dollar im Jahr.
Einkommensquintil zwei
Ein Haushalt verdient 80 000 Dollar im Jahr.
Ein Haushalt verdient 70 000 Dollar im Jahr.
Einkommensquintil drei
Ein Haushalt verdient 60 000 Dollar im Jahr.
Ein Haushalt verdient 50 000 Dollar im Jahr.
Einkommensquintil vier
Ein Haushalt verdient 40 000 Dollar im Jahr.
Ein Haushalt verdient 30 000 Dollar im Jahr.
Einkommensquintil fünf
Ein Haushalt verdient 20 000 Dollar im Jahr.
Ein Haushalt verdient 10 000 Dollar im Jahr.

In diesem Fall ist nur das Einkommensquintil eins betroffen. Egal, was geschieht, die Zuwächse scheinen sich immer in den höheren Quintilien niederzuschlagen. Hier liegt es daran, dass jede Zunahme im höchsten Quintil nur das Durchschnittseinkommen dieses Quintils erhöht, denn es gibt kein höheres Quintil, in das der betreffende Haushalt aufrücken könnte.

Wie dem auch sei, wir müssen mit den Zahlen vorlieb nehmen, die wir haben, und das amerikanische Zensusbüro hat Zahlen erfasst, die über Bewegungen zwischen Quintilien Aufschluss geben. Die Vorstellung, dass das höchste Einkommensquintil von Jahr zu Jahr die gleichen Menschen – die gleichen Namen – enthält, wird auch durch diese Daten widerlegt: Das Zensusbüro hat berichtet, dass zwischen 1985 und 1986 23,7 Prozent der Haushalte aus dem höchsten Einkommensquintil in ein niedrigeres abgerutscht sind. Das war kein statistischer Ausreißer: Zwischen 1987 und 1988 waren es 24,3 Prozent.

Zwei Beispiele sind noch keine Gesetzmäßigkeit, aber in diesen Zahlen drückt sich aus, was die meisten von uns längst wissen, auch wenn wir den Gedanken gerne verdrängen würden: Jährliche Einkommen sind keine Gewähr für lebenslange Sicherheit. Erfolge kommen und gehen, und selbst größere finanzielle Gewinne sind häufig auf einen bestimmten Zeitraum beschränkt. Wenn Clinton also im Hinblick auf die zurückliegenden zwölf Jahre von den Menschen gesprochen hat, «die durch ihr Einkommen zu dem einen Prozent der Spitzenverdiener gehören», dann bezeichnet er damit tatsächlich viel mehr Menschen, als seine Äußerung auf den ersten Blick erkennen lässt.

Der Rest der Aussage («haben in den letzten zwölf Jahren 60 Prozent des Wirtschaftswachstums eingestrichen») ist noch falscher. Als Quelle gibt Clinton einen Artikel des Wirtschaftswissenschaftlers Paul Krugman vom Massachusetts Institute of Technology in der *New York Times* an. Krugman analysiert dort den Einkommenszuwachs der Durchschnittsfamilie. Erstens hat Clinton seine Behauptung 1992 aufgestellt, doch die Studie erfasste die Jahre von 1977 bis 1989, folglich bezog sie sich auf die Amtszeiten von Carter und Reagan, nicht von Reagan und Bush. Zweitens stützte sich die Studie auf das durchschnittliche Familieneinkommen, nicht das individuelle Einkommen, doch Krugman hat dem Umstand nicht Rechnung getragen, dass die mittlere Familiengröße in diesem Zeitraum um zehn Prozent zurückging.

Drittens kann es irreführend sein, einen Zuwachs des durchschnittlichen Familieneinkommens auf gegebene Quintilien zu verteilen. Dazu schreibt der Wirtschaftswissenschaftler Michael Boskin:

> Mr. Krugmans Berechnungen haben keine Beziehung zu der tatsächlichen Verteilung von Gewinnen aus Wirtschaftswachstum. Nehmen wir an, eine Volkswirtschaft hat zwei Arbeiter mit Jahreseinkommen von 20000 beziehungsweise 30000 Dollar. Einige Jahre später verdienen diese selben Arbeiter 30000 beziehungsweise 40000 Dollar, während zwei neue Arbeiter für je 20000 Dollar eingestellt werden – alle Zahlen inflationsbereinigt. Damit ist das gesamte Realeinkommen um 60000 Dollar gestiegen. Ein Sechstel davon entfällt auf den Arbeiter, der jetzt die höchste Einkommensklasse mit 25 Prozent der Lohnempfänger repräsentiert. Ein weiteres Sechstel entfällt auf die nächste Einkommensklasse mit ebenfalls 25 Prozent der Lohnempfänger. Zwei Drittel entfallen auf die unterste Einkommensklasse mit 50 Prozent der Lohnempfänger. Das Durchschnittseinkommen stieg um 2500 Dollar (von 25000 auf

27 000 Dollar), während sich das Durchschnittseinkommen in der oberen Hälfte der Verteilung um 5000 Dollar (von 30 000 auf 35 000) erhöhte.

[Doch] so, wie Mr. Krugman den Zuwachs des Durchschnittseinkommens berechnet, entsteht der Eindruck, dass die Arbeiter in der oberen Hälfte für 100 Prozent der Gewinne aus dem Wirtschaftswachstum verantwortlich sind – des Zuwachses des Durchschnittseinkommens. Obwohl die beiden ursprünglichen Arbeiter gleiche Lohnerhöhungen erhielten, wanderte der eine von der unteren in die obere Hälfte der Verteilung, während die beiden neu eingestellten Arbeiter jetzt die untere Hälfte repräsentieren.

Das ergibt folgendes Bild:

	Vor der Veränderung	Nach der Veränderung
Obere Hälfte	$ 30 000	$ 40 000
		30 000
Untere Hälfte	20 000	20 000
		20 000
Gesamteinkommen	50 000	110 000

Mit anderen Worten, vor der Veränderung wies die untere Hälfte einen Durchschnitt von 20 000 Dollar auf, und nach dieser Veränderung, die ohne Frage für alle Arbeiter vorteilhaft war, betrug der Durchschnitt der unteren Hälfte immer noch 20 000 Dollar.

Tatsächlich liegen dem Joint Economic Committee des amerikanischen Kongresses Zahlen des Zensusbüros über das durchschnittliche Familienrealeinkommen vor (inflationsbereinigte Dollar von 1991). Diese Zahlen zeigen, dass unter dem Einfluss der Wirtschaftspolitik, gegen die Clinton antrat (von 1982 bis 1991, dem letzten Jahr, für das Daten verfügbar waren), auf das höchste Einkommens*quintil* (das fluktuierende 20 Prozent der Haushalte und nicht ein statisches Prozent von Individuen umfasste) 63,3 Prozent der Einkommensgesamtzuwächse entfielen. Doch wie gesehen, kann der Eindruck, dass sich diese Zuwächse an der Spitze häufen, irreführend sein, daher sagt selbst diese Information sehr wenig aus.

Sicherung des sozialen Netzes durch Beschneidung der Leistungen?

«Perot sagt, er könne 20 Milliarden Dollar pro Jahr einsparen, indem er die Sozialversicherungsleistungen für Leute streiche, ‹die sie nicht brauchen›, er selbst nicht ausgenommen.»

The New York Times
5. Juni 1992

Wie großzügig! Doch die meisten Leute, «die sie nicht brauchen», sind nicht gerade Milliardäre. Jedenfalls ließ die Bush-Administration durch die Statistikabteilung der Social Security Administration vorrechnen, dass Nettoeinsparungen in Höhe von 20 Milliarden Dollar nur zu leisten wären, wenn man alle Zahlungen oberhalb einer bestimmten Einkommenshöhe striche. Diese Grenze hätte bei einem Haushaltsjahreseinkommen von 56 000 Dollar gelegen. (Es handelt sich um einen Nettowert, weil die Sozialversicherungsleistungen ab einer bestimmten Höhe steuerpflichtig sind. Wenn die Leistungen gesenkt werden, gehen die Steuern verloren.) Offenbar glaubte die Bush-Mannschaft, damit habe sie Perot überzeugend widerlegt, tatsächlich aber war das eigentliche Problem damit gar nicht angesprochen. Und das ist eine der größten Schwierigkeiten, vor denen das Land je gestanden hat. Die Zahlen lassen darauf schließen, dass unser staatliches Rentensystem eines Tages zusammenbrechen muss.

Die meisten Amerikaner halten dieses System für ein Programm, das nicht die geringste Ähnlichkeit mit der Sozialfürsorge habe. Wir denken, wir bezahlen unseren Beitrag und haben eines Tages das Recht, den uns zustehenden Anteil einzufordern – eine Art Zwangssparen für den Ruhestand, großzügig ergänzt durch die Arbeitgeber, die verpflichtet sind, einen gleichen Anteil zu unseren Gunsten einzuzahlen. Wenn das der Fall wäre, hätte Perot eigentlich keinen Grund, ein schlechtes Gewissen zu haben, dass er Geld bekommt, welches er nicht braucht. Schließlich handelt es sich doch um sein eigenes Geld (und das seiner Mitarbeiter). Richtig?

Falsch. Der amerikanische Sozialversicherungsbeitrag ist eine

Steuer, aus der Sozialhilfeprogramme für viele Gruppen der Bevölkerung (nicht nur ältere Menschen) finanziert werden. Zwar wird der Beitrag nach dem Einkommen und werden die Leistungen nach dem Beitrag errechnet, trotzdem ist es keine Altersversicherung, bei der Sie eines Tages nur den Betrag, den Sie (und Ihr Arbeitgeber) eingezahlt haben, plus Zinsen zurückbekommen. Wäre das der Fall, hätten Sie schlechte Karten. Tatsächlich zahlt die amerikanische Sozialversicherung viel mehr aus, als sie erhält, und hat weit mehr Aufgaben übernommen, als ursprünglich geplant. Wer heute Sozialversicherungsleistungen erhält, bekommt sie von denen, die heute arbeiten.

Amerikanische Politiker sprechen gerne von dem «Treuhänderfonds» der Sozialversicherung, den wir durch die Erhöhung der Sozialversicherungsabgaben in den achtziger Jahren angespart hätten. Tatsächlich jedoch wird dieser «Treuhänderfonds» sofort für andere Regierungsprogramme geleert. Das Geld wird augenblicklich an das amerikanische Finanzministerium ausgeliehen und durch Schatzobligationen ersetzt. Wenn die Sozialversicherung dringend Geld braucht, weil das gegenwärtige Steueraufkommen nicht die gegenwärtigen Ausgaben deckt, werden die Steuern der gegenwärtig arbeitenden Bevölkerung erhöht.

In dem Versuch, die künftigen Bedürfnisse des Programms zu bewerten, macht die Social Security Administration (SSA) drei verschiedene versicherungsmathematische Vorhersagen, die auf «optimistischen», «neutralen» und «pessimistischen» Annahmen beruhen. Von «neutralen» Annahmen über künftige Geburtenraten, Sterblichkeitsziffern und Einkommenszuwächse ausgehend, wird die amerikanische Bundesregierung im Jahr 2030 zwischen 2 und 4,8 Billionen Dollar mehr für Sozialleistungen und Gesundheitssystem ausgeben, als sie durch Beiträge einnehmen wird. Um diese Lücke zu schließen, müssten die Sozialversicherungsbeiträge für die gesamte arbeitende Bevölkerung auf 25,4 Prozent der Lohnsumme angehoben werden.

Sie werden also nicht Ihr eigenes Geld (und das Ihres Arbeitgebers) zurückbekommen, sondern nur erhalten, was künftige Steuerzahler aufbringen können. Gemessen an dem gegenwärtig zur Verfügung stehenden Geld ist der «Treuhänderfonds» nur in der Lage, die Sozialversicherungsleistungen für die kommenden dreizehneinhalb Monate auszuzahlen. *Ihr* Geld wird also schon längst ausgegeben sein.

Doch neutrale Annahmen sind nicht unbedingt am realistischsten, nur weil sie auf halber Strecke zwischen den beiden Extremen liegen. In der Wirklichkeit, vor allem in der ökonomischen Wirklichkeit, sind die pessimistischen Vorhersagen oft am realistischsten. Zwei Beispiele aus jüngerer Zeit: Die Zuwächse der Reallöhne sind geringer gewesen als die pessimistischste Vorhersage der Social Security Administration, und die jährlichen Zunahmen des Index der Verbraucherpreise waren höher als die pessimistischste Vorhersage.

Mehr noch, der gegenwärtige «Überschuss» der Sozialversicherungsbeiträge lässt sich nur unter großen Kosten aufrechterhalten. Eine Analyse des Institute for Research on the Economics of Taxation zeigt, dass die Erhöhungen der Sozialversicherungsbeiträge von 1988 und 1990 die Steuerbelastung der amerikanischen Arbeitnehmer um 500 Milliarden Dollar vermehrt hat. Wenn der gegenwärtige Trend der Geburts- und Sterberaten erhalten bleibt, werden im Jahr 2030 nur noch zwei arbeitende Steuerzahler auf jeden Empfänger von Sozialversicherungsleistungen kommen.

Noch schlimmer: Wäre die Regierung tatsächlich gezwungen, jedem Steuerzahler seine Sozialversicherungsbeiträge zurückzuzahlen, dann wäre folgender Gesichtspunkt zu berücksichtigen: Wenn wir nur die Anteile für das Ruhestandsgeld berücksichtigen (ohne Gesundheitskosten und Krankenhausversicherung), beliefen sich Anfang 1990 die gesamten Leistungspflichten – die Summe, die erforderlich ist, jedem Sozialversicherten mit Zinseszins die ihm zustehenden Leistungen auszuzahlen – auf 6,7 *Billionen* Dollar. In jenem Jahr wies der «Treuhänderfonds» Vermögenswerte von 189 Milliarden Dollar auf. Keine unbeträchtliche Lücke. Zweifellos muss noch zu unseren Lebzeiten irgendetwas geschehen.

Rückgang der Arbeitsplätze?

«In einem Interview vom 5. Juni in der Los Angeles Times *... bezeichnet Perot, wie er es gern tut, den ‹Rückgang der Arbeitsplätze› als das größte Wirtschaftsproblem der Nation.»*

Newsweek
22. Juni 1992

Worüber mag sich der Texaner mit dem Hang zu markigen Sprüchen hier beklagt haben? Er kann ja wohl nicht ernsthaft gemeint haben, dass die Zahl der vorhandenen Arbeitsplätze in Amerika wirklich zurückging. Von 1982 bis 1989, vor Beginn der letzten Rezession, geht aus den offiziellen Zahlen hervor, dass in den Vereinigten Staaten 4,5 Millionen neue Arbeitsstellen geschaffen wurden, die ungefähr neunzehn Millionen Amerikaner in Lohn und Brot brachten. In unserer pulsierenden Wirtschaft werden ständig neue Firmen, ja vollkommen neue Branchen geschaffen. Doch Perot steht in dem Ruf, ein Anwalt der älteren, arbeitsintensiveren Industrien zu sein, jener Branchen, die er vom NAFTA, dem Nordamerikanischen Freihandelsabkommen, gefährdet sieht. Nach seiner Auffassung gehen viele Arbeitsplätze verloren, wenn diese älteren Industrien in Billiglohnländer verlegt werden.

Trotzdem wäre Perots Aussage nur dann glaubwürdig gewesen, wenn sie sich auf einen tatsächlich zählbaren Arbeitsplatzverlust in einem bestimmten Zeitraum bezogen hätte, den man mit einer bestimmten früheren Periode hätte vergleichen können. Ohne Festlegung eines solchen Zeitraums lässt sich die Aussage nicht überprüfen. Damit hatte er sich eines Themas angenommen, das große emotionale Bedeutung für viele Amerikaner hatte (und hat), wie Perots Erfolg in der öffentlichen (und sehr politischen) Debatte über die volkswirtschaftlichen Vor- und Nachteile des NAFTA zeigte.

Wenn die Behauptung, die Arbeitsplätze gingen zurück, überhaupt einen Sinn machen soll, dann muss sie sich auf bestimmte Wirtschaftszweige beziehen. Um diesen Umstand aber als Gefahr für die gesamte Volkswirtschaft zu interpretieren, darf man nur eine Seite der Arbeitsplatzmarktsituation betrachten. Natürlich fallen Arbeitsplätze fort, doch gleichzeitig werden neue geschaffen. Wer über die Zahl der fortfallenden Arbeitsplätze jammert, hat das Wesen wirtschaftlicher Entwicklung nicht begriffen: mehr Produktivität mit weniger Ressourcen zu schaffen. Das bedeutet in der Regel auch weniger menschliche Arbeitskräfte. Stellenabbau – «Rückgang der Arbeitskräfte» –, weil sich dank neuer Technologien die gleiche Produktion mit weniger Arbeitskräften leisten lässt, ist ein wirtschaftlicher *Vorteil*, kein Nachteil. Diese Ressourcen, menschlicher oder anderer Natur, die vorher erforderlich waren, um ein bestimmtes Produkt herzustellen und/oder ein bestimmtes Bedürfnis zu befriedigen, werden durch diesen Prozess zur Herstellung anderer Produkte und/oder Befriedigung anderer Bedürfnisse freigesetzt.

Wenn wir zum Beispiel noch die altmodischen Telefonzentralen aus der Frühzeit des Fernsprechwesens hätten, könnten wahrscheinlich alle Frauen des Landes zwischen achtzehn und fünfundsechzig als Telefonistinnen an solchen Schalttafeln beschäftigt werden, um die immense Zahl von Anrufen zu steuern, die heute in den Vereinigten Staaten anfallen. Sollen wir den Rückgang der Arbeitsplätze für Telefonistinnen beklagen, für den die neue Fernsprechtechnik verantwortlich ist? Oder sollen wir lieber jubilieren, dass wir anrufen können, soviel wir wollen, und dass sich all diese Menschen trotzdem mit anderen Dingen beschäftigen können?

Der Rückgang der Arbeitsplätze ließe sich leicht beheben, indem man einfach die Anwendung arbeitssparender Technologien einschränkte. Wir könnten alle Männer, die in guter körperlicher Verfassung sind, damit beschäftigen, Obst durchs Land zu tragen. Dazu müssten wir nur verfügen, dass keine Güterzüge und Lastwagen mehr zu diesem Zweck verwendet würden. Oder wir könnten alle eine sinnvolle Arbeit als Kleinbauern finden, wenn wir auf die moderne landwirtschaftliche Technik verzichten würden. (Dazu könnte Fidel Castro eine Menge mehr erzählen.)

Gewiss, wir hätten dann alle Arbeit in der landwirtschaftlichen Produktion, der Erzeugung von Lebensmitteln. Aber Lebensmittel wären dann *alles*, was wir hätten. Nehmen wir als Beispiel für den Stellenabbau das Jahr 1910, als 13 555 000 Menschen in der amerikanischen Landwirtschaft arbeiteten. 1970 war diese Zahl auf 4 523 000 gesunken. Sollen wir über den Rückgang der Arbeitsplätze in der Landwirtschaft lamentieren? Nein, denn die Zahl der Menschen, die auf einen Arbeiter in der Landwirtschaft kommen, ist im gleichen Zeitraum von sieben auf neunundsiebzig angewachsen, und alle diese Arbeiter können andere Dinge produzieren – wie zum Beispiel raffinierte Fernsprechtechnik. Das ist der eigentliche Zweck von Arbeitsplätzen in einer fortschrittlichen Gesellschaft – und nicht, die Leute einfach zu beschäftigen.

Stimmt etwas nicht mit unserem Steuerrecht?

«Etwas stimmt nicht mit unserem Steuerrecht, wenn euer Einkommen in den achtziger Jahren um 65 Prozent gestiegen und eure Steuern um 15 Prozent gesunken sind.»

The New York Times
Zitat aus Bill Clintons Rede
vom 23. Juni 1992

Warum? Würde Clinton der Meinung sein, etwas stimme nicht mit unserem Gesundheitssystem, wenn unsere Gesundheit viel besser geworden wäre, unsere Kosten für Ärzte und Medikamente aber zurückgegangen wären? Mit anderen Worten, warum kann es nur eine Verbesserung geben, wenn wir mehr dafür zahlen? Noch schwerwiegender, warum ist im Begriff der *Selbst*-Verbesserung die Vorstellung enthalten, dass wir mehr dafür zahlen müssen? In diesem Fall spielt sich eine puritanische Moralvorstellung als Mathematiker auf. Entscheidend ist: Clinton stellt einen künstlichen Gegensatz zwischen diesen Auf- und Ab-Prozentsätzen her, um uns glauben zu machen, dass «etwas nicht stimmt», wenn sie nicht synchron steigen und fallen. Allerdings rechtfertigen die Zahlen diesen Schluss nicht. Das ergibt keinen Sinn. Wir sollten hocherfreut sein, wenn das Einkommen aller um 65 Prozent zunimmt und ihre Steuern um 15 Prozent sinken.

Für die Menschen ist es ein Schock, wenn sie erkennen, dass man mit fleißiger Arbeit zwar Geld verdienen kann, dann aber das ganze Gewicht der Steuerlast zu spüren bekommt, die sie, als sie jünger waren, den «Besserverdienenden» so bereitwillig an den Hals wünschten. Im Prinzip gibt es zwei Möglichkeiten, die Steuerbelastung bei wachsendem Einkommen zu erhöhen, und unser Staat hat sich für die strengere entschieden, das heißt, er schränkt das Entgelt aller Amerikaner ein, die sich an das Credo unserer Gesellschaft halten und fleißig arbeiten, um ihr Los zu verbessern.

Eine Möglichkeit besteht darin, dass alle Bürger einen festgesetzten Prozentsatz ihres Einkommens als Steuer abführen. Das bezeichnet man im Allgemeinen als «Pauschalbesteuerung». Bei dieser Methode steigen mit dem Einkommen auch die Steuern. Sagen wir, der Steuersatz betrüge 15 Prozent. Wenn wir alle anderen Gesichtspunkte beiseite lassen (etwa Freibeträge und Abschreibungsmöglichkeiten), würde jemand, der 15 000 Dollar verdient, 2250 Dollar Steuern zahlen, bei 35 000 Dollar wären es 5250 Dollar und bei 55 000 Dollar 8250 Dollar.

Unser Land hat sich für den anderen Weg entschieden, das heißt, es erhöht den *Prozentsatz* mit steigendem Einkommen. Das bezeichnet man im Allgemeinen als «progressive Steuer». Bei einem progressiven Steuersatz steigen die Steuern mit wachsendem Einkommen steil an. Nehmen wir an, der erste Steuersatz wäre 15 Prozent, der zweite 28 Prozent und der dritte 31 Prozent. Wenn wir von allen anderen Bedingungen absehen (unter anderem den Grenzsteuersätzen, auf die wir gleich zu sprechen kommen), dann würde jemand, der 15 000 Dollar verdient, 2250 Dollar bezahlen, wer 35 000 Dollar verdient, würde 9800 Dollar abführen, und der stolze Verdiener von 55 000 Dollar würde 17 050 Dollar an Steuern zu bezahlen haben. Der Unterschied zwischen einer Pauschalbesteuerung und einer Steuerprogression ist für Steuerzahler, die mit der Materie nicht vertraut sind, verblüffend.

Das waren die tatsächlichen Steuersätze im Jahr 1995. Hinzu kam noch ein vierter und fünfter Steuersatz (36 Prozent und 39,6

Prozent), aber es handelte sich bei ihnen wie bei allen anderen amerikanischen Steuersätzen um *Grenzsteuersätze*. Das heißt, in der ersten Steuerklasse führen alle Steuerzahler 15 Prozent ab, in der zweiten Klasse wird das zusätzliche Einkommen (jenseits der ersten Klasse) mit 28 Prozent besteuert, in der dritten Klasse werden auf das zusätzliche Einkommen (jenseits der zweiten Klasse) 31 Prozent erhoben, in der vierten Klasse wird das zusätzliche Einkommen (jenseits der dritten Klasse) mit 36 Prozent besteuert, und in der fünften Klasse wird das gesamte zusätzliche Einkommen (alles, was jenseits der vierten Klasse liegt) mit einer Steuer von 39,6 Prozent belegt.

Wenn wir also das progressive Steuersystem betrachten, das augenblicklich in den Vereinigten Staaten gilt, wird Clintons scheinbar so klare Aussage plötzlich verschwommen. Betrachten wir die Zahlen noch ein bisschen genauer. Meint Clinton, dass die *Steuergesamtsumme*, die die Protagonisten dieser hypothetischen amerikanischen Erfolgsstory gezahlt haben, um 15 Prozent niedriger lag als die Steuern, die ohne die Änderungen des Steuerrechts in den achtziger Jahren gezahlt worden wären? Oder meint er, dass der *Steuersatz* 15 Prozent niedriger war. Das sind zwei völlig verschiedene Dinge.

Nehmen wir an, unser Arzt hat im Jahr 1980 108 301 Dollar verdient – und Steuern nach dem damals gültigen Grenzsatz von 70 Prozent bezahlt. Zehn Jahre später hat er 178 697 Dollar verdient, also 65 Prozent mehr. Wenn nun seine Steuern im gleichen Zeitraum «um 15 Prozent gesunken sind», was bedeutet das genau?

«Seine Steuern sind um 15 Prozent gesunken», könnte heißen, dass seine *Steuergesamtsumme* vom Jahr 1980 – als er 55 698 Dollar Steuern auf ein Einkommen von 108 301 Dollar gezahlt hat – um 15 Prozent im Jahr 1990 zurückgegangen sind – also auf 47 343 Dollar Steuern bei einem Einkommen von 178 697 Dollar. Doch was wäre, wenn er 1980 lächerlich hohe Steuern bezahlt hätte? (Wir betrachten hier nur bundesstaatliche Einkommensteuern und lassen die entsprechenden Steuern der Einzelstaaten und Gemeinden außer Acht.) Wäre dann nicht eine

Absenkung dieser Steuern sehr vernünftig? Ganz abgesehen davon, dass es keine Senkung der Steuern um 15 Prozent gegeben hat. Der tatsächliche Steuerbescheid unseres Arztes im Jahr 1990 hätte sich auf 54 089 Dollar belaufen, ein Rückgang von weniger als drei Prozent.

Also wenn seine «Steuern um 15 Prozent gesunken» sind, so könnte damit gemeint sein, dass nicht seine *Steuern*, sondern sein *Steuersatz* gesunken ist. Da er 1980 zu einer Steuer von 55 698 Dollar bei einem Einkommen von 108 301 Dollar veranlagt wurde (ein Durchschnittssatz von 51 Prozent), hätte er in diesem Fall 1990 77 465 Dollar auf ein Einkommen von 178 697 Dollar an das Finanzamt abführen müssen (ein echter Durchschnittssatz von 43,35 Prozent, was 85 Prozent des vorhergehenden Steuersatzes von 51 Prozent entspricht). Damit wäre aber seine Steuersumme tatsächlich um 39 Prozent *gestiegen* (von 55 698 auf 77 465 Dollar).

Noch schlimmer: Diese Analyse lässt den höchst bedeutsamen Faktor der Inflation außer Acht. Wenn ein Einkommen in Inflationszeiten um einen beliebigen Prozentsatz anwächst, steigt die reale Kaufkraft dieses Einkommens nicht um den gleichen Prozentsatz. Stets nimmt sie in geringerem Maße zu – manchmal in erheblich geringerem Maße. (Der Einkommenszuwachs im Laufe eines Jahrzehnts kann sich auf dem Papier höchst eindrucksvoll ausnehmen, ein Eindruck, der täuscht; im Falle unseres Arztes betrug der Zuwachs nur fünf Prozent pro Jahr.) Die reale Kaufkraft kann sogar zurückgehen. Doch als wäre das noch nicht schlimm genug, befördert uns die Inflation still und heimlich in eine höhere Steuerklasse.

Betrachten wir ein Beispiel: Nehmen wir drei Steuerzahler im Jahr 1980, dem Jahr vor Reagan. Der erste hat ein steuerpflichtiges Einkommen von 18 200 Dollar verdient und 3565 Dollar an Steuern gezahlt. Sein effektiver Steuersatz beträgt ca. 20 Prozent (3565 : 18 200 ist ca. 20 Prozent). Der zweite, in der nächsten Steuerklasse, hat 23 500 Dollar verdient und 5367 Dollar bezahlt; sein Steuersatz beträgt ca. 23 Prozent. Der dritte, in der nächsten Klasse, hat 28 800 Dollar verdient und 7434 Dollar bezahlt; das ist ein Steuersatz von ca. 26 Prozent. Doch nehmen wir nun an, Carter hätte die Wahl gewonnen und nicht Reagan und er hätte die Steuern auf dem gleichen Niveau gehalten (statt sie zu senken, wie Reagan es getan hat). Vier Jahre Inflation gehen ins Land, und die Steuerzahler erhalten jedes Jahr Gehaltserhöhungen zwischen fünf und sieben Prozent. Unser erster Steuerzahler verdient nun 23 500 Dollar, der zweite 28 800 Dollar, und die Steuerzahler in den höheren Steuerklassen verzeichnen entsprechende Einkommenszuwächse. Doch die Inflation hat alle Einkommenserhöhungen aufgehoben, sodass die reale Kaufkraft gegenüber dem Jahr 1980 ungefähr gleich geblieben ist. Verfügen unsere Steuerzahler also noch über die gleiche Kaufkraft?

Nein. Sie sind klammheimlich in höhere Steuerklassen aufgestiegen. Der erste Steuerzahler zahlt nicht mehr 20 Prozent auf sein Einkommen; er muss jetzt 23 Prozent abführen. Der zweite Steuerzahler ist von 23 Prozent Einkommensteuer auf 26 Prozent angehoben worden. (Nicht anders ergeht es dem dritten Steuerzahler und all denen in höheren Steuerklassen.)

Unabhängig von der Frage, ob pauschale oder progressive Steuern für mehr Steuergerechtigkeit sorgen, müssen wir uns ansehen, was bei allgemeinen Steuersenkungen passiert, um festzustellen, ob Clintons Aussage *wirtschaftlich* sinnvoll ist. Dabei ergibt sich ein interessanter Aspekt: Gehen wir davon aus, dass es der Steuergerechtigkeit dient, wenn die besser verdienenden Amerikaner (unabhängig von der Besteuerungsmethode) einen größeren Teil der Steuerlast übernehmen, dann wären die achtziger Jahre diesem Ziel viel zuträglicher gewesen, als Clintons Behauptung erkennen lässt.

Tatsächlich wuchs in den achtziger Jahren das Aufkommen aus Bundessteuern, die von den fünf Prozent der Amerikaner mit höchstem Einkommen gezahlt wurden, um 17,6 Prozent an. Dieser Anteil stieg von 36,8 Prozent auf 44,1 Prozent, obwohl die effektiven Steuersätze gesenkt wurden. (Beispielsweise gingen die Steuersätze für die 20 Prozent der amerikanischen Steuerzahler mit den höchsten Einkommen um 8,8 Prozent zurück.) Das war zum Teil deshalb möglich, weil die Einkommensteuersätze für alle anderen Steuerzahler noch stärker fielen.

Wer im Übrigen Änderungen der Steuerpolitik so oberflächlich betrachtet, dass er beispielsweise nur eine Steuersenkung für Wohlhabende sieht, der verkennt die Verhaltensveränderungen, die solche steuerpolitischen Maßnahmen bewirken. Veränderungen der Steuersätze wirken sich auf das menschliche Verhalten aus, bevor sie das Steueraufkommen beeinflussen. Als die hohen Grenzsteuersätze gesenkt und Steuerschlupflöcher geschlossen wurden – was beides in den achtziger Jahren geschah –, hatten die Steuerzahler in den höheren Einkommensklassen nicht nur mehr Einkommen, sie hatten auch ein höheres steuerpflichtiges Einkommen. In dem Zeitraum von 1981 bis 1988 nahmen die Steuerzahlungen von einem Prozent der Spitzenverdiener um 51 Prozent zu.

Die steuerpolitischen Veränderungen der achtziger Jahre, die Clinton aufs Korn nahm, haben also bewirkt, dass die besser verdienenden Amerikaner einen höheren Anteil des Steueraufkommens bezahlten und dass, wie der Wirtschaftswissenschaftler Lawrence Lindsey darlegt, die Bundessteuerbehörde 11,5 Milliarden Dollar mehr von Steuerzahlern mit einem Jahreseinkommen von 200 000 Dollar und mehr einnahm, als sie es ohne diese Veränderungen hätte tun können.

War sich Clinton über die finanziellen Realitäten im Unklaren? Oder hat er einfach auf den Neid gesetzt, um Stimmen zu fangen? Die «Umverteilung des Reichtums» spricht viele Wähler an, weil sie annehmen, sie würden davon profitieren. Doch das Leben ist nicht so einfach wie die Reden der Politiker. Es ist nicht genügend Reichtum da, um ihn unter 250 Millionen Amerikanern zu verteilen. Der Einzelne würde nichts davon bemerken.

Alles einfrieren bis das Defizit beseitigt ist?

«Sollte man nicht alles einfrieren, bis das ungeheure Defizit beseitigt ist? Das Haushaltsdefizit, geschätzte 372 Milliarden Dollar für das Haushaltsjahr 1992, ist beträchtlich, gewiss, aber es ist

nicht unser einziges – noch nicht einmal unser wichtigstes – Wirtschaftsproblem … Wenn wir 1996 unseren Haushalt ausglichen, statt das Defizit in Kauf zu nehmen, das das Congressional Budget Office prognostiziert, ist nach einer realistischen Einschätzung davon auszugehen, dass unsere langfristige Wachstumsrate lediglich 0,25 Prozent betragen würde.»

The New York Times
Leitartikel von Paul Krugman
4. August 1992

Obwohl es Politikern viel Freude macht, Geld auszugeben, ist das Haushaltsloch ihr Lieblings-Schreckgespenst. 1992 hielten es alle drei Präsidentschaftskandidaten für notwendig, fiskalische Redlichkeit zu demonstrieren, indem sie mit Plänen zur Verringerung des Defizits aufwarteten. So wollten sie unter Beweis stellen, dass sie dem Ungeheuer gewachsen waren – auf jeden Fall rasch, wenn auch nicht ohne Schmerzen. Oberflächlich betrachtet, scheint das sinnvoll zu sein. Es gehört zu den selbstverständlichen Prinzipien einer vernünftigen Geschäftsführung, dass die Ausgaben die Einnahmen nicht übertreffen dürfen – jedenfalls nicht längere Zeit –, und wir sollten vom Chef der Regierung ein ebenso solides Finanzgebaren erwarten wie vom Chef eines Unternehmens. Doch auch Unternehmen halten sich nicht Jahr für Jahr strikt an die Regel, dass sie nicht mehr ausgeben dürfen, als sie eingenommen haben, und das, was in den Medien über das Haushaltsdefizit veröffentlicht wird, ist meist nicht ganz so einfach, wie es klingt.

Krugmans Behauptung, dass bei einem Rückgang der Defizitfinanzierung die Wachstumsrate drastisch zurückgehen würde, ist, wie alle Wirtschaftsprognosen, mit großen Vorbehalten aufzunehmen. Die Fähigkeit von Wirtschaftswissenschaftlern, die Ergebnisse bestimmter Veränderungen in ökonomischen Kontexten vorherzusagen, ist von sprichwörtlicher Begrenztheit, und das aus gutem Grund. Wenn man alle Wirtschaftsauguren Washingtons nähme, heißt es wohl nicht ohne Grund, und sie aneinander legte, würde jeder trotzdem in eine andere Richtung weisen.

Dieser Witz hat, wie gesagt, seine traurige Berechtigung, das aber hat nichts mit den Wirtschaftswissenschaftlern persönlich zu tun. Selbst wenn die Ökonomie eine Wissenschaft ist, so gehen die Vorhersagen ihrer «Wissenschaftler» selten in Erfüllung, wohl nicht zuletzt, weil es der Ökonomie an einer experimentellen Methode fehlt, wie sie den Naturwissenschaften zugrunde liegt. Eine echte Experimentalwissenschaft verlangt von dem Forscher, dass er eine – und nur eine – unabhängige Variable hat (in Krugmans Beispiel die Defizitfinanzierung). Nur so darf er davon ausgehen, dass die Veränderung der abhängigen Variablen (in Krugmans Beispiel die wirtschaftliche Wachstumsrate) tatsächlich dem Verhalten der unabhängigen Variablen zugeschrieben werden kann. Mit anderen Worten, alle anderen Variablen müssen kontrolliert und konstant gehalten werden. Doch im Falle der Wirtschaft handelt es sich bei diesen «anderen Variablen» um die unzähligen Entscheidungen und entsprechenden Handlungen aller Wirtschaftssubjekte. Zwar bemühen sich die Wirtschaftswissenschaftler nach Kräften, die numerische Strenge der Naturwissenschaften und insbesondere der Physik nachzuahmen, doch der prinzipielle Unterschied ihrer Gegenstandsbereiche rückt dieses Ziel letztlich in unerreichbare Ferne.

Da es in den Wirtschaftswissenschaften um so viele Elemente geht, die zählbar sind – zum Beispiel Defizitfinanzierung, Zinssätze, Wechselkurse und Arbeitsmarktentwicklungen –, sind viele Menschen der irrigen Meinung, die Ökonomie sei eine Zahlenwissenschaft. Tatsächlich aber gehört die Ökonomie zu den Sozial- und nicht den Naturwissenschaften. Wachsame Staatsbürger sollten diesen Umstand nie aus den Augen verlieren, wenn sie Politiker oder Wirtschaftsgurus hören, die exakt vorhersagen, welche Wirkung die Veränderung einer wirtschaftlichen Variablen auf eine andere wirtschaftliche Variable haben werde.

Das Wirtschaftswachstum der Vereinigten Staaten hängt von zahllosen Entscheidungen über Arbeitsplätze, Sparmaßnahmen, Ausgaben, Investitionen und ähnliche Dinge ab, die von rund 250 Millionen Wirtschaftssubjekten getroffen werden. Dabei handelt es sich nicht um unbelebte Teilchen, deren Reaktionen sich bei gegebener Einwirkung exakt vorhersagen lassen. Zu behaupten, man wisse, wie sich eine Veränderung der Defizitfinanzierung mit Sicherheit auf das künftige Wirtschaftswachstum auswirken werde, ist eine durch die allgemeine Erfolgsrate solcher Wirtschaftsprognosen nicht im Mindesten gerechtfertigte Anmaßung. Das trifft natürlich in besonderem Maße zu, wenn wir noch nicht einmal genau wissen, von welcher Zahl wir auszugehen haben – in diesem Fall dem Haushaltsdefizit der Vereinigten Staaten. Man möchte annehmen, dies sei das eindeutige Ergebnis einer einfachen Aufrechnung der Ausgaben gegen die Einnahmen in einem Haushaltsjahr. Doch die Annahme wäre falsch. Tatsächlich ist die Situation viel komplizierter.

Ein komplizierender Faktor ist der Umstand, dass die Gelder, über die die Sozialversicherung im Augenblick verfügt, gegen das Haushaltsdefizit aufgerechnet werden, obwohl dieses Geld von Rechts wegen der Zahlung von Sozialversicherungsleistungen vorbehalten bleiben müsste. Betrachtet man es als Geld, das im laufenden Haushaltsjahr für andere Ausgaben zur Verfügung steht, verstößt man gegen das Grundprinzip des Sozialversicherungssystems, das ja als Treuhänderfonds gedacht ist. Bei ehrlicher Rechnung hätte man dem offiziellen Haushaltsdefizit im Jahr 1992 49 Milliarden Dollar hinzurechnen müssen.

Ein anderes Problem, das die Zahlen des US-Haushaltsdefizits so viel komplizierter macht als die Gewinn-und-Verlust-Rechnungen, die Unternehmen veröffentlichen, liegt darin, dass der Staat nicht versucht, die Verbrauchsausgaben von den Investitionsausgaben zu trennen. Das ist ein strittiger Punkt. Unstrittig ist, dass alle öffentlichen Investitionen einen hohen Anteil an Gefälligkeitsausgaben enthalten. Einige Fachleute veranlasst dieser Umstand sogar zu der Behauptung, dass nichts, was die Regierung unternimmt, als Investition angesehen werden sollte. Sie empfehlen, alle staatlichen Ausgaben vom Bruttoinlandsprodukt abzuziehen, weil alle Mittel der öffentlichen Hand in Wirklichkeit von produktiven Steuerzahlern oder aus einem begrenzten Topf potenziell produktiven Kapitals genommen werden.

Doch ein Teil der Regierungsausgaben, etwa jene, die zweckgebunden sind für Infrastruktur, Forschung und Entwicklung, sind zumindest theoretisch als Investitionsausgaben gedacht (egal, ob sie de facto in Gefälligkeitsprojekte fließen oder nicht), und andererseits erweist sich auch nicht jede private Investition als produktiv. Natürlich gibt es hier nicht nur Schwarz oder Weiß, aber bei den Defizitzahlen verfährt man, als verhielte es sich so. Würde man nach den Buchhaltungsregeln der meisten Unternehmen verfahren, könnte man von dem offiziellen Haushaltsdefizit des Jahres 1992 248 Milliarden Dollar abziehen.

Natürlich ändert das nichts daran, dass die Regierung mehr ausgibt, als sie an Steuern einnimmt. Ist es aber unbedingt besser für den Staat, wenn er jeden Dollar, den er pro Jahr ausgibt, als Steuer eintreibt? Im Gegensatz zu unserem intuitiven Verständnis ist das ein strittiges Problem. Einer Volkswirtschaft kann Schlimmeres widerfahren, als dass der Staat mehr ausgibt, als er einnimmt. Beispielsweise kann die Erhebung von Steuern in voller Höhe der Staatsausgaben weit nachteiligere Folgen haben, als die Ausgaben mit einer Mischung aus Steuern und Defizitfinanzierung zu bestreiten. Höhere Steuersätze können nämlich kurzfristig Arbeitsleistung und Produktivität erlahmen lassen, während die kurzfristigen Folgen von Haushaltsdefiziten nicht immer so schwerwiegend sind.

Nach der orthodoxen Wirtschaftslehre gehören zu diesen Folgen höhere Zinssätze, da die Regierung bei einer ungefähr gleich bleibenden Geldmenge einen erhöhten Bedarf an Kreditmitteln zeigt. Doch Mitte der achtziger Jahre sind die inflationsbereinigten Zinssätze trotz steigender Haushaltsdefizite gefallen. Natürlich besteht die Möglichkeit, dass die Zinssätze ohne diese Defizite noch stärker gefallen wären, doch das alles unterstreicht die These von der Unvorhersagbarkeit wirtschaftlicher Entwicklungen, weil einfach zu viele Einflüsse am Werk sind. Offenbar wirkten andere Faktoren den negativen Effekten der staatlichen Defizitfinanzierung entgegen.

Und um zu zeigen, wie wenig man den Vorhersagen von Politikern in Dingen wie Haushaltsdefiziten trauen kann, sei angemerkt, dass selbst Krugmans kundige Vorhersage bezüglich des zu erwartenden Haushaltsdefizits ihr Ziel um 27 Milliarden Dollar verfehlte.

Ist die Forderung, nur die Reichen höher zu besteuern, betrügerisch?

«Clintons Behauptung, er werde nur die Steuern der Reichen erhöhen, ist Betrug am Wähler. Es gibt nicht genug Einkommen über einer Million Dollar, um die Ausgabenmaschinerie der Demokraten zu füttern ...»

The Wall Street Journal
Anzeige von Jack Kemp, Vin Weber, Newt Gingrich, Connie Mack, Trent Lott, Bob Kasten, Malcolm Wallop
11. August 1992

Das ist ein Beispiel für die Methode, Aussagen so nahe zusammenzustellen, dass sie den irreführenden Eindruck erwecken, es gäbe eine Beziehung zwischen ihnen. Gewiss, Clinton hat angekündigt, dass er nur die Steuern «der Reichen» anheben werde, aber er hat keineswegs behauptet, «die Reichen» hätten eine untere Einkommensgrenze von einer Million Dollar. Tatsächlich präzisierte Clinton in der ersten Debatte der Präsidentschaftskandidaten: «Die von mir vorgeschlagene Steuererhöhung greift bei Familieneinkommen ab 200 000 Dollar.» Andere Analysten hatten die Meinung vertreten, um das Geld aufzutreiben, das Clinton brauche, müsse seine Steuererhöhung auch schon Familien mit weit geringeren Einkommen erfassen. Doch Clintons Aussage sprach viele Wähler an, weil sie Einkommen von 200 000 Dollar eher dem Club der Millionäre zurechneten als Familien mit zwei oder mehr berufstätigen Mitgliedern.

Wenn wir «die Reichen» als Millionäre definieren, dann ist es in der Tat unmöglich, den Staatshaushalt der Vereinigten Staaten mit ihren Steuern zu bestreiten, *egal*, wie hoch man sie besteuert. Tatsächlich würde eine 100-prozentige Steuer (die ein einmaliges Geschäft wäre – da niemand mehr arbeiten und Geld verdienen würde, wenn ihm der Staat jeden Cent aus der Tasche zöge) auf die Einkünfte der amerikanischen Millionäre gerade mal ausreichen, um die Staatsgeschäfte dreiunddreißig Tage zu betreiben.

Wenn wir die Kriterien etwas erweitern und uns damit der Steuerklasse nähern, die Clinton anvisierte, das heißt, wenn wir eine 100-prozentige Steuer für alle *Halb*-Millionäre der Vereinigten Staaten hinzufügen, ließen sich damit die Staatsausgaben fünfundfünfzig Tage bestreiten. Selbst wenn wir mit unserer Totalsteuer die Gruppe erfassten, die Clinton selbst als «die Reichen» bezeichnet hat (Familien, die mindestens 200 000 Dollar im Jahr verdienen), wären wir noch nicht aus den Schwierigkeiten heraus. Würden wir *sie* mit unserer 100-prozentigen Steuer belegen, dann würde das Geld für 108 Regierungstage reichen – danach käme der große Kollaps.

Um die Staatsausgaben auch nur eines einzigen Jahres zu decken, müsste die Regierung ihre 100-Prozent-Steuer auf alle Familien mit einem gemeinsamen Jahreseinkommen von mehr als 180 000 Dollar ausdehnen.

Die amerikanischen Millionäre sind keine sehr ergiebige Quelle für den Fiskus – sie verdienen weniger als vier Prozent alles steuerpflichtigen Einkommens in unserem Land. Doch da sie reich sind, geben sie eine bequeme Zielscheibe ab. Das Problem bei der Zwangsrequirierung ihrer Einkünfte wäre der Umstand, dass es nicht genügend von ihrer Sorte gibt, um den Staatshaushalt merklich aufzubessern. 1991 gab es nur 52 000 Millionäre in den Vereinigten Staaten, das waren lediglich 0,05 Prozent aller Steuerzahler.

Wird das Defizit um die Hälfte zurückgehen?

«Clinton sagt, er könne durch die Streichung überflüssiger Ausgaben 26 Milliarden Dollar einsparen und dafür sorgen, dass der Haushalt 1996 lediglich um 64 Milliarden Dollar anwachse. In

den nächsten vier Jahren werde das Defizit um die Hälfte zurückgehen und danach weiter absinken.»

Newsweek
7. September 1992

Die Liste der Ausgabenkürzungen in dem Buch von Clinton und Gore ergibt in ihrer Summe tatsächlich rund 26 Milliarden Dollar (26,09 Milliarden Dollar, um genau zu sein, was bei solchen Beträgen einer gewissen Komik nicht entbehrt). Die beiden Kandidaten fächern diese Summe auf in Kategorien wie «Einsparungen bei den Nachrichtendiensten», «Kürzung der Verwaltungsausgaben», «Kürzung der Personalkosten im Weißen Haus um 25 Prozent», «Einsparungen an den Allgemeinkosten bei staatlich geförderten Forschungsvorhaben an Universitäten», «Einsparungen bei staatlichen Wohnungsbauprojekten» und «Aufhebung der Steuersubventionen für Imker».

Doch im politischen Sprachgebrauch heißt «Ausgabenkürzung» nicht immer Ausgabenkürzung. Manchmal bedeutet es auch einfach eine Einschränkung der Wachstumsrate. So waren in Clintons erstem Fünf-Jahres-Haushaltsplan die einzigen Bereiche, in denen tatsächlich Kürzungen vorgenommen wurden (zumindest in dem Sinne, in dem die meisten Amerikaner dieses Wort verwenden), der Verteidigungshaushalt und die Zinsen. Alle anderen Ausgaben stiegen in einem Zeitraum von vier Jahren um 10 Milliarden Dollar an, und dieser Anstieg kam noch zu dem Anstieg von 245 Milliarden Dollar aus dem Haushalt des vorangehenden Jahres hinzu. Doch die angeblichen Ausgabenkürzungen waren nur eine Seite von Clintons Plänen zum Defizitabbau. Auch Steuererhöhungen waren vorgesehen. 1993 gelobte Clinton, 17,8 Milliarden Dollar durch eine Zusatzsteuer für «Millionäre» und durch Erhöhung des Einkommensteuersatzes für die oberen zwei Prozent von Amerikas Spitzenverdienern aufzubringen.

Bei der Berechnung, wie viel Staatseinkünfte von einer bestimmten Steuererhöhung zu erwarten sind, hielt sich Clinton an das Verfahren des Congressional Budget Office (CBO). Doch die

CBO-Methode weist eine eklatante Schwäche auf, die wesentlich dafür verantwortlich ist, dass staatliche Prognosen oft so beklagenswert falsch sind. Das CBO verfährt nach der so genannten «statischen Analyse» – das heißt, es geht von der Annahme aus, dass eine bestimmte Steuererhöhung eine entsprechende Erhöhung der Einkünfte nach sich zieht, als würden sich das Verhalten und die Einkommen der Menschen nach der Steuererhöhung nicht im Geringsten verändern. Das ist unaufrichtig. Die Geschichte der Kapitalertragsteuererhöhungen und neuer Luxussteuern ist ein gutes Beispiel für die Mängel der statischen Analyse.

Die Haushaltsvereinbarungen von 1990 sahen eine «Luxussteuer» auf Produkte wie Yachten und Flugzeuge vor. Davon versprach sich das Joint Committee on Taxation des Kongresses in fünf Jahren Mehreinnahmen von 1,5 Milliarden Dollar. Das leuchtete den Politikern damals ein. Schließlich können sich nur reiche Leute solche Luxusgüter leisten, also würden auch nur reiche Leute betroffen sein, und wen kümmert das schon? Sie hatten Geld, sie repräsentierten nicht viele Stimmen, und von der Steuer war ein hübsches Zusatzaufkommen zu erwarten.

Tatsächlich kostete die Steuer in den betroffenen Industrien 9400 Arbeitsplätze. Schließlich werden die Yachten und Flugzeuge nicht von «den Reichen» hergestellt. Doch da sich die Regierung nicht klarmachte, dass die Amerikaner der höheren Einkommensklassen bereits eine erhebliche Steuerlast zu tragen hatten und unter Umständen nicht bereit sein würden, solche Luxusgüter zu erwerben, wenn die Steuerschraube noch weiter angezogen wurde, ging durch den Verlust dieser Arbeitsplätze auch die entsprechende Einkommensteuer verloren, sodass nach dem ersten Jahr das Steueraufkommen unter dem Strich einen Verlust von 14,1 Milliarden Dollar aufwies. Daher war Clintons Behauptung, er werde das Defizit halbieren, fast mit Sicherheit zum Scheitern verurteilt, weil er von einer statischen Analyse ausging. Es war damit zu rechnen, dass die Steuererhöhungen nicht das erwartete Aufkommen einbringen würden.

Arkansas an der Spitze der Nation?

«Bill Clinton hat es nicht das Arkansas-Wunder genannt, doch seine kompromisslose Wirtschaftspolitik hat den Staat fast an die Spitze gebracht ... Trotz der schmerzhaften US-Rezession hat Clintons Arkansas im letzten Jahr landesweit in puncto Arbeitsmarktentwicklung und Wertzuwachs den Sprung an die Spitze geschafft. In den zwölf Monaten, die im März zu Ende gehen, ist das reale Pro-Kopf-Einkommen von Arkansas um 1,2 Prozent gestiegen, das achtbeste Ergebnis aller amerikanischen Bundesstaaten.»

US News and World Report
14. September 1992

Am bemerkenswertesten ist in diesem Zusammenhang die Zahl «Zwölf». Warum? Weil Clinton von den vierzehn Jahren, die diesem Zeitraum *vorangingen*, zwölf Jahre lang Gouverneur war, sodass das, was während dieser Ein-Jahres-Periode passiert ist, gar keine so große Rolle spielt. Andere Zahlen, die ein interessantes Licht auf die Clinton-Ära werfen – er war Gouverneur von 1979 bis 1981 und erneut von 1983 bis 1992 –, können diesen Umstand vielleicht verdeutlichen.

Von 1980 bis 1990, ein Zeitraum, in dem landesweit der Prozentsatz der Amerikaner, die unterhalb der Armutsgrenze lebten, von 13 auf 12,8 Prozent fiel, stieg er in Arkansas von 14,9 auf 17 Prozent an. Außerdem kletterte die Zahl der Wohlfahrtsempfänger in Arkansas um 17,2 Prozent, erhöhten sich die Wohlfahrtskosten um 60,1 Prozent und stiegen die gesamten Staatsausgaben um 92,6 Prozent.

Während der Amtszeit von Gouverneur Clinton erhöhten sich die Einkommensteuern seines Staates Jahr um Jahr, manchmal bis zu zehn Prozent pro Jahr. Auch andere einzelstaatliche Steuern wie die Mehrwert- und die Benzinsteuer legten zu. Die Mehrwertsteuer kletterte in dem Zeitraum von 1983 bis 1992 um 50 Prozent – von drei Prozent auf 4,5 Prozent –, während die Benzinsteuer einen Sprung von fast 100 Prozent machte – von 9,5 Cent pro Gallon (knapp vier Liter) auf 18,5 Cent pro Gallon.

Zwar ging gegen Ende der Clinton-Ära das Pro-Kopf-Einkommen in Arkansas in die Höhe, doch die fortwährenden Steuererhöhungen vermehrten (im Durchschnitt) die Steuerbelastung der Wirtschaft pro Jahr um 590 Millionen Dollar.

Gegen Ende dieser Zeit zeigte eine Reihe weiterer Variablen erfreuliche Tendenzen und andere sogar eindeutige Verbesserungen, etwa die Arbeitslosenzahl, die von 7,6 im Jahr 1980 auf sieben Prozent im Jahr 1992 fiel. Doch alles in allem erinnert mich die Situation an den Titel, den meine Tochter einmal in ihrer Grundschulzeit errang: «Die Schwimmerin mit den größten Verbesserungen im Zeltlager». Sie schwamm keinen Deut besser als die anderen Kinder, aber sie gewann die Auszeichnung, weil sie sich Anfang des Sommers geweigert hatte, auch nur ins Schwimmbecken zu gehen.

Ein Plan zur Schaffung von acht Millionen neuen Arbeitsplätzen?

«Ich habe einen umfassenden Plan vorgelegt, einen realistischen Plan zum Umbau Amerikas und zur Schaffung von acht Millionen neuen Arbeitsplätzen.»

The New York Times
Zitat von Bill Clinton
17. September 1992

Kann irgendeine Regierung wirklich neue Arbeitsplätze schaffen? Und wenn, kann sie dann genau vorhersagen, wie viele Arbeitsplätze sie schaffen wird? Wenn Politiker große Zahlen verwenden, um Ereignisse in der Vergangenheit zu beschreiben, sollten wir auf der Hut sein. Doch wenn sie große Zahlen verwenden, um Ereignisse in der Zukunft zu beschreiben, dann können Sie getrost ein anderes Programm einschalten.

Natürlich kann die Regierung acht Millionen neue Arbeitsplätze aus dem Nichts zaubern – zum Beispiel, indem sie den Regierungsapparat um acht Millionen neue Stellen erweitert. Eine solche Form der Arbeitsmarktpolitik kann auf eine ehrwürdige

Tradition zurückblicken, bis hin zu den die Wirtschaft ankurbelnden Pyramidenprojekten im alten Ägypten. Ein moderneres Beispiel ist die Sowjetunion, in der es sicherlich kaum oder keine Arbeitslosigkeit gab. (Kein Wirtschaftsplan ist vollkommen.)

Selbstverständlich ist die Arbeitsplatzbeschaffung um ihrer selbst willen kein brauchbarer Maßstab für die Gesundheit einer Volkswirtschaft, und schüfe man acht Millionen Arbeitsplätze durch Regierungsbeschluss, so bliebe das sicherlich nicht ohne missliche Folgen. Wieder müssen wir beide Seiten der Medaille betrachten. Auf der einen Seite hätten wir acht Millionen neue Stellen, doch das hieße auch neue Lohnempfänger – und das wäre die Kehrseite der Medaille. Woher sollte das Geld kommen?

Die Regierung hat nur drei Möglichkeiten, sich Geld zu verschaffen: es in Form von Steuern zu erheben, es zu leihen und – buchstäblich – es zu drucken. Steuern würden es Wirtschaftssubjekten fortnehmen, die es sonst dazu verwenden würden, sich damit Waren und Dienstleistungen für sich und ihre Angehörigen zu kaufen. Wenn die Wirtschaftssubjekte kein Geld mehr haben, das sie ausgeben können, fällt eine entsprechende Zahl von Arbeitsplätzen fort. (Sogar *Sparen* macht Kapital verfügbar, das von Unternehmen geliehen, für die Expansion genutzt und damit für die Schaffung von Arbeitsplätzen verwendet werden könnte.) Genau lässt sich dieser Effekt beim besten Willen nicht quantifizieren, aber es ist klar, dass die Steuern, die für diese acht Millionen neuen Arbeitsplätze im Regierungsapparat zu zahlen wären, an anderer Stelle der Volkswirtschaft zu einem Stellenabbau führen würden, auch wenn wir nicht immer genau vorhersagen können, wo.

Gleiches gilt, wenn man die neu eingestellten Regierungsmitarbeiter mit geliehenem Geld bezahlt. Denn damit schränkt man das Kapital ein, das verfügbar ist für private Investitionen, Firmengründungen, Häuserbau und die vielen anderen produktiven Verwendungsweisen, die die Wirtschaftssubjekte für ihr Geld finden, wenn die Bundesregierung sie nicht aus dem Kreditmarkt verdrängt, um eine große Zahl von Arbeitsplätzen zu schaffen, die keinen anderen Zweck haben, als dass die Bundesregierung eine große Zahl neuer Arbeitsplätze vorweisen kann.

Die dritte Option hat die schädlichsten Auswirkungen. Dabei wird die im Umlauf befindliche Geldmenge erhöht, wodurch sich (bei sonst gleichen Bedingungen) der Geldwert verringert. Das ist die Wurzel des Übels, der eigentliche Grund der Inflation, die sich als versteckte Steuer auswirkt. Sie zehrt an den Einkommen und dem Wohlstand unserer Gesellschaft, oft unvorhersehbar, aber immer unausweichlich. Manche Leute halten die Vermehrung der im Umlauf befindlichen Geldmenge für ein Allheilmittel, doch sie konterkariert die wichtigste Aufgabe des Geldes: einen stabilen Wertmaßstab zu liefern. Zwar lässt sich nicht genau sagen, wie sie sich auf den Arbeitsmarkt auswirkt, doch eine ungebremste Inflation kann in eine gesamtwirtschaftliche Katastrophe führen – man denke etwa an Deutschland in den zwanziger Jahren –, die den negativen Effekt von Arbeitsplatzverlusten bei weitem überwiegt.

Natürlich hat Clinton nicht gemeint, er werde mit seinem Programm Arbeitsplätze schaffen, indem er acht Millionen Menschen für Regierungsprojekte einstellen würde. Er wollte öffentliche Mittel in Höhe von 200 Milliarden Dollar für «öffentliche Investitionen» aufwenden, unter anderem für den Ausbau der Hightechinfrastruktur, zum Beispiel in Form von Hochgeschwindigkeitszügen, einer «Datenautobahn», verbesserter Schul- und Berufsausbildung. Trotzdem werden *auch diese* öffentlichen Mittel – die neue Arbeitsplätze auf indirekte Weise und nicht durch direkte Stellenbeschaffung im staatlichen Apparat bringen sollen – durch Steuern, Kredite oder Inflation beschafft. Auch Steuergelder, die dazu dienen, neue Arbeitsplätze für den Bau von Hochgeschwindigkeitszügen zu schaffen, bleiben Gelder, die den amerikanischen Bürgern entzogen werden, obwohl diese es vielleicht vorzögen, Häuser, Autos und Computer zu kaufen, mit den vorhandenen «Niedriggeschwindigkeits»-Zügen zu fahren oder stattdessen eine Vielzahl anderer Waren und Dienstleistungen zu erwerben und so den amerikanischen Arbeitsmarkt zu stützen.

Ein weiteres Kardinalproblem liegt darin, dass die Regierung ihre Ausgaben gewöhnlich nicht vornimmt, um die Wünsche und

Bedürfnisse der Konsumenten so weit wie möglich zufrieden zu stellen; befriedigt werden sollen vielmehr die Bedürfnisse der Wählerschaft in so vielen Wahlbezirken wie möglich, die Bedürfnisse der Bürokratien, die die Ausgaben beaufsichtigen, und die politischen Bedürfnisse der einflussreichsten Teile des Regierungsapparates. Es ist erstaunlich, wie viel ein Hochgeschwindigkeitszug kosten kann, wenn alle diese verschiedenen Bedürfnisse befriedigt werden müssen, und nicht die Wünsche und Bedürfnisse der Fahrgäste – Wünsche und Bedürfnisse, für die schon recht gut gesorgt ist durch Automobile, Busse, Flugzeuge und Züge, die nur 40 Stundenkilometer langsamer fahren als die geplanten Hochgeschwindigkeitszüge.

Kosten Regierungsverordnungen kein Geld?

«‹Clintons Wirtschaftsprogramm wird uns zwei Millionen Arbeitsplätze kosten.› … [Dieser] Feststellung liegen zwei Fehlschlüsse zugrunde. Erstens, [Senator Phil] Gramm [Texas] und andere Republikaner stützen sich bei der Berechnung dieses Stellenverlustes auf eine falsche Analogie: Sie behandeln Regierungsverordnungen, etwa zum Mutterschaftsurlaub oder zur Krankenversicherung von Arbeitnehmern, genauso wie Steuern … Und dann rechnen sie den angeblichen Arbeitsplatzverlust mechanisch hoch … Wenn die Regierung die Unternehmen anweist, bestimmte Maßnahmen durchzuführen, nimmt sie weder den Unternehmen noch den Arbeitnehmern etwas fort … so zu tun, als handle es sich um Steuern, ist ein fatales Missverständnis.»

Business Week
Artikel von Alan Blinder
21. September 1992

Der Versuch, die Auswirkungen auf eine wirtschaftliche Variable durch die Veränderung einer anderen zu quantifizieren, lässt sich unter keinen Umständen durch eine mechanische Rechnung bewerkstelligen. Von solchen Bemühungen darf man keine exakten

Ergebnisse erwarten. Insofern hatte Blinder mit seiner Auffassung natürlich Recht. Es gab keinen Grund, die Zahl von «zwei Millionen Arbeitsplätzen» ernst zu nehmen, die nach den Spekulationen von Clintons Gegner verloren gehen sollten.

Doch das Prinzip, das diesen Spekulationen zugrunde liegt, ist durchaus vernünftig. Wirtschaftsprogramme, die Verordnungen der beschriebenen Art enthalten, können durchaus zu Arbeitsplatzverlusten führen. Blinder betrachtet nur die eine Seite der Medaille, wenn er das auch nicht zugibt. Er meint, solche Verordnungen dürften nicht als Steuern behandelt werden, weil das, was der einen Seite – in diesem Fall den Arbeitgebern – weggenommen werde, der anderen Seite – in diesem Fall den Arbeitnehmern – zugeteilt werde. Unter dem Strich vermag er keinen Verlust zu erkennen. Doch das gilt auch für jede *Steuer*, einen Vergleich, den Blinder ausdrücklich ausschließt. Wenn der Staat von den amerikanischen Steuerzahlern Geld nimmt, dann verbrennt er es nicht, sondern gibt es aus, sodass stets irgendjemand – ein Beamter, ein subventionierter Geschäftsmann oder ein Wohlfahrtsempfänger – irgendwo von der Steuertransaktion profitiert, auf die gleiche Weise, wie solche Regierungsverordnungen immer jemandem nützen.

Im Falle einer Steuer wird von einem Wirtschaftssubjekt Geld genommen und einem anderen gegeben. Infolge einer Auflage, die die Regierung einem Arbeitgeber macht, verteuert sich die Einstellung und Beschäftigung eines Arbeitnehmers durch die Summe, die der Arbeitnehmer wertmäßig erhält, etwa in Form des Mutterschaftsurlaubs (der durch eine kostspielige Zeitarbeitskraft, längere Arbeitszeiten der Kollegen oder Verzicht auf Produktion ausgeglichen werden muss) oder der Krankenversicherung (die vom Unternehmen bezahlt werden muss). Es ist möglich, dass diejenigen, die bereits beschäftigt sind, von einer solchen Verordnung profitieren, das muss aber nicht der Fall sein. Doch unabhängig von der Frage, ob die Arbeitnehmer einen spürbaren Nutzen davon haben, ist festzustellen, dass die erhöhten Lohnnebenkosten die Löhne drücken und die Einstellung neuer Arbeitskräfte verteuern.

Es gehört zu den Dogmen der Wirtschaftslehre, dass (wenn alle anderen Bedingungen gleich bleiben) bei Dingen, deren Preis sich erhöht, die Nachfrage sinkt. Doch wird sich dieser Verlust auf zwei Millionen Arbeitsplätze belaufen? Wahrscheinlich nicht.

War George Bush ein Heuchler?

«Hätte der Kongress jeden Dollar bewilligt, den George Bush verlangt hat, wäre das Haushaltsdefizit heute noch größer. Und dann sprechen sie von Ausgabenkürzungen ...»

The New York Times
Zitat von Bill Clinton
21. September 1992

Werfen wir einen genaueren Blick auf die Zahlenbilanz von George Bush, dieses (zumindest in diesem Buch) bislang so makellos dastehenden einundvierzigsten Präsidenten der Vereinigten Staaten. Eigentlich ist es kein Wunder, dass Clinton seinen Konkurrenten zur Zielscheibe seines Spottes macht. In jedem Ausgabenbereich des Staatshaushalts – die Verteidigung ausgenommen, wo Bush in der Zeit von 1989 bis 1992 seine Forderungen herunterschraubte – scheint sich dieser Präsident begeistert auf jede Möglichkeit zum Geldausgeben gestürzt zu haben. Und er wurde dazu noch nicht einmal durch einen überaus ausgabewilligen demokratischen Kongress gezwungen. Nie hat Bush sein Veto gegen einen Haushaltsplan eingelegt, weil ihm die Ausgaben zu hoch waren. Im Gegenteil, er hat sie selbst gefordert. In den Haushaltsplänen von 1992 bis 1993, während er sich auf den Wahlkampf gegen Clinton vorbereitete, den die Republikaner abfällig als einen weiteren «steuer- und ausgabensüchtigen» Demokraten bezeichneten, verlangte Bush die folgenden Ausgabenerhöhungen:

16,1	Prozent für Wohnungsbau und Stadtentwicklung
15,6	Prozent für das Außenministerium
14,7	Prozent für das Bildungsministerium
11,2	Prozent für das Finanzministerium
10,6	Prozent für das Justizministerium
7,6	Prozent für Gesundheits- und Sozialdienste
5,1	Prozent für die Umweltschutzbehörde*

Inzwischen dürfte der Leser für Zahlen und das, was sie bedeuten oder nicht bedeuten, sensibilisiert sein. Daher wird er sich fragen, wie Bushs Ausgaben im Vergleich zu denen anderer Präsidenten, Demokraten wie Republikaner, aussieht. Während wir diese Frage erörtern, sollten wir im Gedächtnis behalten, dass Prozentsätze umso «bedeutender» werden, je mehr ihr Grundwert anwächst. Bei einem Haushalt von 20 Dollar ist eine Steigerung von 100 Prozent nicht sehr erheblich, doch bei einem Haushalt von 20 Milliarden Dollar sieht das ganz anders aus. Wenn wir also Bushs Prozentsätze mit denen früherer Präsidenten vergleichen, müssen wir uns vor Augen halten, dass die meisten Haushaltsposten heute größer sind als früher. (Natürlich müssen wir auch die Inflationseffekte berücksichtigen. Die Liste ließe sich fortsetzen. Halten wir einfach fest, dass scheinbar einfache Zahlen weit komplexer sind, als wir vielleicht gedacht haben.) Vergleichen wir also Bushs Bilanz mit der seiner unmittelbaren Vorgänger, vor allem solcher «steuer- und ausgabensüchtiger» Demokraten wie Jimmy Carter und Lyndon B. Johnson.

Im Durchschnitt sind Bushs inländische Realausgaben pro Jahr in dem Zeitraum von 1989 bis 1992 um 8,7 Prozent gestiegen. Carter konnte seine Ausgabenerhöhungen auf vergleichsweise bescheidene 3,5 Prozent beschränken. Selbst Lyndon B. Johnson, der Vater der *Great Society* – dieses Sammelbegriffs für die ausgabenfreudigen Sozialprogramme der Demokraten –, hat es nur auf 5,5 Prozent gebracht. Er wurde weit übertroffen von seinem republikanischen Nachfolger Richard Nixon, der mit

* Alle Prozentsätze in inflationsbereinigten Dollar.

seinen 8,5 Prozent Bush den Titel des ausgabenfreudigsten Präsidenten fast streitig gemacht hätte. Um solche Vorgaben übertroffen zu sehen, müssen wir schon weit in die Vergangenheit zurückgehen, bis zu John F. Kennedy, dem es aber auch nur ganz knapp gelingt, Bushs durchschnittliche Ausgabenerhöhungen hinter sich zu lassen: Kennedys Durchschnitt lag bei 9,0 Prozent.

Mit Bushs Bekenntnis zu Ausgabenkürzungen hat Clinton also tatsächlich eine eklatante Heuchelei aufgespießt. (Doch den Lesern, die sehr genau hinsehen, sei eingeräumt, dass Bush nie die «Ausgabensucht» der Demokraten gegeißelt hat, sondern dass er immer von den «*steuer*- und ausgabensüchtigen» Demokraten gesprochen hat!)

Ist Festschreiben das Gleiche wie Beschneiden?

«Ein verantwortlicher Mitarbeiter des Weißen Hauses erklärte, ... er [Bush] spiele mit dem Gedanken, alle staatlichen Ausgabenprogramme auf ihrem derzeitigen Stand festzuschreiben, ausgenommen das Sozialversicherungssystem, sodass lediglich die Inflationsrate und die Vergrößerung der wählbaren Bevölkerung hinzukomme. Eine solche Festschreibung, meinte er, würde dem Staat im Laufe der nächsten fünf Jahre 294 Milliarden Dollar an Einsparungen bringen ... [Allerdings] hat er kein Wort darüber gesagt, wie das funktionieren soll, nichts, was irgendeinem Wähler einen Hinweis darauf geben könnte, dass eine der ihm am Herzen liegenden Vergünstigungen beschnitten werden könnte.»

The New York Times
24. September 1992

Zu den festen Glaubenssätzen der Anhänger einer Defizitbekämpfung gehört die Überzeugung, dass sich ein wirklicher Abbau nur durch eine Kombination zweier Maßnahmen erreichen lasse, die beide im Prinzip (das heißt politisch) undurchführbar sind – Ausgabenkürzungen und/oder Steuererhöhungen. (Warum sind diese Maßnahmen undurchführbar? Weil Politiker annehmen, dass die Mehrheit der Wähler mathematisch völlig unbedarft ist.) Doch hält diese Überzeugung einer näheren Überprüfung stand, wenn wir uns die Zahlen ansehen, die ihr zugrunde liegen?

In dem oben stehenden Zitat geht es um ein Verfahren zur Defizitbekämpfung, das Bush im Wahlkampf von 1988 angekündigt hatte – das Prinzip des «flexiblen Einfrierens» [*flexible freeze*]. Kurz gesagt, Bush hatte erklärt, er werde die bundesstaatlichen Ausgaben auf ein jährliches Wachstum von drei Prozent begrenzen. Das war das «Einfrieren». «Flexibel» sollte heißen, dass die Ausgaben in bestimmten Bereichen über diese drei Prozent angehoben werden durften, aber nur, wenn Ausgleichskürzungen in anderen Bereichen vorgenommen wurden. (Das heißt, in anderen Bereichen mussten die Ausgabensteigerungen weniger als drei Prozent betragen.)

Sobald Bush Präsident geworden war, ließ er diese Idee fallen, doch hätte er sie verwirklicht, hätte das 1993 zu einem ausgeglichenen Haushalt geführt – und es hätten keine neuen Steuern erhoben werden müssen. Zur völligen Beseitigung des Defizits wären keine Ausgabenkürzungen oder Steuererhöhungen erforderlich gewesen – man hätte lediglich die Ausgaben und Steuern annähernd auf gleicher Höhe halten müssen. Stattdessen brachte Bush 1990 den Budget Enforcement Act auf den Weg, der in einem Zeitraum von fünf Jahren neue Steuern in Höhe von 160 Milliarden Dollar vorsah. Wir wollen der *New York Times* nicht die Skepsis zum Vorwurf machen, mit der sie politischen Versprechungen begegnet, wenn es um so große Zahlen geht, doch vorwerfen können wir ihr, dass sie sich fragt, wie eine solche Festschreibung funktionieren soll, das heißt, welche «Vergünstigungen beschnitten werden» sollten. Bei einer Festschreibung wird gar nichts beschnitten; nur die Wachstumsraten werden verlangsamt.

Das soll nicht heißen, dass verlangsamte Wachstumsraten das Problem rasch genug beseitigen könnten, um eine Katastrophe zu verhindern. Wenn wir erklären, dass wir nicht mehr so rasch zunehmen wie früher, so heißt das nicht, dass wir abnehmen. (Die Tage, wo unser Gewicht von zehn Pfund auf zwanzig Pfund kletterte – eine hundertprozentige Zunahme –, sind vorüber, doch ist hinnehmbar, wenn es von zweihundert Pfund auf dreihundert Pfund anwächst – eine Zunahme von «nur» 50 Prozent?)

Die Verlangsamung der Wachstumsraten ist ein erster Schritt, ein relativ schmerzloser, der bei großer Disziplin funktionieren könnte. Wenn Bush sich an die Ankündigung des flexiblen Einfrierens gehalten hätte (vielleicht im Falle einer zweiten Regierungszeit, wie der anonyme Verantwortliche des Weißen Hauses angedeutet hatte), hätten die Staatsausgaben im Jahr 1992 1,25 Billionen Dollar betragen und nicht 1,46 Billionen wie in Wirklichkeit. Das Defizit in diesem Jahr hätte sich lediglich auf 87 Milliarden Dollar belaufen, statt auf 277 Milliarden, wie tatsächlich.

Sollte jeder mehr verdienen als der Durchschnitt?

«Die viel gerühmten neuen Arbeitsplätze der achtziger Jahre waren größtenteils schlecht bezahlte Stellen mit 250 Dollar oder weniger pro Woche. Mehr als 25 Prozent der amerikanischen Arbeitnehmer müssen sich mit solchen Jobs zufrieden geben.»

Time
28. September 1992

Nehmen wir einmal an, diese Zahlen über die neuen Arbeitsplätze würden stimmen. Ist die große Zahl von gering bezahlten Arbeitsplätzen ein Problem? Muss es nicht immer Löhne geben, die vergleichsweise niedrig, mittel und hoch sind, wenn man nicht einen Einheitslohn einführt? Warum soll es nicht vollkommen normal sein, dass es 25 Prozent Arbeitsplätze mit niedrigem Einkommen, 50 Prozent Arbeitsplätze mit mittlerem Einkommen und 25 Prozent mit hohem Einkommen gibt? In vielen anderen Bereichen weist die menschliche Population genau die gleiche Verteilung auf.

Auf einem freien Arbeitsmarkt bekommen die Menschen Löhne, die in etwa ihren Wert als Arbeitnehmer widerspiegeln. Werden sie zu niedrig bezahlt, können konkurrierende Arbeitgeber sie leicht mit einer höheren Bezahlung locken und ein gutes

Geschäft machen. Werden sie zu gut bezahlt, verlieren ihre Arbeitgeber Geld und sind gezwungen, etwas dagegen zu tun, um nicht Pleite zu machen. Deshalb muss eine Wirtschaftspolitik, die die Bezüge der Arbeitnehmer aufbessert – entweder durch die Festsetzung von Mindestlöhnen oder durch Arbeitgeberauflagen (wie Krankenversicherungen) –, letztlich die Arbeitslosigkeit verstärken.

Doch davon abgesehen, was spricht dagegen, dass unseren am schlechtesten ausgebildeten und häufig in anderer Hinsicht benachteiligten Mitbürgern eine Fülle von Arbeitsstellen offen steht? Auch bei größtem Bemühen hat nicht jeder die Fähigkeiten, die erforderlich sind, um Aufgaben der mittleren Ebene zu erfüllen. Noch weniger Menschen können den Anforderungen der höheren Ebenen gerecht werden, die Führungsfertigkeiten, technische Kenntnisse oder besondere Begabungen von ihnen verlangen. Oder wenn sich jemand aufgrund seiner Jugend oder Unerfahrenheit zunächst einmal mit einer schlechter bezahlten «Anfangsstellung» zufrieden gibt, was sollte daran verwerflich sein?

Außerdem haben die Menschen unterschiedliche Wertsysteme. Der Gedanke, länger in der Schule zu verweilen als unbedingt notwendig, mehr Verantwortung zu übernehmen oder Tag für Tag den Spagat zu üben, um mit neidischen Kollegen und launischen Vorgesetzten auszukommen, ist nicht jedermanns Sache. Manche Menschen haben nicht das Geringste gegen geistig anspruchslose Arbeit einzuwenden, und wer wollte behaupten, dass damit etwas nicht in Ordnung wäre? Es gibt genügend Leute, die ihren Aktenkoffer nur zu gerne wegschmeißen würden, wenn sie wüssten, wie sie von der Karriere-Überholspur runterkommen.

Und was ist mit all den Menschen, deren Partner für einen akzeptablen Lebensstandard sorgen und die das Einkommen nur ein bisschen aufbessern möchten? Vielleicht wollen sie nicht ganz einrosten und unter die Leute kommen, während die bescheidene Anstellung ihnen hilft, sich nützlich zu fühlen (und zu machen). Außerdem suchen viele Arbeitnehmer eine Stellung, die ihnen ein erhebliches Maß an Flexibilität und persönlicher Freiheit lässt, häufig weil sie für Kleinkinder sorgen müssen. Für sie sind Teilzeitjobs ideal, auch wenn sie in der Regel mit «Niedriglöhnen» verbunden sind – schon allein aus dem Grund, dass sie weniger Stunden arbeiten. Bei ansonsten gleichen Bedingungen müssen Teilzeitjobs den Durchschnitt drücken, und der Durchschnitt, den sie drücken, betrifft immer die unteren Einkommensklassen. Für die Leute in den Führungsetagen gibt es keine Teilzeitjobs.

Auf jeden Fall befanden sich laut dem Bureau of Labor Statistics 82 Prozent der Stellen, die in den Vereinigten Staaten von Januar 1982 bis Dezember 1989 neu entstanden sind, in den Bereichen «Technik», «Produktion» und «Verwaltung/Selbständig». Der Medianwert des Jahresverdienstes in allen drei Kategorien betrug 1989, so das Zensusbüro, 26 536 Dollar. Dieser Medianwert erreicht mehr als das *Doppelte* des Jahreseinkommens, das bei den oben genannten 250 Dollar pro Woche zusammenkäme. (Vgl. Teil zwei zu näheren Ausführungen über den Medianwert und zu der Frage, warum er häufig der geeignetste «Durchschnitt» zur Darstellung von Einkommensstufen ist.) Also, wenn keiner dieser Arbeitsplätze geschaffen worden wäre, dann wäre jetzt zumindest das durchschnittliche amerikanische Einkommen höher, oder?!

Steuerentlastungen für Millionäre?

«George Bush ist für die zweitgrößte Steuererhöhung in der amerikanischen Geschichte verantwortlich ... Jetzt will er Millionären eine Steuerentlastung von 108 000 Dollar gewähren. 108 000 Dollar! Raten Sie, wer die Zeche bezahlt.»

The New York Times
Zitat von Bill Clinton
3. Oktober 1992

Gestützt auf die eigene Zahlennaivität, führte Clinton einen, wie er meinte, vernichtenden mathematischen Schlag gegen seinen

Kontrahenten und merkte gar nicht, dass dieser Schlag viel vernichtender hätte ausfallen können – zumindest was die erste Hälfte seiner Feststellung anging. Mit seiner Unterschrift unter den Budget Enforcement Act von 1990 besiegelte Bush nicht nur die zweitgrößte Steuererhöhung in der Geschichte der Vereinigten Staaten, sondern sorgte auch dafür, dass die Defizitbekämpfung, die seit dem Gramm-Rudman-Hollings Deficit Reduction Act von 1986 stetig erlahmt war, völlig zum Erliegen kam.

Als das Gesetz von Gramm und Rudman in Kraft trat, betrug das Defizit 244,6 Milliarden Dollar. 1989 war es auf 152,5 Milliarden Dollar zurückgegangen. (Beide Zahlen in Dollar von 1989.) Als Prozentsatz des BSP ausgedrückt – ein wichtiger Maßstab, wenn wir beurteilen wollen, welche Belastung das Defizit für die Gesamtwirtschaft darstellt –, war das Defizit im gleichen Zeitraum von 5,3 Prozent auf 3,0 Prozent gefallen. Trotz dieses Fortschritts hielt Bush es für notwendig, mit einem feindseligen Kongress einen Kompromiss auszuhandeln, der 1990 zur Aufhebung des Gesetzes von Gramm und Rudman führte. In der neuen Vereinbarung wurde festgelegt, dass in den Jahren von 1991 bis 1995 das gesamte Haushaltsdefizit um rund 500 Milliarden Dollar zu verringern sei.

Wie nicht anders zu erwarten, traten kurz nach Unterzeichnung der Vereinbarung einige der numerischen Realitäten zutage, und die Schätzungen mussten revidiert werden. (In den offiziellen Regierungsstatistiken sind Prognosen zum Steueraufkommen und die Einschätzung des Haushaltsdefizits, die von diesen Prognosen abhängig ist, einem ständigen Wandel unterworfen. Sogar die Zahlen aus der jüngeren Vergangenheit können sich noch ändern, wenn neue Dokumente veröffentlicht werden. Berichte über die Ausgaben von 1992 können sich in dem Zeitraum von 1993 bis 1994 durchaus noch verändern. Das ist ein weiterer Hinweis auf die Zuverlässigkeit von Regierungszahlen.)

Inzwischen zeigten sorgfältige Berechnungen aus dem gleichen Zeitraum, dass sich das US-amerikanische Haushaltsdefizit keineswegs um 500 Milliarden Dollar verringerte, sondern um 708 Milliarden Dollar *stieg*. Addiert man diese Zahlen, so ergibt sich ein Fehler, der selbst für heutige Zeiten in seinen Ausmaßen gewaltig ist. Die Schätzungen wiesen eine Abweichung von *1,2 Billionen Dollar* auf. (Das sollte uns nachdenklich stimmen, verwaltet die Bundesregierung doch einen Großteil der Gelder, die für unsere Alters- und Krankenversicherung bestimmt sind.)

Um die Bedingungen dieser Vereinbarungen zu erfüllen, beschloss Bush deshalb eine Steuererhöhung – unter anderem auch die Anhebung der Einkommensteuer für die höheren Einkommensklassen, eine Maßnahme, auf die der Kongress großen Wert legte. Es handelte sich um die umfangreichste Steuererhöhung in der Geschichte der Vereinigten Staaten, zumindest gemessen an ihren anfänglichen Auswirkungen und Absichten, und nicht um die zweitgrößte, wie Clinton später meinte.

Bevor wir uns der Frage zuwenden, warum Clinton den Umfang der Steuererhöhung unterschätzt haben könnte, wollen wir festhalten, dass man sich durch die Steuererhöhung in dem Zeitraum von 1990 bis 1995 ursprünglich Mehreinnahmen in Höhe von 160 Milliarden Dollar erhoffte, dass aber die revidierten Zahlen – als sich einige dieser Prognosen in unbarmherzige Realität verwandelten – auf ein Steueraufkommen schließen ließen, das tatsächlich um 529 Milliarden Dollar *niedriger* liegen würde. Einer der Gründe, die wahrscheinlich für dieses Einnahmeloch verantwortlich waren, war eine unerwartete Rezession, zu der die Steuererhöhung nicht unwesentlich beigetragen haben dürfte. Für jeden Dollar, den die Bundesregierung durch diese Steuererhöhung einzunehmen gedachte, gingen gut drei Dollar verloren. So sieht die kontraintuitive Beziehung zwischen steigenden Steuern und steigendem Steueraufkommen aus.

Die Einordnung des Haushaltskompromisses von 1990 als größte oder zweitgrößte Steuererhöhung hängt davon ab, ob wir ihre Auswirkungen während des ersten Jahres betrachten – als sich das Land anschickte, die Last zu schultern – oder ob wir uns die Prognosen ihrer langfristigen Effekte ansehen. Bei diesem Vergleich ist Bushs Budget Enforcement Act von 1990 an dem Debakel von Reagans ebenso ungeliebtem Tax Equity and Fiscal Responsibility Act (TEFRA) zu messen.

TEFRA war in der Tat ein gewaltiges Steuergesetz. Im ersten Jahr nach seiner Einführung stieg die Gesamtsteuerbelastung des Landes um 17,3 Milliarden Dollar. Wenn wir diesen Dollarbetrag von 1983 inflationsbereinigt in Dollar von 1991 übertragen, so stellen wir fest, dass die Steuererhöhung von 17,3 Milliarden Dollar im Jahr 1983 nach dem Dollarwert von 1991 einer Erhöhung um 23,7 Milliarden Dollar entspricht. Doch selbst unter diesen Umständen kommen wir nicht auf die Summe, die im ersten Jahr des Haushaltskompromisses von 1990 auflief. 1991 hat er die Steuergesamtbelastung des Landes um 25,5 Milliarden Dollar erhöht.

Warum hat Clinton also die Chance vertan, seinen Gegner dafür zu brandmarken, dass er den schlimmsten Anschlag auf die Brieftasche des Steuerzahlers unterzeichnet hat, den die Geschichte der Vereinigten Staaten kennt? Wahrscheinlich weil er sich an die Analysen gehalten hat, die die langfristigen Effekte der beiden Steuererhöhungen miteinander verglichen. Das ist zwar durchaus legitim – obwohl man sich der Tatsache bewusst sein muss, dass sich die anfänglichen Auswirkungen erheblich von den langfristigen unterscheiden können –, doch muss sich jede Aussage, die einen Zeitraum von mehreren Jahren erfasst, auf eine Vielzahl wirtschaftlicher Prognosen stützen, und welchen Wert solche Prognosen haben, ist sattsam bekannt.

Und wie verhält es sich mit dem zweiten Teil von Clintons Behauptung – dass Bush «Millionären eine Steuerentlastung von 108 000 Dollar gewähren» wolle? Tatsächlich hatte er ihre Steuern gerade *erhöht*. Während des Wahlkampfs hatte Bush dann von einer Absenkung der Einkommensteuern um ein Prozent gesprochen, was allen Steuerzahlern eine gewisse Erleichterung verschaffen sollte. Daraufhin rechnete die Clinton-Mannschaft aus, dass diese Entlastung der Millionäre im Durchschnitt 8000 Dollar pro Kopf bringen würde. Der Rest ergab sich aus der von Bush vorgeschlagenen Kapitalertragsteuer von 12,6 Prozent.

Diese Zahlen stammen aus einer Analyse von 1990, wonach 40,4 Milliarden Dollar Veräußerungsgewinne auf 40 385 Millionäre entfallen. Doch was ist mit all den anderen, die Kapitalertragsteuern bezahlen? Wie oben erläutert, gibt es darunter viel mehr «normale» Steuerzahler als Millionäre, doch diesen Umstand hat Clinton geflissentlich übersehen. Darüber hinaus ging er bei seinen Zahlen von der Annahme aus, dass eine Senkung der Kapitalertragsteuer zu einem geringeren Aufkommen führen würde, was aller historischen Erfahrung zuwiderläuft.

Ob Clinton wohl auch behauptet hätte, dass die Steuerzahler mit geringeren und mittleren Einkommen empört gewesen wären, wenn Bush eine fünfzigprozentige Steuersenkung für alle Amerikaner vorgeschlagen hätte? Nach Clintons dürftiger Logik müssten die Empfänger von unteren und mittleren Einkommen über einen solchen Vorschlag wütend sein und ihn ablehnen, weil die Amerikaner mit höheren Einkommen einen hohen Prozentsatz ihres Einkommens versteuern und die Steuersenkung ihnen daher den größten Vorteil brächte. Woraus folgt, dass die Empfänger niedriger und mittlerer Einkommen nur dann mit einer Steuersenkung einverstanden wären, wenn die oberen Einkommensschichten lediglich einen sehr *kleinen* Prozentsatz ihres Einkommens versteuern würden.

Schließlich ist da noch dieses suggestive «Raten Sie, wer die Zeche bezahlt». Niemand muss etwas bezahlen. (Sollten Sie daran Zweifel haben, blättern Sie zurück und lesen Sie sich die Seiten über logische Fehlschlüsse noch einmal durch.) Geht hier jemand von der Annahme aus, dass alles, was wir verdienen, das Eigentum des Staates ist und dass jeder Dollar, den wir «behalten dürfen», dem Staat gewissermaßen entzogen wird und damit, durch unlogische Begriffserweiterung, allen Bürgern?

Sollten Arbeit Suchende nach Arkansas ziehen?

«Seit 12 Jahren versucht [Clinton] das Unmögliche in einem der ärmsten Staaten Amerikas – und macht stetige Fortschritte. Arkansas steht heute an der Spitze der Nation, was die Arbeitsplatzentwicklung angeht. Sogar Bushs Arbeitsminister hat diese Entwicklung in Arkansas als enorm bezeichnet. Clinton hat 17000 Wohlfahrtsempfänger in Lohn und Brot gebracht. Außerdem hat

er die Steuern auf einem niedrigen Stand gehalten. Arkansas hat die zweitniedrigste Steuerlast des Landes.»

The New York Times
Zitat aus einer Anzeige
für Bill Clinton

Die erste Aussage stimmte durchaus mit den Zahlen überein, die die offiziellen Statistiken der Zeit zeigten. Von Juli 1991 bis Juli 1992, gegen Ende einer landesweiten Rezession, konnte Arkansas auf eine dreiprozentige Zunahme der Beschäftigung außerhalb der Landwirtschaft verweisen, die höchste in den Vereinigten Staaten. (Als Fußnote zur Zuverlässigkeit «offizieller Berichte» – nicht nur über das Arkansas der Clinton-Ära – sei angemerkt, dass neuere Zahlen des U.S. Bureau of Labor Statistics vom 1. März 1994 in dem Zeitraum von 1991 bis 1992 für Arkansas einen Anstieg der Beschäftigung um 3,7 Prozent ausweisen, sogar höher noch als zuvor, dass der Bundesstaat nach dieser Statistik aber auf dem dritten Platz landet, hinter Montana mit 4,22 und Idaho mit 4,21 Prozent. So viel zur Genauigkeit «offizieller Berichte».)

Das Zitat «Sogar Bushs Arbeitsminister hat diese Entwicklung in Arkansas als enorm bezeichnet» ist aus dem Zusammenhang gerissen. Tatsächlich hat der damalige Arbeitsminister Lynn Martin gesagt: «Die Arbeitsmarktentwicklung in Arkansas ist enorm, gewiss, *geht aber von einer niedrigen Bezugsgröße aus.*» Das heißt, wenn wir von einer niedrigen Bezugsgröße ausgehen, muss eine hohe prozentuale Zunahme der Arbeitsplätze nicht unbedingt eine hohe absolute Zahl neuer Arbeitsplätze bedeuten, obwohl letztere Zahl, je nach der Bevölkerung, meist wichtiger für die Menschen ist. (Ein Bundesstaat, der mit einem einzigen Arbeitsplatz begönne und diese Bezugsgröße auf drei Stellen erhöhte, hätte ein Wachstum von 200 Prozent auf dem Arbeitsmarkt.) Von 1991 bis 1992 wurden in Arkansas 38 000 neue Stellen geschaffen, in Kansas, das den fünften Platz einnahm, hingegen 41 000 Stellen und in Montana, dem Spitzenreiter, lediglich 14 000.

Die Behauptung der Anzeige, dass 17 000 Wohlfahrtsempfänger in Lohn und Brot gebracht worden seien, traf in einer Hinsicht zu. In einer anderen war sie ein kühnes Beispiel für die Kunst, nur eine Seite der Medaille zu präsentieren. Nach Auskunft des Sozialministeriums von Arkansas hatten tatsächlich 17 000 Nutznießer verschiedener Wohlfahrtsprogramme in dem Zeitraum von Juli 1989 bis Juni 1992 durch ein einzelstaatliches Arbeitsbeschaffungsprogramm eine Anstellung gefunden. Doch das war eine Bruttozahl, keine Nettozahl. Mit anderen Worten, wie viele Menschen *wurden* im gleichen Zeitraum Wohlfahrtsempfänger? Die Antwort lautet: viele. Rechnet man die verschiedenen Wohlfahrtsprogramme zusammen, so kommen wir auf eine Gesamtzahl von 25 443 neuen Wohlfahrtsempfängern. Und rechnen wir von ihnen die 17 000 Wohlfahrtsempfänger ab, die eine Stelle gefunden haben, so erhalten wir eine Nettozahl von 8443 *zusätzlichen* Wohlfahrtsempfängern.

(Erinnern Sie sich in diesem Zusammenhang an die Klage über «die viel gerühmten neuen Arbeitsplätze der achtziger Jahre», die, wie es hieß, «größtenteils schlecht bezahlte Stellen mit 250 Dollar oder weniger pro Woche» seien? Was war denn mit den Arbeitsplätzen in Arkansas? Haben diese ehemaligen Wohlfahrtsempfänger Stellungen als leitende Angestellte bekommen?)

Wenden wir uns jetzt der Steuerbelastung von Arkansas zu. War sie wirklich in dem Sinne, in dem die meisten Menschen diese Aussage verstehen würden, die zweitniedrigste im Lande? Wenn wir versuchen, diese Behauptung mathematisch zu überprüfen – sie stützt sich auf Daten über die einzelstaatlichen wie lokalen Pro-Kopf-Steuern –, müssen wir uns vor Augen führen, dass Arkansas der viertärmste Staat der USA ist. Folglich könnte die Pro-Kopf-Besteuerung vergleichsweise gering sein. Mit anderen Worten, wenn die Menschen nicht viel Geld verdienen, bezahlen sie auch keine hohen Steuern. Um diese Fehlerquelle zu vermeiden, betrachten wir die Steuerbelastung in Arkansas pro 1000 Dollar Einkommen. Das heißt, wie viel zahlen die Menschen tatsächlich an Steuern, *wenn* sie denn Geld verdienen? Dann sieht die Sache nicht mehr ganz so gut aus. Legen wir dieses Maß zugrunde, dann steht Arkansas, was die Zurückhaltung in Bezug auf einzelstaatliche und lokale Steuern angeht, nur noch an *achter* Stelle.

Doch wir sind noch nicht fertig. Wenn wir anhand der in der Anzeige genannten Zahlen den Einfluss von *Clinton* auf die Steuerbelastung in Arkansas beurteilen wollen, dann ist die Kombination von einzelstaatlichen *und* lokalen Steuern unangebracht. In Clintons Verantwortung fallen nur die einzelstaatlichen Steuern. Er war Gouverneur von Arkansas und nicht Bürgermeister einer Stadt oder einer der vielen kleineren Ortschaften, die es in dem Bundesstaat gibt. Wenn wir also die relativ geringen Gemeindesteuern – die nicht Clintons Verdienst waren – ausklammern, dann stellen wir fest, dass Arkansas mit 1146 Dollar Steuern pro Kopf der Bevölkerung in puncto Steuerzurückhaltung erst an neunzehnter Stelle kommt.

Und damit noch immer nicht genug. Das war die Steuerbelastung *pro Kopf* – ein irreführendes Maß für Arkansas. Lassen Sie uns diese Fehlerquelle wieder ausschließen und die Steuerbelastung pro 1000 Dollar Einkommen betrachten, die wichtigste Zahl, legt man die Absicht der Anzeige zugrunde. Nun müssen wir feststellen, dass Arkansas 1992 mit 79,21 Dollar pro 1000 Dollar persönlichem Einkommen die zwölft*höchste* einzelstaatliche Steuerbelastung in den Vereinigten Staaten hatte.

Hat Bush Steuererhöhungen verweigert?

«Das Defizit ist vor allem deshalb so gestiegen, weil die Staatsausgaben während der Präsidentschaft von Bush im Durchschnitt um – inflationsbereinigte – 7,5 Prozent angewachsen sind (gegenüber einem Prozent unter Ronald Reagan), Bush aber ausgleichende Steuererhöhungen verweigert hat.»

The New York Times
5. Oktober 1992

Im Zusammenhang mit diesen Zahlen ist das Wort «verweigern» ein logischer Bauernfängertrick.

Während der Amtszeit von Bush stiegen die Inlandsausgaben jährlich um einen inflationsbereinigten Wert von 8,7 Prozent – rascher als unter irgendeinem seiner fünf unmittelbaren Vorgänger. (Die Diskrepanz zwischen dieser Zahl und den 7,5 Prozent der *New York Times* ergibt sich durch Ausklammerung des Verteidigungshaushalts mit seinen sinkenden Kosten.) Von 1989 bis 1992 erhöhten sich in fast jedem vorstellbaren Bereich die realen Inlandsausgaben um mehr als zehn Prozent. In einigen Bereichen war der Anstieg geradezu Schwindel erregend, etwa im Handels- und Außenministerium, die zusammen eine Ausgabenerhöhung von 48 Prozent aufwiesen, oder im Arbeits- und Sozialministerium, die zusammen auf 63 Prozent kamen.

Mit dem Budget Enforcement Act von 1990 wollte Bush die Steuern um 160 Milliarden Dollar erhöhen. 1992, als der Kommentar der *New York Times* erschien, hätte das die Bundessteuern auf 19,5 Prozent des BIP hochgeschraubt, und für den Zeitraum von 1990 bis 1993 bedeutete es ein Steuerniveau von 19,4 Prozent des BIP. Seit dem Zweiten Weltkrieg hat es kein Präsident der Vereinigten Staaten geschafft, den Bürgern dieses Landes eine Steuerbelastung von 19,4 bis 19,5 Prozent des BIP aufzuladen. (Am nächsten kam ihm Carter mit 19,2 Prozent.)

Kommen wir noch einmal auf das Wort «verweigern» zurück. *Sollten* denn Zahlen wie diese überhaupt durch Steuern kompensiert werden? Ist die Überlegung nicht viel näher liegend, dass das Defizit so groß geworden ist, weil die *Ausgaben* zu hoch sind?

Sind unsere Löhne vom ersten auf den dreizehnten Platz gerutscht?

«In den letzten Jahren, seit Mr. Bush und Mr. Reagan das Sagen haben, sind unsere Löhne im Weltmaßstab vom ersten auf den dreizehnten Platz gerutscht.»

The New York Times
Zitat von Bill Clinton
12. Oktober 1992

Internationale Lohnvergleiche wie dieser sind bedeutungslos, weil sie nicht alle Faktoren erfassen, die eine Rolle spielen. Beispielsweise werden sie nicht nach ihrer Kaufkraft angeglichen, das heißt, man rechnet nicht aus, was man in den verschiedenen Ländern angesichts der unterschiedlichen Preisniveaus für die Löhne kaufen kann. Außerdem sind die Lebenshaltungskosten in den meisten Industrieländern Europas, die Region, auf die sich Clinton bezieht, viel höher als bei uns. Schließlich tragen die Lohnvergleiche auch nicht den ständigen Wechselkursschwankungen Rechnung.

Doch selbst wenn es uns irgendwie gelänge, alle diese Faktoren zu berücksichtigen, so bleibt noch ein weit wichtigerer Gesichtspunkt. Clinton hat einen entscheidenden Nebeneffekt höherer Löhne außer Acht gelassen, und dieser Effekt gilt ganz generell für höhere Preise. (Löhne sind im Prinzip nur eine andere Bezeichnung für den Preis der Arbeit.) Auf einem freien Markt, auch auf einem freien Arbeitsmarkt, sinkt die Nachfrage, wenn die Preise steigen.

Dieses nahezu universelle Gesetz kann man überall in Europa am Werk sehen, wo die Arbeitslosenzahlen sehr viel höher sind als in den Vereinigten Staaten und damit eine Entsprechung zu den so genannten «höheren Löhnen» bilden. So betrug Anfang 1994 die durchschnittliche Arbeitslosigkeit in den Ländern der Europäischen Gemeinschaft 11 Prozent, Tendenz steigend. Zur gleichen Zeit war die Arbeitslosigkeit in den Vereinigten Staaten auf 6,5 Prozent gesunken. Seit 1970 haben diese europäischen Länder gemeinsam nicht mehr als drei bis vier Millionen neue Stellen in der Privatwirtschaft geschaffen. Im gleichen Zeitraum sind in den Vereinigten Staaten einundvierzig Millionen neue Arbeitsplätze entstanden. Hohe Löhne beeinträchtigen auch die Flexibilität des Arbeitsmarktes – 1991 waren 46 Prozent der arbeitslosen Europäer länger als ein Jahr arbeitslos. Dagegen befanden sich nur sechs Prozent der beschäftigungslosen Amerikaner in dieser Situation. Das sind die Kosten «hoher Löhne».

Haben vierzig Millionen Amerikaner keine Krankenversicherung?

«Um deutlich zu machen, in welcher Krise sich unser Gesundheitssystem befindet, hat Gore behauptet, dass ‹vierzig Millionen› Amerikaner, ‹die als Vollzeitkräfte arbeiten›, keine Krankenversicherung hätten.»

The Wall Street Journal
Alan Reynolds
21. Oktober 1992

Dass Gore die Zahl der nicht versicherten Amerikaner aufgerundet hat – sie liegt nach verschiedenen Schätzungen zwischen dreiunddreißig Millionen und siebenunddreißig Millionen, umfasst also rund 15 Prozent der Bevölkerung –, ist verzeihlich. Doch das ist die *Gesamt*zahl der Menschen ohne Krankenversicherung – also nicht derjenigen, die eine Vollzeitbeschäftigung haben, aber keine Krankenversicherung. Nach den Zahlen des Joint Economic Committee des Kongresses hat die Hälfte der Nichtversicherten eine Vollzeitbeschäftigung, womit sich Gores Zahl von vierzig Millionen auf 16,5 bis 18,5 Millionen verringert.

Nicht versichert zu sein ist indessen kein aufgezwungener Zustand, der auf Menschen unterhalb der Armutsgrenze beschränkt ist. Nur 29 Prozent der Nichtversicherten können sich tatsächlich keine medizinische Versorgung leisten. Tatsächlich sind 25 Prozent der Nichtversicherten jung (zwischen achtzehn und fünfundzwanzig), also überwiegend gesunde junge Männer und Frauen, die einfach das Risiko eingehen, ihre höchst seltenen Arztkosten aus eigener Tasche zu bezahlen, statt einen monatlichen Krankenversicherungsbeitrag zu leisten, der ihrer Meinung nach überflüssig ist. Das ist die sorglose Art der Jugend – sie glaubt, ihr könne nichts passieren. So wenig, wie sie sich von ihren Eltern davon überzeugen lassen, dass sie schlechte Gesellschaft meiden und jeden Sonntag anrufen sollen, so wenig sind sie dazu zu bringen, ihr Geld für die Krankenversicherung anzulegen statt für neue Kleidung und Unterhaltung.

Gore lässt also außer Acht, dass die Menschen aus vielfältigen Gründen – die abhängig von dem jeweiligen Wertesystem durchaus logisch sein können – auf den Abschluss einer Krankenversicherung verzichten. Manche möchten sich lieber eine größere Wohnung, ein neueres Auto oder einen exotischeren Urlaub leisten, als sie es mit einer Krankenversicherung könnten. Sie gehen davon aus, dass ihnen in der Notaufnahme ihres örtlichen Krankenhauses schon eine ärztliche Versorgung zuteil wird, wenn es wirklich notwendig sein sollte – was in der Regel auch zutrifft.

Das ist eine Frage der persönlichen Prioritäten. In meiner Kindheit stand die Krankenversicherung bei den Familien in unserem Viertel an erster Stelle. Ich weiß nicht, wie das heute aussieht. Vielleicht ist sie von der Sorge um Kinderkrippen- und Kindergartenplätze für Familien mit zwei berufstätigen Eltern verdrängt worden. Vielleicht rangiert die Krankenversicherung inzwischen an letzter Stelle, was auch keine große Überraschung wäre, schließlich sind viele Leistungen heute kostenlos, so zum Beispiel Schutzimpfungen für Kinder. Die Zeiten ändern sich und mit ihnen die Prioritäten.

Weiterhin setzen diese Zahlen stillschweigend voraus, dass die Unversicherten einen harten Kern von Not leidenden Menschen bilden, die ihr ganzes Leben bedürftig bleiben. Tatsächlich verändern sich ihre Namen von Monat zu Monat. Viele sind nur kurzzeitig ohne Arbeit. Fünfzig Prozent aller US-Amerikaner, die nicht versichert sind, bleiben es nur vier Monate, und nur 15 Prozent bleiben es länger als zwei Jahre.

Der erste Rückgang der Industrieproduktion überhaupt?

«In der ersten Debatte sagte Clinton, wir würden den ‹ersten Rückgang der Industrieproduktion überhaupt› erleben.»

The Wall Street Journal
Alan Reynolds
21. Oktober 1992

Manchmal überzeichnen die Teilnehmer einer Debatte ihren Standpunkt, daher kann man Clinton diese Übertreibung nachsehen. Im Übrigen geht die Industrieproduktion während einer

Rezession häufig zurück. Zwar war die Rezession schon vorbei, als die Debatte stattfand, doch die entsprechenden Wirtschaftsdaten waren noch nicht veröffentlicht, daher konnte Clinton von diesem Umstand noch nichts wissen. Tatsächlich hatte die Industrieproduktion zwischen Mai 1991 und der ersten Debatte des Präsidentschaftswahlkampfs im Oktober 1992 schon wieder um 2,8 Prozent zugelegt.

Doch da Clinton die Präsidentschaften von Reagan und Bush in seinen Wahlkampfaussagen meist in einen Topf warf, hat er sich möglicherweise auf diesen Zeitraum bezogen. Doch von 1980 bis 1990 (bevor die Bush-Rezession begann) stieg das inflationsbereinigte BSP sowohl in absoluten als auch in Pro-Kopf-Zahlen an. (In letzterem Falle wird das BSP durch die Zahl der US-Amerikaner geteilt, sodass man jenen «Anteil» des Bruttosozialprodukts erhält, der auf jeden Einzelnen entfällt.) Obwohl das BSP seine Schwächen hat, ist es die einzige Maßzahl, mit der sich eine so gewaltige und vielfältige, auf Hunderttausende von Betrieben und Personen verteilte Produktion beschreiben lässt. In diesem Zeitraum wuchs das gesamte BSP um 30 Prozent, das Pro-Kopf-BSP um 18 Prozent an.

Damit lag es etwas niedriger als in den drei vorangehenden Jahrzehnten, war aber keineswegs ein Hinweis auf einen allgemeinen Rückgang der Industrieproduktion. Ein Rückgang der Wachstumsrate ist etwas ganz anderes als ein Rückgang, eine Tatsache, die die Wähler, ginge es nach den Politikern, nicht zu wissen brauchten. (Bei der mathematischen Unkenntnis, die gegenwärtig in der amerikanischen Öffentlichkeit anzutreffen ist, können Politiker nach Belieben zwischen beiden wählen und sich die Zahlen so zurechtlegen, wie sie am besten in ihre Argumentation passen.) Die Zentralbank verfolgt die gesamte Industrieproduktion und die Produktion der Fertigungsindustrie, und beide stiegen in dem Zeitraum von 1980 bis September 1990, kurz nach Beginn der Bush-Rezession. In diesem Zeitraum nahm die gesamte Industrieproduktion um 20 Prozent zu, die Produktion der Fertigungsindustrie um 36 Prozent.

Kritiker schätzten die Zunahme der Arbeitsplätze gering, weil sie nur im Dienstleistungssektor stattfand, der nach Meinung dieser Kritiker die minderwertigen Stellen enthält. Das war der Ursprung der Klage, dass Amerika ein Land der «Burger-» oder «Mac-Jobs» werde, das Klischee des Dienstleistungsberufs. Das mag vielleicht für Leute mit einem ausgeprägten Standesbewusstsein zutreffen, doch viele Dienstleistungsberufe sind für die Menschen, die sie ausüben, sinnvoller als industrielle Berufe. Bedenken Sie allein, wie viel angenehmer es ist, in einem Versicherungsbüro oder einer Küche zu arbeiten als am Montageband einer Autofabrik. (Es sei angemerkt, dass zu den Dienstleistungsberufen auch der des Bankers, Börsenmaklers und andere so genannte «achtbare» Beschäftigungen zählen.) Wie dem auch sei, in dem Zeitraum von 1980 bis 1991 stieg der Durchschnittsverdienst im Dienstleistungsgewerbe um 6,8 Prozent, im Fertigungssektor dagegen nur um 4,8 Prozent.

Doch die Industrieproduktion blieb hinter dem Rest der Wirtschaft nicht zurück. 1980 machte der Ertrag der Fertigungsindustrie 21 Prozent des BSP aus. 1989 stieg dieser Anteil auf 23 Prozent. Nach einem Index des Zensusbüros erhöhte sich die Industrieproduktion in allen Bereichen, ausgenommen Primärmetalle, Tabak, Leder und Bergbau. In fast allen Fällen betrug der Anstieg mehr als zehn Prozent. Es gab zwar einen geringen Verlust an Arbeitsplätzen in der gesamten Fertigungsindustrie, doch in Verbindung mit einer erhöhten Produktion ist das Ergebnis wirtschaftlich positiv – mehr Produktion mit weniger Arbeitskräften. Das ist letztlich das wirtschaftliche Ziel der industriellen Produktion.

Arbeiten wir mehr für weniger Geld?

«Die meisten Menschen arbeiten mehr für weniger Geld, als sie vor zehn Jahren verdient haben ...»

The Wall Street Journal
Zitat von Bill Clinton
Alan Reynolds
21. Oktober 1992

Da auch dies ein Kommentar war, den Clinton während einer Debatte der Präsidentschaftskandidaten abgegeben hat, ist ihm eine gewisse numerische Ungenauigkeit nachzusehen. Doch wenigstens die allgemeine Tendenz müsste stimmen. Das Wort «meiste» heißt im allgemeinen Sprachgebrauch mindestens «mehr als die Hälfte», wahrscheinlich sogar «viel mehr als die Hälfte». Siedeln wir die Angabe also in der Nachbarschaft von 75 Prozent an.

Haben die meisten Menschen mehr gearbeitet? Wenn Clinton gemeint hat, dass sie «mehr Arbeitsstunden» geleistet haben, hat er schlicht Unrecht gehabt. Die offiziellen Daten lassen das Gegenteil erkennen. Die Daten des Bureau of Labor Statistics lassen keinen Zweifel daran, dass die durchschnittlichen wöchentlichen Arbeitsstunden der nicht in der Landwirtschaft Beschäftigten 1992 bei 34,4 lagen, was einen leichten Rückgang gegenüber den 34,8 Stunden von 1982 bedeutete. Wenn er meinte, dass viele Menschen, die 1992 arbeiteten, 1982 noch nicht gearbeitet hätten, dann hatte er sicherlich Recht. (Viele dieser Beschäftigten waren Frauen, die zum ersten Mal berufstätig waren.) Ganz gewiss aber trifft nicht zu, dass sie nun weniger verdienten als zu dem Zeitpunkt, wo sie noch gar nicht gearbeitet hatten.

Und was ist unter «weniger Geld» zu verstehen? Das Zensusbüro ist – wenn auch mit seiner irritierenden Angewohnheit, die amerikanische Bevölkerung in Quintile zu unterteilen (was, wie oben gezeigt, zu einer Reihe von mathematischen Schwierigkeiten führen kann) – zu der Feststellung gelangt, dass in der Zeit von 1982 bis 1989 der Medianwert des Familieneinkommens vor Steuern inflationsbereinigt um 12,5 Prozent, das Pro-Kopf-Einkommen nach Steuern sogar um 15,5 Prozent gestiegen ist. 1990 lag das durchschnittliche Haushaltseinkommen in jedem Quintil höher als 1980. Egal, unter welchem Blickwinkel wir die Sache betrachten, die Einkommen scheinen in den achtziger Jahren zugelegt zu haben.

Nebenbei bemerkt, bei der Messung von Daten wie diesen ergeben sich viele Komplikationen, etwa wenn wir die Inflationseffekte mithilfe des Index der Verbraucherpreise berechnen oder, wie oben erläutert, die Ungenauigkeiten der Quintilanalyse in Kauf nehmen. Die Ausgabendaten zeigen sogar, dass die Menschen in den unteren Quintilien weit mehr ausgegeben haben, als ihr angegebenes Einkommen betrug. Beispielsweise geht aus den 1989er Daten des Bureau of Labor Statistics hervor, dass im untersten Quintil die Pro-Kopf-Ausgaben 212 Prozent des angegebenen Realeinkommens pro Kopf der Bevölkerung entsprachen.

Dafür kann eine Reihe von Gründen verantwortlich sein. Die Einkommenszahlen berücksichtigen keine staatlichen Leistungen wie Lebensmittelmarken und Gesundheitsfürsorge, obwohl diese natürlich einen Geldwert haben. Außerdem werden in den Umfragen keine Daten über Ersparnisse und Einkünfte aus Mieten, Darlehen oder Zuwendungen erhoben. Beispielsweise sind einige der Menschen im untersten Quintil Studenten, die von nicht angegebenen Zuwendungen ihrer Eltern leben. (So widersinnig es auch erscheinen mag, junge Studenten mit niedrigem Einkommen als «arm» zu bezeichnen, sie stellen nun einmal einen festen Bestandteil des niedrigsten Quintils – wenn sich ihre Namen auch von Jahr zu Jahr ändern.) Und natürlich bleiben dem Staat auch die Einkünfte aus der gesamten Schattenwirtschaft verborgen.

Ein zusätzliches Problem ist der Umstand, dass die Wirtschaftserhebungen der Bundesbehörden heute meist ungenauer sind als früher. 1948 gaben bei solchen Anlässen noch 95 Prozent der Befragten Antwort, 1985 waren es nur noch 72 Prozent.

7
Von 1992 bis 1996 und darüber hinaus

Im letzten Abschnitt haben wir viele wirtschaftliche Aussagen von Clinton ernsthaft infrage gestellt. Doch schließlich war er es vor allem, der die Wähler verwirrt und hinters Licht geführt hat, indem er haarsträubenden numerischen Unsinn verzapft hat – vor allem wenn er Zahlen dazu missbrauchte, um einer Aussage einen oberflächlichen Anstrich von Objektivität zu verleihen, die unterschwellig nichts als Stimmenfang war. Sowohl Perot wie auch Bush sind weit verantwortungsvoller mit Zahlen umgegangen. Das heißt jedoch nicht, dass sie es deshalb verdient hätten, gewählt zu werden. Offenbar sind andere Faktoren ausschlaggebend, und nur das amerikanische Volk kann entscheiden, welche Faktoren das sind.

Bei künftigen Wahlen werden wir Aussagen dieser Art noch häufiger zu hören bekommen, und das wird erst aufhören, wenn wir mehr von unseren Politikern verlangen. Dann werden wir uns vielleicht nicht mehr mit den Folgen unserer «rationalen Ignoranz» herumschlagen müssen – ein Begriff, der die vollkommen vernünftige Entscheidung beschreibt, die ein Bürger trifft, um die politische Rhetorik für bare Münze zu nehmen, statt sich auf das mühsame Unterfangen einzulassen, sie auf ihren Wahrheitsgehalt zu überprüfen. Der Grund ist in der Regel, dass wir uns nicht die nötige Zeit nehmen. Vielleicht brauchen wir uns dann auch nicht mehr mit den Folgen unserer notorischen Zahlennaivität herumzuschlagen.

Eine der wichtigsten Verantwortungen, die uns das Leben in einer Demokratie wie der unseren auferlegt, ist die Verpflichtung, mit Überlegung zu wählen. Bei der Verwirklichung dieses wichtigen Ziels kann uns die Kraft des logischen Denkens helfen. Eine der größten Schwächen des Mehrheitsprinzips liegt darin, dass die Mehrheit sich irren kann. Die Sklaverei im Amerika des 18. und 19. Jahrhunderts hat uns das gelehrt. Stellen Sie sich das Chaos in einer Schulklasse vor, der man gestatten würde, über die richtige Lösung einer Mathematikaufgabe *abzustimmen*. Logik und strenge Begrifflichkeit sind entscheidend für das Verständnis sowohl des Erfolgs als auch des Preises, der für den Erfolg dieses Prinzips zu bezahlen ist. Es ist sehr wichtig, dass wir diesen Preis verstehen. Wie wir den Holocaust niemals vergessen dürfen, so sollten wir auch nie die Erfahrungen der Sowjetunion vergessen. Sie haben gezeigt, dass die Erreichung eines Ziels – wirtschaftliche und gesellschaftliche Gleichheit – nicht für die Zufriedenheit mit diesem Ziel garantiert, sobald es einmal erreicht ist. Das heißt, wir müssen uns sorgfältig überlegen, was wir uns wünschen – denn vielleicht kriegen wir es. Es ist die Kraft des logischen Denkens, die vernünftige Menschen befähigt, vernünftige Wünsche zu äußern.

Quellen der statistischen Angaben in Teil zwei

James M. Dabbs, Jr., Georgia State University (Atlanta, Georgia)
Food Marketing Institute (Washington, D. C.)
Harold Takooshian, Fordham University (New York, New York)
Krups North America (Closter, New Jersey)
National Pork Producers Council (Des Moines, Iowa)
Guinness Book of Records, 1992, Facts on File (New York, New York)
Gallup Organization (Toronto, Ontario, Canada)
Research USA (Chicago, Illinois)
Esquire's College Survey (New York, New York)
New York Mets/*Harper's* Research (New York, New York)
Institut für Demoskopie Allensbach (Allensbach, Bodensee)
Peter D. Hart Research Associates (Washington, D. C.)
A. C. Nielsen Media Research (New York, New York)/National Football League (New York, New York)
Randy Larser, University of Michigan (Ann Arbor, Michigan)
Whiteshell Laboratories (Pinawa, Manitoba, Canada)
Heinz USA (Pittsburgh, Pennsylvania)
Associated Press (Taipei, Taiwan)
Time-CNN-Umfrage von Yankelovich Partners (Westport, Connecticut)
National Wild Turkey Federation (Edgefield, South Carolina)

Anhang: Das Monty-Hall-Dilemma – revidieren oder nicht revidieren

Donald Granberg,
University of Missouri

A very bright gal named Savant
Made a game show mistake quite flagrant
Ph. D.s by the throng
Wrote to tell her she's wrong,
*But she wouldn't 'fess up or recant**
William J. Cohagan, Sun City, Kalifornien

*Das Monty-Hall-Dilemma löst eine Kontroverse aus***

Am 9. September 1990 stellte Craig F. Whitaker aus Columbia, Maryland, in der Beilage Parade die folgende Frage an Marilyn vos Savant:

> Nehmen wir an, ich bin in einer Gameshow und kann zwischen drei Toren wählen. Hinter einem Tor ist ein Auto, hinter den anderen Ziegen, also Nieten. Ich wähle ein Tor, sagen wir Nummer eins, und der Moderator, der weiß, was hinter den Toren ist, öffnet ein anderes Tor, sagen wir Nummer

* Ein sehr helles Mädel namens Savant/machte einen Gameshow-Fehler, ziemlich eklatant./Doctores zuhauf/ zeigten ihn auf,/doch sie blieb hart wie 'ne Wand.

** Zu einer vollständigeren Beschreibung unserer Untersuchung sowie einer kompletten Liste der Zitate vgl. D. Granberg und T. Brown, «The Monty Hall Dilemma», *Personality and Social Psychology Bulletin*, 1995, vol. 21, pp. 711–723.

drei, das eine Ziege enthält. Er fragt mich: «Möchten Sie nun Tor Nummer zwei öffnen?» Ist es für mich von Vorteil, meine Entscheidung für Nummer eins zu revidieren?

Vos Savants Antwort war klar und eindeutig:

Ja, Sie sollten Ihre Entscheidung unbedingt revidieren. Das erste Tor hat eine Gewinnwahrscheinlichkeit von ⅓, das zweite Tor von ⅔. Das Ganze ist einleuchtender, wenn Sie es sich folgendermaßen vorstellen: Nehmen wir an, es gäbe eine *Million* Tore und Sie wählen Tor Nummer eins. Der Moderator, der weiß, was hinter den Toren ist, vermeidet natürlich dasjenige mit dem Preis und öffnet sie alle mit Ausnahme von Tor Nummer 777 777. Würden Sie sich nicht sofort für dieses Tor entscheiden?

Trotz ihrer Erklärung wurde sie mit Briefen überschüttet, großenteils von erzürnten und ungläubigen Lesern, die ihre Antwort bezweifelten. Unbeirrt hielt vos Savant an ihrer Auffassung fest und verteidigte sie schlüssig in drei folgenden Kolumnen, die diesem Thema gewidmet waren.

Das Problem erhielt den Namen «Monty-Hall-Dilemma», nach dem Namen des Moderators der Gameshow *Let's Make a Deal*, in der es um eine zweistufige Entscheidung geht. Der Kandidat hat die Möglichkeit, bei seiner ursprünglichen Entscheidung zu bleiben oder sie zu revidieren, das heißt, sich für ein anderes Tor zu entscheiden. Bislang hat man das Problem eingehend erörtert in *American Statistician, American Mathematical Monthly, Mathematical Scientist, Mathematics Teacher, Skeptical Inquirer, The New York Times* und einer Reihe weiterer Zeitschriften. Dabei herrscht Einigkeit, dass Marilyns Antwort *im Wesentlichen richtig* ist, vorausgesetzt, man geht von einigen äußerst wahrscheinlichen Annahmen aus:

A. Das Auto wird zufällig aufgestellt, sodass jedes Tor die gleiche Aussicht hat, das Auto zu enthalten.
B. Der Moderator weiß, wo sich das Auto befindet, und er weiß auch, welches Tor der Kandidat zunächst ausgewählt hat.
C. Der Moderator bedient sich dieses Wissens, um ein nicht ge-

wähltes Tor mit einer Ziege zu öffnen, nachdem der Kandidat seine erste Wahl getroffen hat.

D. Der Moderator ist verpflichtet, nach der ersten Wahl des Kandidaten eine falsche, nicht gewählte Alternative zu zeigen.

E. Wenn der Moderator die Wahl hat, zwei falsche Tore zu öffnen, das heißt, wenn die erste Vermutung des Kandidaten richtig war, trifft der Moderator die Wahl zufällig, sodass die beiden Tore die gleichen Aussichten haben, geöffnet zu werden.

F. Der Moderator ist verpflichtet, den Kandidaten vor die Wahl zu stellen, bei seiner Entscheidung zu bleiben oder sie zu revidieren.

G. Der Moderator ist aufrichtig.

Bei zwei Verlierertoren und einem Gewinnertor kann ein *eingeweihter Moderator* immer ein Verlierertor zeigen, egal, welches Tor ursprünglich gewählt worden ist. Wenn also der Moderator *in Kenntnis der Verhältnisse* ein falsches, nicht gewähltes Tor öffnet, liefert er damit keine zusätzlichen Informationen über die Wahrscheinlichkeit, dass das anfangs gewählte Tor korrekt ist. Unter diesen Voraussetzungen bleibt also die Wahrscheinlichkeit, dass das anfangs gewählte Tor richtig ist, unverändert 0,33. Die Wahrscheinlichkeit, dass eines der nicht gewählten Tore den Preis enthält, war 0,67, und auch diese Wahrscheinlichkeit bleibt unverändert, wenn der eingeweihte Moderator eines der nicht gewählten Tore öffnet, um zu zeigen, dass es sich um ein Verlierertor handelt. Im Prinzip stellt der Moderator den Kandidaten also vor die Wahl zwischen dem anfangs ausgewählten Tor und den beiden anderen Toren.

Wenn man anfängt, diese Annahmen zu verändern, kann sich auch die Situation rasch wandeln. Der Wortlaut der Frage, die vos Savant gestellt wurde, vertrug sich vollkommen mit diesen Annahmen. Nur in wenigen Punkten gab es leichte Mehrdeutigkeiten. Die meisten Leser, die in Briefen bekundeten, dass sie mit Marilyns Lösung nicht einverstanden waren, hatten keine stichhaltigen Gründe dafür und irrten sich ganz einfach. Die Briefe kamen von ganz verschiedenen Menschen und Orten, von Menschen mit eindrucksvollen Titeln und Verbindungen und von anderen, die nicht ganz so viel in die Waagschale zu werfen hatten. Unter anderem schrieb Andrew Bremner vom Fachbereich für Reine Mathematik an der Cambridge University in England – mit einem unverkennbaren Hauch von *Noblesse oblige*.

▼▼

Dear Marilyn,
... Ihre Antwort, dass man seine Entscheidung revidieren und sich für Tor Nummer zwei entscheiden sollte ... ist falsch. Tor eins wie Tor zwei haben die gleiche Wahrscheinlichkeit von ½ auf einen Gewinn ... Ihre Leser scheinen ziemlich unbedarft zu sein; ich möchte wetten, es liegt an ihrem weiblichen Charme [?]!

Mit freundlichen Grüßen
Andrew Bremner

Etwas schärfer ist der folgende Brief von einem Mathematikprofessor der Florida State University abgefasst:

▼▼

Dear Ms. vos Savant,
wie Ihre Kolumne «Ask Marilyn» bei der Behandlung von Wahrscheinlichkeitsproblemen zeigt, ... ist intelligent zu sein noch lange keine Gewähr dafür, Recht zu haben. Ihre Analyse der Gameshow-Wahrscheinlichkeiten und der Vergleich mit der Erbse unter einem Hütchen offenbaren ein fundamentales Missverständnis in Bezug auf die Wahrscheinlichkeitstheorie und einen bestürzenden Mangel an Logik.

... Die Wahrscheinlichkeiten, die wir einer Menge künftiger Ereignisse zuschreiben, sind ein Maß für unsere Unwissenheit. In dem Umfang, wie wir Informationen über ein Ereignis der Menge erhalten, verändern sich die Wahrscheinlichkeiten *aller* anderen Ereignisse ... In dem Maße, wie das Wissen des Kandidaten über bestimmte Ereignisse anwächst, verändert sich die Menge aller Wahrscheinlichkeiten ...

Betrachten wir zunächst das Hütchenspiel, in dem eine Erbse

unter eines von drei Hütchen gelegt wird. Nennen wir die Hütchen A, B und C und nehmen wir an, dass wir zwei Spieler namens Abe und Ben haben. Abe legt seinen Finger auf Hütchen A und Ben legt seinen Finger auf Hütchen B. Wenn wir keine Information über den Aufenthaltsort der Erbse haben (abgesehen davon, dass es nur eine Erbse gibt und dass sie sich unter einem der drei Hütchen befindet), schreiben wir der Wahrscheinlichkeit, dass die Erbse sich unter einem bestimmten Hütchen befindet, einen Wert von ⅓ zu: pA = pB = pC = ⅓. (Es sei darauf hingewiesen, dass sich die Wahrscheinlichkeit zu 1 addieren müssen.) Nehmen wir nun an, Hütchen C würde hochgehoben und die Erbse würde nicht sichtbar. Damit wissen wir, dass pC = 0 ist. Nach Ihrer Argumentation müsste jetzt pA = ⅓ und pB = ⅔ sein, denn Sie haben «nichts in Erfahrung gebracht, was die Erfolgsaussichten des Hütchens unter … [Abes] Finger verändern könnte». Aufgrund der gleichen Überlegung müsste aber auch pB ⅓ bleiben! Dann ist entweder ⅓ + ⅓ = 1 oder Ihre Argumentation falsch. Die Entscheidung überlasse ich Ihnen.

… Daher bitte ich Sie dringend, auf den Heiligenschein der Allwissenheit zu verzichten und die Hilfe von Fachleuten in Anspruch zu nehmen, wenn Sie die Grenzen Ihres Fachgebietes überschreiten. Mit Ihren aus beklagenswerter Unwissenheit geborenen Antworten schaden Sie dem Kampf gegen die mathematische Ignoranz.

Mit freundlichen Grüßen
David Loper
Mathematikprofessor

Lopers Erweiterung der Situation auf zwei Spieler verändert das Problem von Grund auf, weil der Moderator nun nicht mehr entscheiden kann, welche Tür er öffnet. Beim ursprünglichen Problem konnte der Moderator, egal, was für eine Tür der Kandidat öffnete, eine andere Tür öffnen, hinter der sich eine Ziege, also eine Niete, verbarg. Das ist bei Lopers Zwei-Spieler-Problem nicht mehr der Fall, und daher haben wir es hier mit einem anderen Problem zu tun. Während Professor Loper vos Savant empfiehlt, «die Hilfe von Fachleuten in Anspruch zu nehmen», gehen andere Briefschreiber noch weiter und schlagen vor, die Kolumne «Ask Marilyn» ganz einzustellen. Vom State College in Pennsylvania kam dieser ziemlich feindselige Brief:

▼▼

Dear Marilyn,
... als Lehrer finde ich Ihre Kolumne vom 2. Dezember unerträglich und empfehle Ihnen dringend, sich eine andere Beschäftigung zu suchen. Nach meiner Meinung haben Sie bewiesen, dass Sie Ihren Lesern keine vernünftigen Dienste leisten können ... Mit Ihrem Artikel vom 2. Dezember haben Sie Ihren Ruf gründlich ruiniert, sodass ich dem *Parade Magazine* empfehlen würde, Ihre Kolumne abzusetzen. Ferner würde ich der Redaktion raten, den drei Wissenschaftlern, deren Ansehen Sie mit Ihrem unlogischen Geschwätz geschadet haben, schleunigst eine Entschuldigung zu schicken. Ich hoffe, die werden Sie verklagen!

Mit freundlichen Grüßen
Gregory S. Forbes

Oder nehmen wir den folgenden Brief von einem Mathematiker, der seine Referenzen sorgsam aufgelistet hat: B. S. (Bachelor of Science) und Ph. D. (Doctor of Philosophy) in Mathematik am Massachusetts Institute of Technology beziehungsweise der Brown University, mehr als dreißig veröffentlichte Artikel, Lehrtätigkeit unter anderem an der Brown University, University of Arizona, University of Southern California, außerdem beratende Tätigkeit in Los Alamos, dem Jet Propulsion Laboratory und anderen Instituten.

▼▼

An die Herausgeber von *Parade*,
meine mathematischen Referenzen finden Sie am Ende dieses Schreibens. Im September hat Marilyn eine Frage, die die Wahrscheinlichkeit betraf, dass sich ein Preis hinter einem von drei ge-

schlossenen Toren befand, falsch beantwortet. Mehrere Mathematikprofessoren, darunter auch ich, haben sie brieflich auf diesen Fehler hingewiesen. In meinem Bücherregal stehen mehr als 50 Lehrbücher der Wahrscheinlichkeitsrechnung, die alle die richtige Lösung des Problems beschreiben und vor Marilyns Fehler warnen. Wie dort nachzulesen ist, handelt es sich um einen Irrtum, der häufig von mathematischen Laien begangen wird.

Heute hat Marilyn dem Problem eine ganze Kolumne gewidmet und einige der kritischen Briefe abgedruckt. Doch statt ihren Fehler mit Anstand zuzugeben, macht sie sich über die Zuschriften der Professoren lustig. Mit der gleichen kurzsichtigen, verqueren Logik, die ihre erste Kolumne zu diesem Thema kennzeichnete, beharrt sie auf ihrer unhaltbaren Antwort. Mit der heutigen Verteidigung eines erwiesenen Fehlers hat sie dem guten Ruf von *Parade* schweren Schaden zugefügt. Die Kolumne sollte abgesetzt werden.

Mit freundlichen Grüßen
Paul Slepian

Doch heftige Gefühle hegten durchaus nicht nur diejenigen, die mit Marilyns Zwei-Drittel-Lösung nicht einverstanden waren, wie der folgende Brief eines Professors für angewandte Mathematik am Babson College zeigte:

Dear Ms. Savant,
... Ihre Lösung ist korrekt, und jeder RICHTIGE Mathematiker kann das beweisen. Für RICHTIGE Mathematiker ist das eine triviale Aufgabe ... In was für einer Disziplin haben diese Leser ihren Doktor gemacht? In kindischem Verhalten? Sollte es in Mathematik gewesen sein, würde ich gerne wissen, welche Universität ihnen den Doktorgrad verliehen hat. Wahrhaftig, ihr Verhalten ist so unerträglich, dass es mir den Schlaf geraubt hat ...

Alles Gute und beste Grüße aus Massachusetts
Stephen J. Turner

Einige der Briefeschreiber waren sich ihrer Sache so sicher, dass sie bereit waren, große Summen – bis hin zu 20 000 Dollar – darauf zu wetten, dass Marilyns Lösung falsch war. Sie schlugen vor, in einer konkreten Situation zu testen, ob sich im Monty-Hall-Dilemma durch Revision der Entscheidung tatsächlich ein Vorteil erzielen lasse. Andere nahmen die Sache nicht ganz so ernst. So die Verfasser des folgenden Briefes:

▼▼

Dear Marilyn,
ich habe die Debatte über das Gameshow-Problem mit großem Vergnügen verfolgt. Es ist sehr ermutigend festzustellen, dass all die Professoren und Bürger Ihres Landes nicht erkennen, dass sie sich irren. Wenn das ein Beispiel für den amerikanischen Charakter ist, werde ich siegen. HAHAHAHAHAHAHAHAHAH!!!!!

Mit freundlichen Grüßen
Saddam Hussein
Zufallsbunker
Irgendwo im Irak

Es ist natürlich höchst unwahrscheinlich, dass dieser Brief tatsächlich von Saddam stammt, zumal er in Boston abgestempelt wurde und der Absender lautete: Robert Scheinerman, Suzanne Reyes und Sosanto Basu vom Fachbereich Wirtschaftswissenschaften der Harvard University.

Das Monty-Hall-Dilemma als Forschungsproblem
Mein Kollege Thad Brown und ich haben uns überlegt, dass das Monty-Hall-Dilemma ein interessantes Forschungsproblem für kognitiv ausgerichtete Sozialpsychologen sein könnte. Unser Interesse galt nicht so sehr der mathematischen Lösung des Problems *an sich*, sondern für uns war die entscheidende Frage, was jemand erlebt, wie er sich verhält und was für Prozesse stattfinden, wenn er sich in einem zweistufigen Dilemma wie diesem entscheiden soll. Das heißt, ist die Lösung dieses Problems wirklich

kontraintuitiv, und wenn ja, warum? Sind hier psychologische Scheuklappen am Werk, die die Menschen daran hindern, die richtige Antwort zu finden? Gibt es wichtige Hinweise, die übersehen werden? Kann man Testpersonen die Lösung induktiv vermitteln, indem man sie das Spiel wiederholt durchexerzieren lässt? Engagieren sich Menschen bei einer zweistufigen Entscheidung für eine vorläufige Entscheidung stärker, als sie es sollten? Das sind einige der Fragen, die wir klären wollten, als wir untersuchten, wie Entscheidungen getroffen werden, die sich in zwei Schritten vollziehen.

Natürlich ist sattsam bekannt, dass Menschen keine objektiven Informationsverarbeitungssysteme sind und dass ihre Intuitionen über Statistik und Wahrscheinlichkeiten nicht immer stimmen. Ein schönes Beispiel ist das Geburtstagsproblem. Da wird die Versuchsperson aufgefordert zu schätzen, wie viele Menschen in einem Zimmer versammelt sein müssen, damit die Wahrscheinlichkeit, dass zwei oder mehr am gleichen Tag Geburtstag haben, auf 0,5 anwächst. Die richtige Antwort – 23 Personen – ist keineswegs offenkundig. Die Intuition sagt uns, dass es mehr als 23 sein müssen. In einem Collegekurs äußerten 88 Prozent ($^{50}/_{57}$) Vermutungen, die über 23 lagen. Insgesamt wiesen die Vermutungen einen Durchschnitt von 184 auf.

Wir verwenden eine Vielzahl von kognitiven Strategien, wenn wir uns als intuitive Statistiker verhalten, und diese Strategien können zu fehlerhaften Urteilen führen. Besonders fehleranfällig sind wir, wenn es um Probleme der bedingten Wahrscheinlichkeit geht. Und genau damit haben wir es im Monty-Hall-Dilemma zu tun. Anekdotische Belege lassen darauf schließen, dass die Menschen beim Monty-Hall-Dilemma in der Regel an ihrer ersten Vermutung festhalten, obwohl sie sie eigentlich *revidieren* sollten. Warum sie sich so verhalten, ist nicht ganz klar, doch möglicherweise ist dafür eine grundlegende psychologische Tendenz von beträchtlichem Allgemeinheitsgrad verantwortlich.

Betrachten wir die intuitive Lösung des Monty-Hall-Dilemmas. Der Alternative, die nach der ersten Entscheidung des Kandidaten als falsch enthüllt wird, ist eine Wahrscheinlichkeit von

0,33 zugeordnet. Man sollte meinen, dass diese Wahrscheinlichkeit nun zu gleichen Teilen auf die beiden verbleibenden Alternativen übergeht, sodass sie jetzt beide eine Wahrscheinlichkeit von 0,5 besitzen. Trägheit, ein Gefühl der Verpflichtung gegenüber der ersten Entscheidung oder die Angst, mit der Revision der ersten Entscheidung einen Fehler zu begehen, führen zu der Neigung, bei der ersten Wahl zu bleiben. Nur wenn jemand nicht durch solche Faktoren veranlasst wird, die Wahrscheinlichkeiten falsch einzuschätzen, kann er sich anders verhalten.

In ihren vier Kolumnen zu diesem Thema hat vos Savant einen *kleinen* Fehler begangen. In der Kolumne vom 17. Februar 1991 fasste sie die Antworten, die sie erhalten hatte, wie folgt zusammen: «Insgesamt haben neun von zehn *Lesern* entschiedenen Widerspruch zu meiner Antwort angemeldet [*Hervorhebung* von mir].» Darauf antwortete Mark Glickman vom Fachbereich Statistik der Harvard University:

> Wenn ein Leser mit Ihrer Lösung einverstanden ist, ist die Wahrscheinlichkeit, dass er einen Leserbrief schreibt, gering, weil keine Kontroverse ersichtlich ist. Ist hingegen ein Leser mit Ihrer Lösung nicht einverstanden, so ist seine Bereitschaft, Ihnen zu schreiben und seine Auffassung zum Ausdruck zu bringen, sicherlich größer.

Der Hinweis, dass die *Briefschreiber* nicht als repräsentativ für die *Leser* angesehen werden können, ist wissenschaftlich korrekt. Doch es ist eine offene Frage, wie wenig repräsentativ oder untypisch die Antworten der Briefschreiber tatsächlich sind.

Um ganz sicher zu gehen, könnte man ein Problem vom Monty-Hall-Typ in eine Gallup-Meinungsumfrage aufnehmen. Dann würde sie von einer repräsentativen Stichprobe der US-amerikanischen Erwachsenen beantwortet. Bislang ist das noch nicht geschehen. In Laborexperimenten an der University of Missouri hat man Studenten im Grundstudium drei Tore gezeigt – genau wie im Monty-Hall-Dilemma. Nach ihrer anfänglichen Entscheidung und nachdem man ihnen gezeigt hatte, dass eines der anderen Tore falsch war, stellte man sie vor die Wahl, bei ihrer Entscheidung zu bleiben oder sie zu revidieren. Als sie dem Test zum ersten Mal unterzogen wurden, entschieden sich 174 von 194 Versuchspersonen (90 Prozent), bei ihrer Entscheidung zu bleiben, obwohl ihre Gewinnwahrscheinlichkeit bei einer Revision auf ⅔ gestiegen wäre.

In anderer Form wurde das Monty-Hall-Dilemma 228 anderen Studenten präsentiert als Teil einer Erhebung in diesem Kurs. Die Formulierung, die fast *wörtlich* von John Tierneys Artikel in der *New York Times* übernommen worden war, lässt keinen Zweifel an der Prozedur zu, die der Moderator zu befolgen hat:

> Monty Hall, ein absolut ehrlicher Gameshow-Moderator, hat ein neues Auto hinter eines von drei Toren gestellt. Hinter den anderen Toren befindet sich je eine Ziege. «Zuerst zeigen Sie auf ein Tor», sagt er, «dann öffne ich ein anderes Tor und zeige Ihnen eine Ziege. Nachdem ich Ihnen die Ziege gezeigt habe, treffen Sie Ihre endgültige Entscheidung. Sie gewinnen, was sich hinter diesem Tor befindet.» Sie weisen zunächst auf Tor Nummer eins. Daraufhin zeigt Ihnen Monty, dass sich hinter Tor Nummer drei eine Ziege verbirgt. Wie sieht Ihre endgültige Entscheidung aus?
>
> «Bei Tor 1 bleiben?» oder «Für Tor 2 entscheiden»?

In dieser Studie wählten 13 Prozent «Für Tor 2 entscheiden». Der geschlechtsspezifische Unterschied war nicht signifikant. 15 Prozent der Männer und 12 Prozent der Frauen erklärten, sie würden ihre Entscheidung revidieren. Die Studenten, die ihre Entscheidung revidierten, hatten kein besseres Leistungsniveau als diejenigen, die bei ihrer Entscheidung bleiben wollten. Zwar sind diese 422 Collegestudenten keine Zufallsstichprobe der US-amerikanischen Erwachsenen, doch sie waren auch nicht das Ergebnis einer Selbstauswahl wie die Briefschreiber. Außerdem waren sie unvorbelastet in Hinblick auf das Monty-Hall-Dilemma; sie hatten sich nicht entschieden, an der Erhebung teilzunehmen, weil sie eine bestimmte Meinung über das Dilemma hatten. Die Ergebnisse der Studie bestätigen den kontraintuitiven Charakter des Monty-Hall-Dilemmas und lassen darauf schließen, dass die Reaktionen der Briefschreiber in diesem Falle ganz ähnlich wie die der Leser gewesen sind.

In unseren Laborexperimenten untersuchten wir die Tendenz auch über einen gewissen Zeitraum, indem wir die Versuchssituation auf fünfzig Durchgänge erweiterten. Dank der Programmierkünste von Michael Hess wird das Experiment von einem Computer durchgeführt, der auch die Ergebnisse aufzeichnet. Bei jedem Durchgang bestimmt der Computer durch Zufallsverfahren ein Tor als Gewinner. Die Versuchsperson macht eine erste Vermutung. Dann schlüpft der Computer in die Rolle des *eingeweihten* Moderators und informiert die Versuchsperson, dass eines der anderen Tore falsch ist. Die Versuchsperson entscheidet, ob sie bei ihrer ersten Entscheidung bleiben oder das einzige verbleibende Tor wählen soll. Daraufhin zeigt der Computer der Versuchsperson, welche Tür in diesem Durchgang die richtige ist. Nachdem die Versuchsperson erfahren hat, ob sie gewonnen oder verloren hat, beginnt sie den nächsten Durchgang, bis sie fünfzig dieser zweistufigen Entscheidungen getroffen hat. Den Versuchspersonen wird mitgeteilt, dass sie 25 Dollar gewinnen, wenn sie die höchste Punktzahl aller Teilnehmer des Experiments erreichen. Wir beobachten, dass im Laufe der Durchgänge ein gewisses Maß an induktivem Lernen stattfindet. Anfangs ist die Revision der Entscheidung sehr selten, wird häufiger und scheint bei den letzten zehn Durchgängen ein Plateau von rund 55 Prozent zu erreichen.

Wir hatten keine klare Vorstellung von dem, was uns erwartete, als wir mit diesen Experimenten begannen. Wir waren uns nicht sicher, dass die Revision im Laufe unserer ursprünglichen Versuchsanordnung wesentlich zunehmen würde. Daher fügten wir zwei Bedingungen hinzu, die festlegten, dass die Versuchspersonen durch die Revision doppelt oder viermal so viele Punkte erzielen konnten wie durch die Beibehaltung ihrer ersten Entscheidung. Unter diesen Umständen begann und endete die Revision auf erheblich höheren Niveaus. Die Menschen lassen sich also zu einer häufigeren Revision ihrer Entscheidung bewegen, wenn man Anreize bietet, die stark genug sind.

Monty Hall und das Russisch-Roulette-Dilemma
Wie sehr der Mensch zu der intuitiven Auffassung neigt, er müsse bei seiner ursprünglichen Entscheidung bleiben, während tatsächlich eine Revision dieser Entscheidung von Vorteil wäre, zeigte sich deutlich bei den Briefschreibern der Kolumne «Ask Marilyn» und den Versuchspersonen unserer ersten Studie. Unsere nächste Frage lautete, was Versuchspersonen wohl in einer vergleichbaren Situation tun würden, in der es vernünftig wäre, bei der ursprünglichen Entscheidung zu bleiben. Würden sie auch bei ihrer Entscheidung bleiben, wenn es von Vorteil war, bei ihr zu bleiben? Oder noch paradoxer ausgedrückt, würden sie ihre Entscheidung revidieren, obwohl sie besser bei ihr blieben? Um dieser Frage nachzugehen, mussten wir eine Situation entwerfen, in der es so vernünftig ist, bei seiner Entscheidung zu bleiben, wie es im Monty-Hall-Dilemma rational ist, sie zu revidieren.

Im Monty-Hall-Dilemma mit einem Auto und zwei Ziegen steht, wie gezeigt, einwandfrei fest, dass es nach einer ersten Wahl und dem Öffnen eines Tors, das eine bewusst gewählte falsche Alternative präsentiert, von Vorteil ist, wenn man die erste Wahl aufgibt, und sich für die verbleibende Alternative entscheidet. Doch wie verhält es sich, wenn wir das Problem umkehren, sodass wir zwei Autos und nur eine Ziege haben? Auch hier wählt der Kandidat zwischen drei Toren, doch diesmal handelt es sich um zwei Gewinner- und ein Verlierertor. Wir nennen diese Spielart das Russisch-Roulette-Dilemma. (Umgekehrtes Monty-Hall-Dilemma erschien uns zu umständlich.) Beim Russischen Roulette gibt es gewöhnlich nur eine gefährliche Kammer mit einer Kugel. Alle anderen Kammern sind Gewinner, das heißt leer. Das Russisch-Roulette-Dilemma lässt sich wie folgt beschreiben:

Nehmen Sie an, Sie befinden sich in einer Gameshow. Der Moderator, von dem bekannt ist, dass er vollkommen ehrlich ist, hat hinter zwei von drei Toren je ein nagelneues Auto fahren lassen. Hinter dem anderen Tor befindet sich eine Ziege, also eine Niete. «Zuerst zeigen Sie auf ein Tor», sagt der Talkmaster, «dann öffne ich eines der anderen Tore und zeige Ihnen ein Auto. Dieses Tor steht nicht mehr zur Verfügung. Nachdem ich

Ihnen dieses Auto gezeigt habe, treffen Sie Ihre endgültige Entscheidung und gewinnen, was sich hinter dem Tor befindet.» Sie zeigen zunächst auf Tor Nummer eins. Daraufhin zeigt Ihnen der Gastgeber, dass sich hinter Tor drei ein Auto befindet. Wie sieht Ihre endgültige Entscheidung aus? Bleiben Sie bei Tor eins oder revidieren Sie Ihre Entscheidung und wählen Sie Tor zwei?

Setzt man auch hier die Annahmen voraus, die wir für das Monty-Hall-Dilemma formuliert haben, handelt der Kandidat in dieser Situation vernünftig, wenn er bei seiner ursprünglichen Entscheidung bleibt. Die Wahrscheinlichkeit, dass er mit seiner anfänglichen Vermutung ein Auto gewählt hat, beträgt 0,67. Daran ändert sich nicht das Geringste, wenn der Moderator *in Kenntnis der Sachlage* ein anderes Tor öffnet, hinter dem ein Auto steht. Beim Russisch-Roulette-Dilemma mit drei Toren sind die Gewinnwahrscheinlichkeiten durch Revision der Entscheidung also nur ⅓, während die Gewinnwahrscheinlichkeiten durch Beibehaltung der Entscheidung ⅔ betragen.

Nach eingehender Beschäftigung mit der Literatur zu diesem Thema war es nicht schwer, das Russisch-Roulette-Dilemma zu entwickeln. Das Monty-Hall-Dilemma entspricht strukturell, zumindest was die Wahrscheinlichkeitsbedingungen angeht, dem Drei-Gefangenen-Problem, das Martin Gardner in seiner Kolumne «Mathematical Games» im *Scientific American* vom Oktober 1959 veröffentlicht hat. Im Drei-Gefangenen-Problem soll ein Gefangener begnadigt und zwei hingerichtet werden. Die Gefangenen kennen ihr Schicksal nicht, wohl aber der Wächter. Der Gefangene A bittet den Wächter, ihm doch den Namen eines der anderen Männer zu nennen, die hingerichtet werden sollen. Der Wächter willigt ein und sagt, B werde hingerichtet. A freut sich, weil er irrtümlich glaubt, seine Wahrscheinlichkeit, derjenige zu sein, der begnadigt wird, sei damit von ⅓ auf ½ gestiegen. Von hier ist es nur ein kleiner Schritt, die Wahrscheinlichkeiten umzukehren: Zwei der Gefangenen werden begnadigt und nur einer hingerichtet. Tatsächlich tat Gardner genau das, als er eine Situation erörterte, in der die Wahrscheinlichkeit, den Tod zu vermeiden, $^{51}/_{52}$ betrug. Der Unterschied des Monty-Hall- und des Russisch-Roulette-Dilemmas gegenüber dem Drei-Gefangenen-Problem liegt in der Möglichkeit, im Zuge eines zweistufigen Entscheidungsprozesses seine ursprüngliche Wahl zu revidieren oder nicht zu revidieren.

Mithilfe des Monty-Hall- und des Russisch-Roulette-Dilemmas haben wir eine zweistufige Entscheidungssituation entworfen, in der es von Vorteil ist, die Entscheidung zu revidieren, und eine vergleichbare Situation, in der es von Vorteil ist, bei der ersten Entscheidung zu bleiben. Mit dieser Verbindung aus Roulette-Dilemma und Monty-Hall-Dilemma haben wir zwei Experimente bestritten. Bei verbaler Darbietung des Problems gaben 15 Prozent beim Monty-Hall-Dilemma an, sie würden ihre Entscheidung revidieren, während es beim Roulette-Dilemma 16 Prozent waren. In dieser Untersuchung hatte es den Anschein, als würden die Versuchspersonen bei ihrer Entscheidung bleiben, egal, ob es von Vorteil war, dass sie ihrer Entscheidung treu blieben oder sie revidierten. Das lässt auf eine gewisse «Treuetendenz» in zweistufigen Entscheidungsprozessen schließen. Die Menschen scheinen an ihrer ursprünglichen Entscheidung in höherem Maße zu hängen, als sie es sollten.

Ferner führten wir ein Laborexperiment mit 50 Durchgängen entweder des Roulette- oder des Monty-Hall-Dilemmas durch, bei denen der Computer nach jedem Durchgang eine Rückmeldung gab und einen Preis von 25 Dollar in Aussicht stellte. Bei Durchgang eins dieser Studie revidierten im Monty-Hall-Dilemma 8 Prozent ihre Entscheidung, während es beim Roulette-Dilemma 31 Prozent waren. Diese Prozentsätze unterschieden sich signifikant voneinander, und sie liegen auch signifikant unter 50 Prozent. Im Zuge der Durchgänge fand induktives Lernen statt; es kam zu einer signifikanten Differenzierung der beiden Versuchsbedingungen. In den letzten zehn Durchgängen revidierten die Versuchspersonen ihre Entscheidung im Monty-Hall-Dilemma bei 58 Prozent der Durchgänge, während es im Roulette-Dilemma nur 26 Prozent waren.

Offenbar ist das menschliche Gehirn nicht so verdrahtet, dass es die vernünftige Lösung im Monty-Hall- und Roulette-

Dilemma ohne weiteres erkennen kann. Andererseits können Versuchspersonen lernen, sie rational zu unterscheiden – zumindest in signifikantem Ausmaß –, wenn sie Gelegenheit haben, ein gegebenes Dilemma in einer Reihe von Durchgängen durchzuspielen. Diese beiden Dilemmata sind zwar vollkommen symmetrisch in ihrer Struktur und Logik, rufen aber durchaus keine symmetrischen Reaktionen hervor. Im Monty-Hall-Dilemma, das eine Entscheidungsrevision verlangt, zeigen die Versuchspersonen anfangs eine sehr geringe Neigung, ihre Entscheidung zu revidieren. Diese Tendenz verstärkt sich dann aber mit wachsender Zahl der Durchgänge. Im Roulette-Dilemma, in dem man seine Entscheidung nicht revidieren sollte, ist anfangs ebenfalls eine geringe Neigung zur Entscheidungsrevision erkennbar. Hier offenbart sich jedoch im Laufe der Durchgänge keine Tendenz zu einer selteneren Revision der Entscheidungen.

Anders gesagt, die Teilnehmer am Roulette-Experiment waren schon zu Beginn der Durchgänge der richtigen Lösung ziemlich nahe, kamen ihr aber durch Erfahrung nicht näher. Die Teilnehmer des Monty-Hall-Experiments waren der richtigen Lösung fern, als die Durchgänge anfingen, näherten sich ihr aber durch Erfahrung. Wenn wir einen strengen Maßstab anlegen und auf einer vollkommenen Bewältigung des Problems bestehen – das heißt darauf, dass die Versuchsperson bei den letzten zehn Versuchen des Monty-Hall-Dilemmas jedes Mal ihre Entscheidung revidierte und bei den letzten zehn Versuchen des Roulette-Dilemmas stets bei ihrer Entscheidung blieb –, dann sind nur 13 Prozent der Teilnehmer am Monty-Hall-Experiment und 20 Prozent der Teilnehmer am Roulette-Experiment diesem strengen Kriterium gerecht geworden. Daraus dürfen wir wohl den Schluss ziehen, dass sich diese Dilemmata auf induktivem Wege nicht sehr gut lernen lassen.

Eingeweihte und nicht eingeweihte Gastgeber

Die folgende wunderbare Frage verdanken wir Joseph Moder von der University of Miami:

Nehmen wir an, in der Gameshow mit drei Toren wählt der Kandidat wie gewöhnlich ein Tor aus, doch als der Moderator sich anschickt, eines der anderen Tore zu öffnen, wird ihm plötzlich klar, dass er sich nicht erkundigt hat, wo sich der Preis befindet. Ganz im Zeichen des Mottos *The show must go on* öffnet er, ohne zu zögern, eines der beiden anderen Tore und stellt zu seiner großen Erleichterung fest, dass es nicht den Preis enthält. Niemand außer dem Gastgeber weiß von der Improvisation, die er soeben geleistet hat; die Show nimmt *haargenau* den gleichen Fortgang wie immer. Wie ist es jetzt? Kann der Kandidat seine Chancen verbessern, indem er das Tor wechselt?

So seltsam es auch erscheinen mag, die Antwort lautet Nein. Wie oben dargelegt, gilt die ⅔-Lösung nur, wenn der Moderator weiß, wo sich der Preis befindet, und wenn er weiß, für welches Tor sich der Kandidat anfänglich entschieden hat. Durch ihre Formulierung hat vos Savant explizit gemacht, dass der Moderator weiß, wo sich der Preis befindet. Außerdem ist durch den Kontext der Problemstellung deutlich geworden, dass dem Moderator die erste Wahl des Kandidaten bekannt ist und dass er sich auf dieses Wissen stützt, um sicher zu gehen, dass er beim Öffnen eines der nicht gewählten Tore eine Ziege zutage fördert. Ein nicht eingeweihter Moderator könnte so handeln, dass genau der gleiche Eindruck entstünde, das heißt Tor Nummer drei mit einer Ziege zeigen und den Kandidaten vor die Wahl stellen, bei seiner Entscheidung zu bleiben oder sie zu revidieren. Doch wenn die Wahl des Moderators auf Zufall oder Glück beruht und nicht auf Wissen, ist die Wirkung eine andere.

Betrachten wir die folgenden beiden Szenen:

A Ein Kartenspiel liegt mit den Bildern nach unten in zufälliger Anordnung auf einem Tisch. Sie raten, welches das Pikass ist, indem Sie den Finger auf eine Karte legen, ohne sie umzudrehen. Unter Berücksichtigung dieser Vermutung dreht der Moderator, der weiß, wo sich das Pikass befindet, fünfzig Karten um, unter denen sich die gesuchte Karte nicht befindet. Nun stellt Sie der Moderator vor die Wahl, bei Ihrer ursprünglichen Entscheidung zu bleiben oder sie zu revidieren und die einzige andere Karte zu wählen, die noch umgekehrt daliegt.

B Ein Kartenspiel liegt mit den Bildern nach unten in zufälliger Anordnung auf einem Tisch. Sie raten, welches das Pikass ist, indem Sie den Finger auf eine Karte legen, ohne sie umzudrehen. Nun bittet der Moderator fünfzig andere Leute, von denen keiner weiß, wo sich das Pikass befindet, jeweils eine Karte umzudrehen. Zufällig befindet sich das Pikass nicht unter allen diesen Karten. Nun stellt Sie der Moderator vor die Wahl, bei Ihrer ursprünglichen Entscheidung zu bleiben oder sie zu revidieren und die einzige andere Karte zu wählen, die noch umgekehrt daliegt.

Unter den Bedingungen von Szene A ist es vernünftig, die Entscheidung zu revidieren, vorausgesetzt, auch die anderen Annahmen des Monty-Hall-Dilemmas treffen zu, da die Gewinnwahrscheinlichkeit bei einer Entscheidungsrevision $^{51}/_{52}$ beträgt, während die Beibehaltung der Entscheidung nur eine Wahrscheinlichkeit von $^{1}/_{52}$ besitzt. Unter den Bedingungen von Szene B dagegen spielt es keine Rolle, wie man sich entscheidet, da die Chancen gleichmäßig 50 zu 50 stehen, egal, ob man bei seiner Wahl bleibt oder sie revidiert.

Jeffrey Hoyt vom Fachbereich Maschinenbau der Washington State University schrieb einen Brief, bekundete darin, dass er nicht mit Marilyns $^{2}/_{3}$-Lösung einverstanden sei, und verdeutlichte seine Auffassung durch folgende Metapher:

> Stellen Sie sich drei Konkurrenten bei einem Hundertmeterlauf vor. Die Sportler sind so gleichwertig, dass die Wahrscheinlichkeit für den Sieg eines der Athleten vollkommen zufällig ist. Ich werde aufgefordert, einen Tipp abzugeben, und entscheide mich für Läufer Nummer eins. Nachdem ich meine Wahl getroffen habe, zieht sich Läufer Nummer drei eine Zerrung zu und kann nicht antreten. Legt man Ihre Antwort des Gameshow-Problems zugrunde, müsste man annehmen, dass das Pech von Läufer drei die Nummer zwei aus unerfindlichen Gründen zum klaren Favoriten gegenüber meiner ursprünglichen Wahl gemacht hätte. Ich hoffe, dieses

Beispiel hat Ihnen klargemacht, dass Ihre Analyse des Gameshow-Problems unhaltbar ist.

Eine ähnliche Analogie hat Henry Seibel aus Greer in South Carolina eingeschickt:

... denken wir uns ein Pferderennen mit drei Pferden, den Nummern eins, zwei und drei. Wenn Pferd drei nach einigen Metern stürzt und liegen bleibt, sind die Aussichten der verbleibenden Pferde bei ansonsten gleichen Bedingungen nicht mehr eins zu drei, sondern eins zu zwei. Würde das Szenario oft genug wiederholt, ... entfielen auf Pferd eins und Pferd zwei eine annähernd gleiche Anzahl von Siegen.

In gewissem Sinne haben diese Briefschreiber Recht, doch die Analogien weichen in einem entscheidenden Punkt vom Monty-Hall-Dilemma ab: Sie haben keinen eingeweihten Moderator. Man müsste die letzte Analogie beispielsweise folgendermaßen umformulieren:

Nehmen wir an, Sie haben in einem Rennen mit drei Pferden auf Pferd Nummer eins gewettet. Nachdem Sie die Wette abgeschlossen haben, teilt Ihnen der allwissende Gott mit, der natürlich weiß, welchem Pferd der Sieg vorherbestimmt ist und wie Sie gewettet haben: «Pferd Nummer drei wird es nicht sein.»

Je nachdem, welche Attribute Gott außerdem aufweist, etwa ob er bestrebt ist, die Menschen zu richtigen Entscheidungen anzuleiten, sollten Sie, wenn es geht, Ihre Entscheidung revidieren und Ihr Geld auf Pferd zwei setzen.

Die Bedeutung des *eingeweihten* Moderators bleibt auch einigen Briefschreibern verschlossen, die mit vos Savants ⅔-Lösung einverstanden sind und durchaus kluge Kommentare abgeben. So schrieb James Simmons, seines Zeichens Mathematiker an der University of Virginia:

Amüsiert habe ich die komplizierten Versuche zur Kenntnis genommen, die beste Lösung des Gameshow-Problems zu erklären ... («Erst als ich ein Computerprogramm geschrieben hatte ...») Wenn ich der Kandidat bin und die Strategie verfolge, immer bei meiner ersten Entscheidung zu bleiben, dann beträgt die Wahrscheinlichkeit, dass ich gewinne, ⅓. Ist meine Strategie, meine Entscheidung immer zu revidieren, dann beträgt die Wahrscheinlichkeit, dass ich *verliere*, ⅓, denn ich verliere nur, wenn das Auto hinter dem Tor ist, das ich zuerst gewählt habe. Da ich jedes Mal, wenn ich spiele, entweder gewinne oder verliere, ist die Gewinnwahrscheinlichkeit bei der Strategie der Entscheidungsrevision ⅔.

Simmons' Lösung ist richtig, doch nur unter der Voraussetzung, dass wir annehmen, der Moderator sei eingeweiht und nutze sein Wissen, um nach der ersten Entscheidung die Ziege hinter einem der ungewählten Tore zu zeigen.

Viele Leser, die an vos Savant geschrieben und sich zum Monty-Hall-Dilemma geäußert haben, berichteten, sie hätten eine Computersimulation durchgeführt, und schickten einen Ausdruck oder eine Diskette mit. Besonders interessant war eine, die von Joseph Heiser stammt, einem Mathematiklehrer an der High School in Pemberton, New Jersey. Sie enthielt zwei Simulationen, die eine mit eingeweihtem und die andere mit uneingeweihtem Moderator, und bewies schlüssig, wie wichtig dieser Unterschied ist.

Wenn wir uns fragen, warum die meisten Menschen das Monty-Hall-Dilemma zunächst falsch verstehen, so lautet die erste Antwort, dass sie in dieser Situation zu einer Fehleinschätzung der Wahrscheinlichkeiten neigen. Sie verkennen die Bedeutung zweier wichtiger Aspekte: des Wissens, das der Moderator hat, und des Gebrauchs, den er davon macht. In einem der Experimente, in denen wir das Problem in sprachlicher Form darboten, haben wir das Dilemma achtundachtzig Versuchspersonen mit einem eingeweihten Moderator präsentiert und dreiundachtzig Versuchspersonen mit einem uneingeweihten Moderator. Vernünftig betrachtet, hätten die achtundachtzig Versuchspersonen für eine Entscheidungsrevision plädieren müssen, während die dreiundachtzig genauso gut eine Münze hätten werfen können, weil die Aussichten fünfzig zu fünfzig standen. Doch in der Situation mit dem eingeweihten Moderator, wo eine Revision der Entscheidung von Vorteil wäre, wollten nur 15 Prozent ihre Entscheidung ändern, während es in der Situation mit dem uneingeweihten Moderator 10 Prozent waren. Diese Prozentsätze lassen nicht auf ein vernunftgeleitetes Verhalten schließen und weisen keinen signifikanten Unterschied auf. Offenbar wird die Frage, ob der Moderator eingeweiht ist, nicht hinreichend berücksichtigt. Warum so viele Versuchspersonen, die die Chancen unabhängig von einem eingeweihten oder uneingeweihten Moderator auf 50 zu 50 einschätzten, lieber bei ihrer Entscheidung blieben, obwohl sie sie genauso gut hätten revidieren können, ist eine interessante psychologische Frage.

In dieser Studie haben wir nicht nur ermittelt, ob die Versuchspersonen beim ersten Tor blieben oder es wechselten, sondern sie auch aufgefordert, die Wahrscheinlichkeiten einzuschätzen und ihre Einschätzung zu begründen. In der Monty-Hall-Situation mit einem eingeweihten Moderator nahm die große Mehrzahl anfangs eine Gewinnwahrscheinlichkeit von 0,33 und in der zweiten Phase von 0,5 an. Viele Versuchspersonen, die in der zweiten Phase eine Wahrscheinlichkeit von 0,5 vermuteten, brachten auf die eine oder andere Weise zum Ausdruck, dass der erste Gedanke im Allgemeinen der richtige sei. In einem anderen Teil der Studie mussten die Versuchspersonen schätzen, wie oft die Korrekturen, die sie bei Multiple-Choice-Tests vorgenommen hatten, zu einer Veränderung von einer richtigen zu einer falschen, von einer falschen zu einer richtigen und von einer falschen zu einer falschen Antwort geführt hatten. Im Allgemeinen lag die Annahme, dass ein Wechsel von richtig zu falsch stattgefunden habe, signifikant höher als die Annahne des umgekehrten Falles. Tatsächlich lassen Untersuchungen von Schulpsychologen darauf schließen, dass Veränderungen von falsch zu richtig in Multiple-Choice-Tests mehr als doppelt so häufig vorkommen wie Veränderungen von richtig zu falsch.

Erwähnung verdient auch der Umstand, dass mit dem eingeweihten und uneingeweihten Moderator die Möglichkeiten noch nicht erschöpft sind. Einige der Leser, die vos Savant geschrieben haben, wandten ein, dass die Formulierung des Monty-Hall-Problems, so wie es ihr gestellt worden sei, mehrdeutig sei, da die Motive des Moderators unerwähnt blieben. Dieser Einwand ist nicht ganz von der Hand zu weisen. Doch daraus folgt nicht, dass die Wahrscheinlichkeitsgesetze nur gelten, wenn der Moderator ein Tor durch Zufall bestimmt. Sie gelten auch in einer Situation, in der ein eingeweihter Moderator agiert, solange dieser sein Wissen dazu verwendet, ein nicht gewähltes Tor mit einer Ziege zu öffnen, und den Kandidaten vor die Wahl stellt, bei der ersten Entscheidung zu bleiben oder sie zu revidieren. Unter diesen Bedingungen gelten die Wahrscheinlichkeitsverhältnisse, die vos Savant genannt hat (0,67 für einen Gewinn durch Revision der Entscheidung und 0,33 für einen Gewinn durch Beibehaltung der Entscheidung). Tierneys oben wiedergegebene Neuformulierung des Problems legt die Vorgehensweise des Moderators fest, denn es wird im Voraus klargestellt, was der Moderator tun wird und dass er ehrlich ist. Nach Tierneys Formulierung sagt der Moderator: «... dann öffne ich ein anderes Tor und zeige Ihnen eine Ziege.» Das heißt, der Moderator wird es auf *jeden Fall* tun. Es heißt nicht, dass er es vielleicht tun könnte. Entscheidend ist hier, dass die Strategie und Vorgehensweise des Moderators im Voraus festgelegt und damit unabhängig von der Laune, Persönlichkeit oder Motivation des Gastgebers sind.

Liegt es hingegen im Ermessen des Moderators, ob er ein nicht gewähltes Tor öffnet und ob er seinen Kandidaten vor die Wahl stellt, bei seiner Entscheidung zu bleiben oder sie zu revidieren, dann wird die Situation kompliziert. In diesem Falle wäre es von Vorteil, wüsste man um die Motivation des Moderators. Sie würde als einer von vielen Faktoren einfließen in die Entscheidung, ob man bei der Entscheidung bleibt oder sie revidiert. Als Extremformen der Motivation können wir den knauserigen, *verschlagenen* und den großzügigen, hilfsbereiten Moderator ansehen.

Der verschlagene Moderator versucht, die Kosten und die Gewinnaussichten des Kandidaten möglichst niedrig zu halten, daher lässt er dem Kandidaten nur die Wahl, wenn dessen erste

Entscheidung richtig ist. Würde dies bekannt, so würde natürlich kein intelligenter Kandidat seine Entscheidung revidieren. Seine Gewinnwahrscheinlichkeit wäre 1,0 durch Beibehaltung der Entscheidung und 0,00 durch Revision. Die Option der Revision würde irrelevant, und die allgemeine Gewinnaussicht betrüge ⅓.

Der großzügige Gastgeber ist bestrebt, dem Kandidaten beim Auffinden des Autos zu helfen, und stellt ihn nur vor die Wahl, wenn die erste Entscheidung des Kandidaten falsch ist. Entsprechend würde, falls sich das herumspräche, ein intelligenter Kandidat natürlich seine Entscheidung immer revidieren, weil diese Option ihm eine Wahrscheinlichkeit von 1,0 böte, die Beibehaltung nur 0,0. Bei einem großzügigen Moderator, dessen Vorgehensweise bekannt ist, gewinnt der Kandidat jedes Mal.

Zwischen diesen beiden Extremen liegen eine Vielzahl von Motivlagen, die der Moderator aufweisen könnte. Beispielsweise würde der *gleichgültige* Moderator eine Münze werfen, um zu entscheiden, ob er in die zweite Phase eintritt, in Kenntnis der Sachlage ein nicht gewähltes Tor öffnet und den Kandidaten vor die Wahl stellt, bei seiner Entscheidung zu bleiben oder sie zu revidieren. Wird der Kandidat von einem gleichgültigen Moderator vor die Wahl gestellt, gewinnt er mit einer Wahrscheinlichkeit von 0,67, wenn er seine Entscheidung revidiert, und von 0,33, wenn er bei seiner Entscheidung bleibt.

Allerdings ist zu betonen, dass die Motive und Vorlieben des Moderators *irrelevant* sind, wenn seine Vorgehensweise vorgeschrieben ist und seine Handlungen nicht in seinem Ermessen liegen. Die anfangs genannten Annahmen legen fest, dass der Moderator nicht nach eigenem Gutdünken entscheiden kann, ob er eine falsche Alternative zeigt und ob er dem Kandidaten die Wahl lässt, seine Entscheidung zu revidieren.

In diesem Abschnitt haben wir uns mit den Merkmalen (Wissen, Motiven) des Moderators beschäftigt. Eine ähnliche Analyse ließe sich mit dem Kandidaten und der Bedeutung seines Wissens anstellen. In ihrer dritten Kolumne zum Monty-Hall-Problem hat vos Savant auf einen hochinteressanten Aspekt hingewiesen, den man das *Mars-Paradox* nennen könnte:

> Die ursprüngliche Antwort [seine Entscheidung zu revidieren und mit einer Wahrscheinlichkeit von 0,67 zu gewinnen] ist noch immer richtig, und entscheidend ist die Frage: *«Soll ich meine Entscheidung revidieren?»* Nehmen wir an, wir halten hier inne und ein Ufo landet auf der Bühne, heraus klettert eine kleine grüne Frau und der Moderator bittet sie, sich für eines der beiden ungeöffneten Tore zu entscheiden. Die Wahrscheinlichkeit, dass *sie* zufällig diejenige mit dem Preis wählt, beträgt ½, zugegeben. Aber das liegt nur daran, dass sie nicht den Vorteil des *ursprünglichen* Kandidaten hatte – die Hilfe des Moderators.

Paradox daran ist, dass eine identische Anordnung von zwei Toren unterschiedliche Wahrscheinlichkeiten für verschiedene Menschen bereithält, abhängig von ihren unterschiedlichen Erfahrungen und Kenntnissen. Für die Kandidatin, die weiß, welche Tür sie ursprünglich gewählt hat und welche Tür anschließend von dem Moderator ausgeschlossen wurde, ergibt sich durch Revision eine Gewinnwahrscheinlichkeit von 0,67. Für die Marsfrau, die auf der Bildfläche erscheint, als nur noch zwei Alternativen übrig sind, und die nicht weiß, was vorher geschehen ist, sind beide Tore mit der gleichen Wahrscheinlichkeit von 0,50 verknüpft. R. H. Good, ein Physiker von der California State University in Hayward, schrieb einen kenntnisreichen Brief über die vielen Facetten des Monty-Hall-Dilemmas und gelangte zu dem Schluss, es scheine «fast so paradox wie die Quantenmechanik zu sein».

Kontrafaktisches Denken

Kontrafaktisches *(counterfactual)* Denken ist eine imaginierte Alternative zu einem tatsächlichen Ereignis – zum Beispiel: «Hätte ich in der Schule doch fleißiger gelernt ...» In Stellungnahmen zu ihren Überlegungen in der Studie ließen mehrere Versuchspersonen Hinweise auf kontrafaktisches Denken erkennen. So schrieb einer: «Ich mochte das andere Tor nicht nehmen. Wäre das falsch gewesen, hätte mich das noch mehr genervt, als beim zweiten Tor zu bleiben und zu verlieren.» Ein anderer meinte: «Verändere nie eine Antwort, weil du dich viel mieser fühlst, wenn du es tust und Unrecht hast.» Ganz ähnlich die Kommentare zweier weiterer

Teilnehmer: «Das war meine erste instinktive Entscheidung. War sie falsch, na gut. Aber wenn ich das andere Tor gewählt und mich geirrt hätte, wäre es viel schlimmer gewesen.» – «Ich hätte es wirklich bedauert, wenn ich das andere Tor gewählt und verloren hätte. Es ist am besten, bei der ersten Entscheidung zu bleiben.»

Solche Kommentare erwecken den Eindruck, dass es im Allgemeinen als schlimmer empfunden wird, wenn man verliert, nachdem man seine Entscheidung revidiert hat, als wenn man verliert, nachdem man bei seiner Entscheidung geblieben ist. Leute, die ihre Entscheidung ändern und dann Unrecht haben, sind vielleicht besonders unglücklich, weil sie die richtige Lösung schon erraten und sich dann doch gegen sie entschieden haben. Wer bei seiner Entscheidung bleibt und Unrecht hat, weiß zumindest, dass er die richtige Antwort nicht selber verschenkt hat. Daher haben wir eine spezielle Untersuchung entwickelt, um die kontrafaktische Auffassung direkt zu messen, die bewirkt, dass Menschen lieber bei ihrer Entscheidung bleiben, obwohl es von Vorteil wäre, sie zu ändern.

Studenten füllten einen Fragebogen aus, der das Monty-Hall-Dilemma enthielt, und zwar ähnlich formuliert wie die früheren sprachlichen Darbietungen des Problems. Allerdings wurden unsere Versuchspersonen in dieser Studie nicht gefragt, wie sie sich entscheiden würden, sondern durch Zufallsverfahren einem Szenario zugewiesen, in dem sie sich entschieden, beim ersten Tor zu bleiben, und verloren, oder dazu entschlossen, das Tor zu wechseln, und dann verloren. Danach stuften sie in einer Reihe von Dimensionen ein, welche Gefühle sie ihrer Meinung nach in dieser Situation hätten, beispielsweise ÜBERHAUPT NICHT ÜBERRASCHT – VOLLKOMMEN ÜBERRASCHT. Auf zwei Skalen waren die Unterschiede zwischen den Versuchsbedingungen signifikant. In der Gruppe, die ihre Meinung änderte und verlor, schätzten die Teilnehmer ihre vermeintliche Enttäuschung und Wut sehr viel höher ein als die Teilnehmer, die bei ihrer Entscheidung blieben und verloren. Diese Unterschiede lassen darauf schließen, dass kontrafaktisches Denken an den

Gründen beteiligt sein könnte, die dafür verantwortlich sind, dass viele Leute im Monty-Hall-Dilemma lieber bei ihrer ursprünglichen Meinung bleiben, nachdem sie die Chancen irrtümlich auf 50 zu 50 geschätzt haben.

Die Zahl der Tore

In ihrer ersten Kolumne über das Monty-Hall-Dilemma hat vos Savant ihre Lösung folgendermaßen erklärt:

> Nehmen wir an, es gäbe eine *Million* Tore und Sie wählen Tor Nummer eins. Der Moderator, der weiß, was hinter den Toren ist, vermeidet natürlich dasjenige mit dem Preis und öffnet sie alle mit Ausnahme von Tor Nummer 777 777. Würden Sie sich nicht sofort für dieses Tor entscheiden?

Sofern die oben genannten Annahmen, einschließlich des *eingeweihten* Moderators, gelten, beträgt die Wahrscheinlichkeit eines Gewinns durch Beibehaltung der Entscheidung 0,000001 und eines Gewinns durch Revision 0,999999. Bei dieser Antwort ging vos Savant von der Überlegung aus, dass durch die Erhöhung der Torzahl von drei auf eine Million die richtige Lösung – die Revision der Entscheidung – offenkundiger und zwingender würde.

In ähnlicher Absicht unterbreitete William Martin, Leiter des Fachbereichs Kerntechnik an der University of Michigan, den Vorschlag, das Problem auf hundert Tore mit neunundneunzig Ziegen und einem Auto zu erweitern. In Kenntnis der Sachlage zeigt der Moderator nach der ursprünglichen Wahl des Kandidaten achtundneunzig Ziegen. Martin berichtete, er habe das Monty-Hall-Problem verwendet, um seinen Studenten im Rahmen eines Seminars mit dem Thema «Statistische Simulation komplexer physikalischer Systeme» die Monte-Carlo-Verfahren zu erläutern.

In der Zeitschrift *American Statistician* veröffentlichte Steeve Selvin die von David Ferguson entwickelte Formel $(N-1)/[N(N-n-1)]$, die die Wahrscheinlichkeit eines Gewinns durch Revision der Entscheidung angibt, wobei N die Zahl der

Tore ist und n die Zahl der falschen Tore bezeichnet, die nach der ersten Wahl des Kandidaten von einem eingeweihten Moderator geöffnet werden. Auch wenn der Moderator nur ein falsches Tor öffnet, befindet sich der Kandidat bei einer Änderung seiner Entscheidung schon im Vorteil. Allerdings geht dieser Vorteil gegen null, wenn die Zahl der Tore größer wird. Werden andererseits alle falschen Tore bis auf eins gezeigt, dann nimmt der Vorteil der Entscheidungsrevision mit der Zahl der Tore zu und geht bei einer sehr großen Zahl von Toren gegen eins. Haben wir nur drei Tore, so bleibt es sich natürlich gleich, ob ich sage, ich zeige ein falsches Tor oder ich zeige alle falschen Tore.

Diesen Versuchen liegt die Überlegung zugrunde, man müsse nur die Zahl der Alternativen erhöhen, um das Problem verständlich zu machen. Es gibt jedoch keinen Beweis dafür, dass die Menschen das Problem auf Anhieb besser verstehen, wenn man die Torzahl erhöht. In einem weiteren Laborexperiment veränderten wir die Zahl der Tore und die Zahl der falschen Tore, die gezeigt wurden. Bei unserem Ausgangsszenario mit drei Toren insgesamt und einem geöffneten Tor revidierten 11 Prozent ($^{10}/_{87}$) ihre Entscheidung bei ihrer ersten Begegnung mit dem Monty-Hall-Dilemma, im Szenario mit fünf Toren und drei geöffneten Toren waren es 13 Prozent ($^{6}/_{47}$) und bei sieben Toren und fünf geöffneten Toren 11 Prozent ($^{5}/_{45}$). Diese geringen Unterschiede sind nicht signifikant. Daher bezweifeln wir, dass sich die anfängliche Neigung, bei der ersten, schlechteren Entscheidung zu bleiben, dadurch verringern lässt, dass man die Wahrscheinlichkeitsverhältnisse zwingender als 0,67 zu 0,33 gestaltet. Da wir die Zahl der Tore in keinem Experiment auf mehr als sieben erhöht haben, können wir jenseits dieser Grenze keine zuverlässigen Aussagen machen.

Allerdings haben wir festgestellt, dass die Lösung des Monty-Hall-Dilemmas besser durch induktives Lernen verstanden wurde, wenn wir die Zahl der Tore erhöhten. Wie in unseren anderen Experimenten absolvierten auch die Teilnehmer an der Studie mit verschiedenen Torzahlen fünfzig Durchgänge des Dilemmas, wobei sie nach jedem Durchgang eine Rückmeldung erhielten und einen Preis von 25 Dollar für die höchste Punktzahl in jeder Versuchsgruppe gewinnen konnten. Während der letzten zehn Durchgänge revidierten 59 Prozent ihre Entscheidung in der Versuchsanordnung mit drei Toren, 76 bei fünf Toren und drei geöffneten Toren und 87 Prozent bei sieben Toren und fünf geöffneten Toren. Doch legt man den strengen Maßstab an, das heißt, verlangt man, dass die Versuchsperson bei den letzten zehn Durchgängen ihre Entscheidung immer revidieren muss, dann werden diesem anspruchsvollen Kriterium nur 9 Prozent der Teilnehmer in der Ausgangsbedingung mit drei Toren gerecht, 28 Prozent in der Versuchsanordnung mit fünf Toren und drei geöffneten Toren und 44 Prozent bei sieben Toren und fünf geöffneten Toren. Erinnern wir uns, dass unter den Bedingungen der letztgenannten Versuchsanordnung in jedem Durchgang die Wahrscheinlichkeit, durch eine Revision der Entscheidung zu gewinnen, 0,86 betrug und die Beibehaltung der Entscheidung nur eine Gewinnchance von 0,14 hatte. Das heißt, die Vorteile einer Revision der Entscheidung treten unter diesen Bedingungen ziemlich deutlich zutage. Trotzdem hatten nach vierzig Durchgängen mit Rückmeldung noch nicht einmal vierzig der Versuchspersonen unter diesen Bedingungen gelernt, dass sie gut daran taten, ihre Entscheidung jedes Mal zu revidieren.

Tore mit ungleichen Wahrscheinlichkeiten

Eine Prämisse des Monty-Hall-Dilemmas lautete, der Hauptgewinn wird durch Zufallsverfahren so hinter einem Tor versteckt, dass jedes Tor die gleiche Chance hat, den Preis zu enthalten. Das ist ein guter Ausgangspunkt und möglicherweise die einzige vernünftige Annahme, solange nicht das Gegenteil bewiesen ist.

Doch nehmen wir an, es sei bekannt, dass die drei Tore unterschiedliche Aussichten hätten, den Gewinn zu enthalten. Beispielsweise bemerkt ein Dauerzuschauer der Show, dass Tor eins in 45 Prozent der Fälle den Gewinn enthält, Tor zwei in 40 Prozent der Fälle und Tor drei nur in 15 Prozent der Fälle. Damit erweist sich Annahme A als falsch, während die restlichen Annahmen B bis F weiterhin gelten. Unter dieser Bedingung ist der tatsächliche Ort des Gewinns für den Kandidaten weniger vorhersagbar. Zunächst wählt der Kandidat Tor eins, die Alternative mit der höchsten Wahrscheinlichkeit. Der Moderator, der das berücksichtigt und auch sein Wissen heranzieht, wo sich das Auto befindet, öffnet Tor zwei und präsentiert eine Ziege. Daraufhin stellt er den Kandidaten vor die Wahl, bei seiner Entscheidung zu bleiben oder sie zu revidieren.

Soll der Kandidat nun einen Seufzer der Erleichterung ausstoßen, weil die Alternative mit der zweithöchsten Wahrscheinlichkeit eliminiert worden ist, und bei Tor eins bleiben, das ursprünglich die höchste Wahrscheinlichkeit hatte, das richtige zu sein? Oder soll sich der Kandidat lieber für das Tor entscheiden, das ursprünglich die geringste Wahrscheinlichkeit hatte, nämlich Tor drei? Eine Lösung ist, zu Tor drei zu wechseln, da es eine Wahrscheinlichkeit von 0,55 besitzt, den Gewinn zu enthalten, während es bei der verbleibenden Alternative, Tor eins, nur 0,45 sind. Nach dieser Auffassung geht in dem Augenblick, wo ein *eingeweihter* Moderator das nicht gewählte Tor öffnet, gewissermaßen ein «eiserner Vorhang» um die erste Wahl herunter, sodass die Wahrscheinlichkeit, die mit dem geöffneten falschen Tor verknüpft war, vollkommen auf die verbliebene Alternative übergeht. Solange die Anfangswahrscheinlichkeit, dass Tor eins das Auto enthält, kleiner als 0,5 ist, soll man nach dieser Strategie seine Entscheidung revidieren.

Doch halt! In diesem Problem kann der Kandidat eine weit *bessere* Strategie verfolgen, wie ich einem Vorschlag von Craig Anderson entnehmen konnte. Wenn wir annehmen, dass der Kandidat die oben genannten Wahrscheinlichkeiten und die Vorgehensweise des Moderators kennt, kann der Kandidat seine Chancen, das Auto zu gewinnen, maximieren, indem er zunächst die am wenigsten wahrscheinliche Alternative, also Tor drei, wählt, um dann seine Entscheidung zu revidieren und die verbleibende Alternative zu wählen, nachdem entweder Tor eins oder Tor zwei geöffnet worden ist und eine Ziege zum Vorschein kam. Auf diese Weise lässt sich durch Änderung der Entscheidung eine Wahrscheinlichkeit von 0,85 für den Gewinn des Autos erreichen. Zwar haben wir diese Version des Dilemmas noch in keinem unserer Experimente getestet, doch ist Andersons Lösung mit an Sicherheit grenzender Wahrscheinlichkeit kontraintuitiv. Wir denken, dass die Versuchspersonen nur in den seltensten Fällen spontan auf diese Lösung kommen werden.

Tatsächlich erweist sich das Problem mit Türen, die ungleiche Wahrscheinlichkeiten besitzen, als noch komplexer. Die Leser, die Marilyn zum Drei-Türen-Problem Briefe schrieben, erörterten die Frage, ob es sich um ein Problem handle, das auf bedingter Wahrscheinlichkeit beruhe. Doch im Falle der Türen mit gleicher Wahrscheinlichkeit spielt es keine Rolle, ob man von bedingter oder nicht bedingter Wahrscheinlichkeit ausgeht, weil sich die Lösung gleich bleibt. Doch wenn die Tore ungleiche Wahrscheinlichkeiten besitzen, lässt sich mit der zusätzlichen Information, *welches Tor* von dem Moderator geöffnet worden ist, die bedingte Wahrscheinlichkeit berücksichtigen. Wenn man die Wahl hat, sollte man sich an bedingte Wahrscheinlichkeiten halten, weil mehr Informationen zur Verfügung stehen und damit die Ungewissheit verringert wird.

Wendet man die Formel des Theorems von Bayes für bedingte Wahrscheinlichkeiten auf das Problem der Tore mit den Wahrscheinlichkeiten von 0,45, 0,40 beziehungsweise 0,15 an, ergeben sich folgende Wahrscheinlichkeiten:

Erste Wahl	Gezeigtes Tor	Wahrscheinlichkeit eines Gewinns durch Beibehaltung der Entscheidung	Wahrscheinlichkeit eines Gewinns durch Revision der Entscheidung
1	2	0,60	0,40
1	3	0,36	0,64
2	1	0,57	0,43
2	3	0,31	0,69
3	1	0,16	0,84
3	2	0,14	0,86

Betrachtet man diese Wahrscheinlichkeiten, werden die Verhältnisse klar: Wenn man sich zunächst für Tor eins entscheidet, sollte man dabei bleiben, falls der Moderator Tor zwei öffnet, seine Entscheidung jedoch revidieren, falls Tor drei geöffnet wird. Wenn man anfangs Tor zwei wählt, sollte man daran festhalten, falls Tor eins geöffnet wird, aber das Tor wechseln, falls Tor drei geöffnet wird. Hat man sich zu Beginn für Tor drei entschieden, empfiehlt sich ein Wechsel, egal, welches Tor der Moderator öffnet. Anzumerken bleibt jedoch, dass Andersons Lösung *noch immer optimal ist*: Man wähle das Tor mit geringster Ausgangswahrscheinlichkeit und revidiere dann seine Entscheidung!

Mehrstufiges Monty-Hall-Dilemma

Beim Monty-Hall-Dilemma mit drei Toren vollzieht sich die Entscheidung in zwei Phasen oder Stufen. Nach der ersten Wahl folgt die Entscheidung, dabei zu bleiben oder zu der Alternative zu wechseln, die noch als einzige übrig bleibt, nachdem der Moderator ein falsches Tor gezeigt hat. Eine sehr interessante Erweiterung des ursprünglichen Monty-Hall-Dilemmas hat M. Bhaskara Rao vom Fachbereich Statistik an der North Dakota State University vorgeschlagen. Er hat untersucht, was geschieht, wenn das Dilemma auf mehr als zwei Phasen erweitert wird. Die Zahl der Phasen kann gleich der Zahl der Tore minus eins sein.

Nehmen wir an, es gibt vier Tore, von denen eines den Gewinn enthält. Der Moderator sagt:

> Sie deuten auf eines der Tore, dann öffne ich eines der anderen Tore und zeige Ihnen eine Ziege. Sie entscheiden, ob Sie bei Ihrer ursprünglichen Wahl bleiben oder eines der verbleibenden Tore wählen wollen. Dann öffne ich ein weiteres Tor (ein von Ihnen nicht gewähltes) und zeige Ihnen eine zweite Ziege. Sie treffen Ihre endgültige Entscheidung, indem Sie bei dem Tor bleiben, das Sie in der unmittelbar vorangehenden Entscheidungsphase gewählt haben, oder wählen das einzige andere verbleibende Tor.

Jetzt gibt es drei Entscheidungsstufen, und die vier verschiedenen Strategien lassen sich wie folgt zusammenfassen:

Phase	1	2	3	Gewinnwahrscheinlichkeit
	Wählen	Beibehalten	Beibehalten	0,250
	Wählen	Revidieren	Beibehalten	0,375
	Wählen	Beibehalten	Revidieren	0,750
	Wählen	Revidieren	Revidieren	0,625

Wer die ⅔-Lösung im ursprünglichen Monty-Hall-Dilemma für richtig hält, könnte annehmen, dass er am besten fährt, wenn er seine Entscheidung sowohl in Phase zwei wie Phase drei revidiert. Doch wie oben gezeigt, besteht die kontraintuitive Lösung für das dreistufige Monty-Hall-Dilemma darin, in Phase zwei die Entscheidung beizubehalten und in Phase drei zu revidieren. Diese bemerkenswerten Wahrscheinlichkeitsverhältnisse wurden von Rao im *American Statistician* veröffentlicht und von Ken Mueller, einem meiner Studenten, mithilfe einer Computersimulation verifiziert. Das Prinzip, das einem mehrstufigen Monty-Hall-Dilemma zugrunde liegt, besagt, dass man bis zur letzten Phase bei seiner Entscheidung bleibt und sie dann revidiert.

Woher kommen die Widerstände gegen eine Revision der Entscheidung im Monty-Hall-Dilemma?

Die Ergebnisse unserer Untersuchungen zur Lösung zweistufiger Probleme lassen darauf schließen, dass das menschliche Gehirn zur Verarbeitung bedingter Informationen nicht ausreichend gerüstet ist. Statt wie objektive Informationsverarbeitungssysteme zu verfahren, neigen die Menschen offenbar aufgrund ihrer hirnanatomischen Verdrahtung zu konservativen Entscheidungen. Sie scheinen bei ihrer vorläufigen Wahl zu bleiben, selbst wenn es keine vernünftige Grundlage dafür gibt und die Logik für die Wahl einer anderen Alternative spricht. Allerdings wäre eine solche Schlussfolgerung erst nach interkulturellen Vergleichen gerechtfertigt, aus denen hervorginge, in welchem Maße sich unsere Ergebnisse verallgemeinern lassen.

Warum bleiben so viele Menschen im Monty-Hall-Dilemma hartnäckig bei ihrer Entscheidung, obwohl es vorteilhafter wäre, sie zu revidieren? Die schlichte Antwort lautet, weil sie die Wahrscheinlichkeit, durch Beibehaltung oder Revision der Entscheidung zu gewinnen, falsch einschätzen. Möglicherweise liegt es daran, dass sie nicht erkennen oder nicht hinreichend berücksichtigen, wie wichtig der eingeweihte Moderator ist. Noch eine dritte Frage stellt sich: Warum bleiben die Leute bei ihrer Meinung, wenn sie die Wahrscheinlichkeit, durch Beibehaltung oder Revision der Entscheidung zu gewinnen, irrtümlich auf 0,50 einschätzen? Selbst bei dieser Wahrscheinlichkeit gäbe es keinen vernünftigen Grund zur Beharrung auf der ursprünglichen Entscheidung. Diese dritte Frage bringt einige interessante sozialpsychologische Mechanismen ins Spiel.

Die kontrafaktische Hypothese lässt darauf schließen, dass Menschen, um zur endgültigen Entscheidung im Monty-Hall-Dilemma zu gelangen, die kognitive Heuristik der Vorstellungssimulation verwenden. So fragen sie sich implizit: «Wie fühle ich mich, wenn ich das Tor wechsle und verliere?» Vielleicht ist ihre Gefühlsreaktion heftiger, wenn sie sich aktiv verhalten, und in diesem Zusammenhang steht die Entscheidungsrevision für Aktivität und Beibehaltung für Inaktivität. Sie bedauern es – und erinnern es daher auch – in höherem Maße, wenn sie in einem Multiple-Choice-Test eine Antwort verändern und sie sich als falsch herausstellt, als wenn sie bei einer zweifelhaften Antwort bleiben und auch sie falsch ist. Beim Monty-Hall-Dilemma haben wir festgestellt, dass die Teilnehmer unserer Experimente glaubten, sie würden enttäuschter und ärgerlicher sein, wenn sie ihre Entscheidung revidierten und verlören, als wenn sie bei der Entscheidung blieben und ebenfalls verlören.

Die Hypothese, dass es im Monty-Hall-Dilemma eine Tendenz zur Beibehaltung der anfänglichen Annahme gibt, ließe sich auch damit begründen, dass es sich um einen Sonderfall des allgemeineren Phänomens der *Überzeugungsperseveranz* handelt. Lee Ross und Mark Lepper von der Stanford University haben gezeigt, dass Menschen von einer einmal gefassten Überzeugung nur schwer abzubringen sind. So flößt man Versuchspersonen beispielsweise die Überzeugung ein, dass sie echte Selbstmordhinweise sehr gut *oder* sehr schlecht erkennen. Das glauben sie auch dann noch, wenn sie darüber aufgeklärt worden sind, dass sie durch Zufallsverfahren einer Gruppe zugewiesen worden sind, die falsche Rückmeldungen der einen oder anderen Art erhalten hat. Allerdings ging es in den Perseveranzstudien um Überzeugungen über konkrete Situationen, etwa ob die Todesstrafe abschreckende Wirkung hat oder ob hohe Risikobereitschaft eine wünschenswerte Eigenschaft für Feuerwehrleute ist – um Überzeugungen also, die auf der Sichtung von Fakten und vernünftigen Argumenten beruhen. Im Gegensatz dazu geht es im Monty-Hall-Dilemma lediglich um Ahnungen oder Vermutungen. Außerdem haben wir es im Monty-Hall-Dilemma mit einer Perseveranz des Verhaltens und nicht der Überzeugung zu tun.

Ellen Langer von der Harvard University hat das Konzept der *Illusion von Kontrolle* entwickelt, das sich auf viele Bereiche menschlicher Kognition anwenden lässt, möglicherweise auch auf das Monty-Hall-Dilemma. Möglicherweise haben wir die Illusion von Kontrolle, wenn wir die anfängliche Wahl treffen, weshalb es uns später widerstrebt, diese Alternative aufzugeben, wenn keine zwingenden Gründe vorliegen. So gesehen, wäre die Entscheidungsrevision wahrscheinlicher, wenn die erste Wahl jemand anders getroffen hätte. Das haben wir unlängst überprüft, indem wir unsere Versuchspersonen zufällig zwei Experimentalgruppen zugewiesen haben, die fünfzig Durchgänge des Drei-Tor-Spiels absolvierte. Unter den Standardbedingungen, unter denen die Versuchsperson die anfängliche wie die endgültige Wahl trifft, revidierten nur neun Prozent ihre Entscheidung im ersten Durchgang. Unter den neuen Bedingungen, unter denen jemand anders die anfängliche Wahl trifft und die Versuchsperson nur die endgültige Entscheidung fällt, änderten 38 Prozent ihre Entscheidung beim ersten Durchgang. Dieser Unterschied zwischen den Experimentalgruppen war signifikant und blieb zwanzig Durchgänge lang bestehen. Merkwürdigerweise revidierten die Versuchspersonen in beiden Gruppen ihre Entscheidung in den Durchgängen einundzwanzig bis fünfzig etwa mit gleicher

Häufigkeit. In beiden Gruppen zeigte sich das charakteristische Plateau, und in den letzten zehn Durchgängen revidierten 55 Prozent der Versuchspersonen unter Standardbedingungen und 56 Prozent unter den neuen Bedingungen ihre erste Entscheidung.

Schließlich bleibt noch die vierte Frage, warum es den Versuchspersonen so schwer fällt, die Entscheidungsrevision im Laufe von fünfzig Durchgängen induktiv zu lernen. Die Personen in der Gruppe mit der Standardbedingung beginnen mit einem geringen Anteil an Revisionen und steigern dieses Niveau allmählich, bis sie ein Plateau zwischen 50 und 60 Prozent erreichen. Wenn man sieht, wie sich die Kurve beim Monty-Hall-Dilemma um einen Wert von etwas mehr als 50 Prozent einpendelt und wie flach sie beim Russisch-Roulette-Dilemma verläuft, ist es fraglich, ob man bei hundert oder tausend Durchgängen wesentlich andere Ergebnisse erhielte.

Hinderlich für einen kontinuierlichen Lernprozess ist unter anderem der Umstand, dass die meisten Versuchspersonen nicht durchgehend bei einer Strategie bleiben, sondern einer Mischstrategie folgen, das heißt in einigen Durchgängen bei ihrer Entscheidung bleiben und sie in anderen ändern. Könnte man sie dazu veranlassen, sich während einer Anzahl von Durchgängen an eine Strategie zu halten, wären sie wahrscheinlich eher in der Lage, auf die richtige Lösung zu kommen – dass man nämlich im Monty-Hall-Dilemma seine Entscheidung immer revidieren muss. Möglicherweise hatte die Aufmerksamkeit unserer studentischen Versuchspersonen eine falsche Ausrichtung. Nachdem man ihnen vorher gesagt hatte, dass es fünfzig Durchgänge geben würde, schienen viele auf nicht zufällige Sequenzen richtiger Antworten im Zuge der Durchgänge zu achten, statt sich auf die grundlegende Struktur der Situation in einem gegebenen Durchgang zu konzentrieren. Wahrscheinlich sind die meisten Versuchspersonen nie auf den Gedanken gekommen, die richtige Lösung könnte darin bestehen, die Entscheidung *nie* oder *immer* zu revidieren. Wer einer Mischstrategie folgt, hat wahrscheinlich größere Schwierigkeiten, die richtige Lösung zu erkennen, obwohl die

Chancen, durch Entscheidungsrevision zu gewinnen, zwei zu eins stehen. Viele Versuchspersonen, die in etwa der Hälfte oder gut der Hälfte der Durchgänge gewonnen haben, dürften damit zufrieden oder der Ansicht gewesen sein, dass sie gar nicht besser abschneiden könnten. Vielleicht lässt sich das Verhalten unserer Versuchspersonen mit Herbert Simons Konzept des *Satisficing* erklären. Danach besteht die Neigung, sich mit einem zufrieden stellenden Niveau von Gewinnen zufrieden zu geben, statt nach einer idealen oder optimalen Lösung zu suchen.

Die Lösung des Russisch-Roulette-Dilemmas scheint weniger kontraintuitiv zu sein als die des Monty-Hall-Dilemmas. Trotzdem waren die meisten Versuchspersonen auch nach fünfzig Durchgängen des Russisch-Roulette-Dilemmas weit davon entfernt, es vollkommen richtig zu lösen. Vielleicht hatten einige absolut richtig geschlossen, dass im Roulette-Dilemma die Gewinnchancen durch Beibehaltung der Entscheidung zwei zu eins stehen, dann aber den falschen Schluss gezogen, sie müssten nur mit einer Häufigkeit von ⅔ bei der ersten Entscheidung bleiben. Diese Strategie nennt man *Wahrscheinlichkeitsangleichung (probability matching)*. Tatsächlich sind im Roulette-Dilemma die Gewinnchancen durch Beibehaltung der Entscheidung zwei zu eins, daher sollte man in jedem Durchgang bei seiner ersten Entscheidung bleiben. In diesem Fall kann man erwarten, in etwa 67 Prozent der Durchgänge zu gewinnen, während die Strategie der Wahrscheinlichkeitsangleichung nur eine Gewinnchance von ungefähr 56 Prozent bringt $[(67 \times 0{,}67) + (33 \times 0{,}33)]$.

Wenn wir die Fragestellung etwas weiter fassen, könnte sich das, was zunächst nur wie ein interessantes kontraintuitives Wahrscheinlichkeitsproblem aussieht, als ein Modell zur Untersuchung rationaler und irrationaler Tendenzen in zweistufigen Entscheidungsprozessen erweisen. Unsere Ergebnisse könnten relevant sein für die psychologischen Prozesse, die mit der Entscheidungsfindung verknüpft sind. Nach der Theorie der kognitiven Dissonanz finden die interessanten psychologischen Prozesse der subjektiven Verzerrung, selektiven Wahrnehmung und Rationalisierung erst statt, nachdem ein endgültiger und unwiderruflicher Entschluss gefasst worden ist. Selbst wenn es für die ursprüngliche Entscheidung keinen vernünftigen Grund gegeben hat, fühlen sie sich ihr verpflichtet, sobald sie begonnen haben, in ihrem Sinne zu handeln.

Natürlich stellt sich die Frage, ob unsere Versuchsergebnisse das Geringste mit den Entscheidungen zu tun haben, die Menschen im Alltag treffen. Auf der einen Seite denken wir, dass zweistufige Entscheidungen, in deren Verlauf man eine vorläufige Wahl trifft, eine zusätzliche Information bekommt und sich dann endgültig entschließt, sehr häufig, ja, allgegenwärtig sind. Ein Liebespaar verlobt sich jetzt und heiratet später. Ein militärischer Befehlshaber trifft die vorläufige Entscheidung, an einem bestimmten Ort, zum Beispiel der Küste der Normandie, einen Angriff zu führen, und holt Informationen über denkbare Alternativen ein, bevor er die endgültige Entscheidung trifft, wo und wann der Angriff stattfinden soll. Ein Universitätspräsident trifft eine vorläufige Entscheidung, einen bestimmten Bewerber als Basketballtrainer einzustellen, überlegt aber hin und her, während er eifrig weitere Informationen sammelt – pro und contra –, bevor er seinen Entschluss öffentlich bekannt gibt. Wenn es tatsächlich eine irrationale Tendenz gibt, bei einer ursprünglichen Entscheidung zu bleiben, obwohl es vorteilhafter wäre, sie zu revidieren, dann wäre das zweifellos eine wichtige Entdeckung.

Auf der anderen Seite bereitet das Monty-Hall-Dilemma dem Verständnis durch seine besondere Struktur wohl einige Schwierigkeiten. Vom Gameshowkontext abgesehen, lässt sich wohl schwerlich eine Situation finden, in der die Beteiligten von jemandem, der *eingeweiht* ist, nach einer vorläufigen Entscheidung, aber vor der endgültigen Festlegung zuverlässige Informationen über eine nicht gewählte Alternative erhalten. Nun schaffen aber wissenschaftliche Experimente, egal, ob in der Chemie oder Psychologie, häufig Situationen, die unter natürlichen Bedingungen niemals vorkommen würden. Möglicherweise ist das Monty-Hall-Dilemma ein solcher Fall, doch seine etwas künstliche Struktur bedeutet nicht, dass wir aus den gefundenen Daten nichts lernen könnten.

Mit dem Monty-Hall-Dilemma (in dem man seine Entscheidung revidieren sollte) und dem Russisch-Roulette-Dilemma (in dem man bei seiner Entscheidung bleiben sollte) haben wir also einen Rahmen zur Analyse von zweistufigen Entscheidungsprozessen. Weitgehend begnügt sich die Forschung zu zweistufigen Entscheidungen, etwa die Untersuchungen zum Verhältnis von Intention und Verhalten, mit der Ermittlung, wer dazu neigt, bei seinen Entscheidungen zu bleiben, und wer eher bereit ist, sie zu ändern. Dann werden die beiden Persönlichkeitstypen verglichen. Häufig können die Forscher keine Aussage darüber machen, ob es vernünftig wäre, die Intention in Verhalten umzusetzen. Unsere Ergebnisse lassen darauf schließen, dass die Menschen dazu neigen, bei ihrer Absicht zu bleiben, wenn es vernünftig ist, dass sie aber auch an ihr festhalten, wenn sie besser daran täten, sie zu revidieren. Das könnte eine wichtige Erkenntnis in Hinblick auf den Ablauf zweistufiger Entscheidungsprozesse sein.

Register

Das Register wurde erstellt von Hubert Mania.
Eine mit * gekennzeichnete Eintragung weist darauf hin, dass die dem * vorausgehende Ziffer zum Registerbegriff gehört und nicht etwa bereits eine Seitenangabe ist.

Über die Autorin

Marilyn vos Savant wurde in St. Louis im Bundesstaat Missouri geboren als Tochter von Mary vos Savant und Joseph Mach. Sie ist verheiratet mit dem Mediziner Robert Jarvik, dem Erfinder eines künstlichen Menschenherzens. Sie leben im New Yorker Stadtteil Manhattan.

Im *Guinness Buch der Rekorde* wurde Marilyn vos Savant fünf Jahre lang in der Rubrik «Höchster IQ» sowohl bei Kindern als auch bei Erwachsenen genannt. Neuerdings wurde sie in die Guinness-Ruhmeshalle aufgenommen. Neben ihren zahlreichen Büchern publiziert die Autorin regelmäßig auch Journalistisches. Soweit dies und ihre ausgedehnte Vortragstätigkeit es erlauben, engagiert sie sich auch noch im Artificial-Heart-Programm ihres Ehemannes.

Ihre Interessenschwerpunkte sind Fragen der höheren Bildung und die Humanisierung der medizinischen Forschung. Vom Nationalen Rat für wirtschaftliche Bildung wurde sie in den Vorstand berufen.

Politisch und religiös bezeichnet sie sich selbst als «unabhängig» und nennt sich «feministisch für den Hausgebrauch».

Marilyn vos Savant schreibt die Frage-und-Antwort-Kolumne «Ask Marilyn» für *Parade*, die Wochenendbeilage von über 340 amerikanischen Zeitungen mit einer Gesamtauflage von 37 Millionen Exemplaren und 81 Millionen Lesern – eine auf der ganzen Welt beispiellose Verbreitung.

Von ihren Büchern liegen auf Deutsch vor: *Brain Building. Das Supertraining für Gedächtnis, Logik, Kreativität* (rororo sachbuch 19696) sowie *Brainpower-Training. Das Aktivprogramm für Wissen und geistige Fitness* (rororo sachbuch 60573).

Wer will, kann (auf Englisch) der Autorin schreiben:

Marilyn vos Savant
Post Office Box 967
Ansonia Station
New York, N.Y. 10023
U.S.A.